VORLÄUFER DER KATHARER

I. KAPITEL: DIE PAULIKIANER – GESCHICHTE DER SEKTE

Seit dem Ende des ersten und im Lauf des zweiten christlichen Jahrhunderts erzeugte die Verbindung griechischer Philosopheme und heidnisch-religiöser Vorstellungen, selbst mythologischer Bestandteile mit christlichen Tatsachen und Ideen eine große Mannigfaltigkeit von Systemen, Schulen und Sekten, welche gewöhnlich als gnostische bezeichnet werden. Gemeinsam waren diesen, aus der Übergangsperiode der heidnischen in die christliche Welt stammenden religiösen Genossenschaften, die Lehren von einem Entwicklungsprozess der Gottheit, von dem Dualismus zwischen Gott und der ewig existierenden Materie, von dem weltbildenden Demiurg, von der Materie als dem Grund und Sitz des Bösen, von einem Gegensatz der oberen, unsichtbaren Welt mit ihren göttlichen Kräften oder Äonen und der niederen, sichtbaren. Auch darin stimmten diese Sekten und Schulen überein, dass sie die Erlösung als eine Befreiung des Geistes von den Fesseln der Materie und daher den Erlöser, Christus, als einen aus der höheren Welt herabgestiegenen Äon fassten, der, um mit der Materie, der Quelle alles Bösen, in keine Berührung zu treten, sich entweder in einen aus ätherischem Stoffe gebildeten Leib oder in die Truggestalt eines Körpers hüllte, weshalb er auch nicht durch seinen Tod, sondern durch Lehre (die Mitteilung der Gnosis) die Erlösung vollbracht, den Weg zur Seligkeit eröffnet haben sollte.
Diese Sekten hatten ihre stärkste Kraft bereits im zweiten Jahrhundert n. Chr. entwickelt; viele derselben erhielten sich zwar noch geraume Zeit länger, aber das geistige Leben, die gewaltige Anziehungskraft, welche sie früher besaßen, war größtenteils von ihnen gewichen oder hatte sich in dem letzten Erzeugnis dieser Richtung, dem Manichäismus konzentriert. Erst gegen Ende des dritten Jahrhunderts war dieses phantasievolle System entstanden, welches den christlichen Lehrgehalt in eine dualistische Religionsphilosophie verwandelte, Christus zu einer kosmischen Kraft, die Erlösung zu einem Naturprozess herabsetzte. Obwohl vielfach unterdrückt und verfolgt, verbreitete es sich im Osten wie im Westen,

von Persien bis nach dem römischen Afrika, und behauptete sich Jahrhunderte lang mit zäher Dauerhaftigkeit.
Doch gab es im Orient auch noch in späterer Zeit bedeutende Reste älterer gnostischer Sekten. So fand in der Mitte des fünften Jahrhunderts Theodoret in seiner Diözese Cyrus in Syrien viele Markioniten, deren er über tausend bekehrte, und dieselbe Sekte war damals noch in anderen Teilen Syriens verbreitet. Eine andere gnostische Partei, die der Archontiker, gewann, nach dem Bericht des Epiphanius, vorzüglich in Groß -und Kleinarmenien erst seit dem Jahr 361 Eingang, und es ist nicht unwahrscheinlich, dass diese Sekte ein nicht unbedeutendes Glied in der gnostischen, aus den ersten Jahrhunderten nach Christus bis ins Mittelalter sich fortziehenden Kette bildete, da Armenien auch später ein Hauptsitz derartiger Sekten und Lehren war, und da die Archontiker in einigen Punkten eine dogmatische Verwandtschaft mit den Parteien des elften und zwölften Jahrhunderts nicht verkennen lassen.
Das eigentliche Mittelglied aber zwischen den Gnostikern des Altertums und denen des Mittelalters, den Übergang von jenen zu diesen bilden die Paulikianer. Die erste Entstehung dieser Sekte und ihres Namens wird bis ins vierte oder fünfte Jahrhundert, auf Paulus und Johannes, die Söhne der Kallinike, einer dem Manichäismus ergebenen Frau in der Gegend von Samosata, zurückgeführt. Der Name Paulikianer sollte nämlich aus „Paulojohanniten", wie man sie zuerst von jenen beiden Stiftern genannt habe, gebildet worden sein. Ob aber Kallinike und ihre Söhne wirklich Manichäer gewesen sind, oder ob sie einer in jenen Gegenden verbreiteten dualistisch-gnostischen Sekte, etwa der markionitischen angehörten und ihnen der Manichäismus nur beigelegt wurde, weil man später dualistische Lehren überhaupt als manichäische bezeichnete, dies lässt sich nicht bestimmen; das letztere ist aber wahrscheinlicher, da die auffallendsten Züge des Manichäismus und diejenigen, wodurch er sich von den gnostischen Systemen unterscheidet, in der paulikianischen Lehre nicht zu finden sind.
Die Paulikianer selbst wollten aber mit den Söhnen der Kallinike, welche ihre Lehren in Phanaröa, namentlich in dem Flecken Episparis ausgebreitet hatten, in keiner Verbindung stehen. Wenn man später von ihnen begehrte, dass sie den Paulus und Johannes, sowie den Mani und einige andere verdammten, so taten sie es unbedenklich; und ihren Namen leiteten sie teils von einem ihrer Lehrer, dem Armenier Paulus, teils von dem Apostel Paulus her. Der eigentliche Stifter oder wenigstens Reformator der neuen Sekte war gegen Ende des siebenten Jahrhunderts Konstantin, der in dem armenischen Ort Mananalis lebte und zu der durch die Söhne der Kallinike dort verpflanzten manichäischen oder gnostischen (markionitischen) Sekte gehörte. Damals und schon seit längerer Zeit wurden auf Befehl der griechischen Kaiser die Anhänger dieser Sekte, wenn man sie als solche erkannte, mit dem Tode bestraft. Konstantin, der von einem Diakonus, welchen er bei sich beherbergt, die Evangelien und die Briefe des Paulus erhalten hatte, wähnte wahrzunehmen, dass die Grundlehren seiner Sekte, mittels einer

Ignaz von Döllinger

Die Katharer
Geschichte und Lehre

Sowie andere gnostisch-manichäische Sekten des frühen Mittelalters

überarbeitet und mit Textauszügen versehen

von

Helmut Werner

Mit der erstmaligen Übersetzung eines Original-katharischen Messrituals aus dem 12. Jahrhundert

Weitere Bücher aus dem Bohmeier Verlag:

Die Geschichte der Heilkunde - Magie, Religion, Ethik, Mystik, Philosophie und Wissenschaft von Dr. Georg Honigmann, ISBN 978-3-89094-469-2

Der Duell-Codex und der Ehrenkodex oder Regeln für Duellanten und Sekundanten im Duellieren von Gustav Hergsell und John Lyde Wilson, ISBN 978-3-89094-432-6

Die Geschichte der Templer - Die Geschichte des Ordens und seiner Tempelritter von Dr. Wilhelm Havemann, ISBN 978-3-89094-516-3

Geschichte des Johanniter-Ordens - Die Ritter und die Ordensgeschichte unter besonderer Berücksichtigung des Heermeistertums Sonnenburg oder der Ballei Brandenburg von Dr. Eduard Ludwig Wedekind, ISBN 978-3-89094-567-5

Okkulte Schriften von Paracelsus – Gesamtausgabe; Mikrokosmos - Makrokosmos von Helmut Werner, ISBN 978-3-89094-595-8

Johann Joseph Ignaz Döllinger (seit 1868 *von Döllinger*, * 28.02.1799 in Bamberg; † 10.01.1890 in München) gilt als bedeutender katholischer Theologe seiner Zeit. Er war der geistige Führer der Opposition gegen die Papstdogmen des I. Vatikanischen Konzils und zudem der wichtigste Theologe der altkatholischen Bewegung.

Gesamtherstellung: Bohmeier Verlag, Printed in Germany

ISBN 978-3-89094-616-0

INHALTSVERZEICHNIS

Vorwort zur Neuausgabe

Der Theologe Ignatz v. Döllinger (1799-1890) gehörte zu den bedeutendsten Kirchenhistorikern seiner Zeit. 1826 übernahm er einen Lehrstuhl an der Universität München. Als 1870 das 1. Vatikanische Konzil das Dogma der Unfehlbarkeit des Papstes festlegte, unterstützte der schon 72-jährige Döllinger die Protestbewegung von Katholiken, die sich in der „Altkatholischen Kirche“ sammelte. Döllinger trat aber nie dieser Bewegung bei. 1871 wurde er wegen dieser kritischen Einstellung exkommuniziert. Seiner akademischen Karriere tat dies jedoch keinen Abbruch. 1872 wurde er Rektor der Universität München und ein Jahr später ernannte ihn der bayerische König zum Präsidenten der Bayerischen Akademie der Wissenschaften. 1890 erschien posthum sein zweibändiges Werk „Beiträge zur Sektengeschichte des Mittelalters“, an dem er seit 1839 mit immensem Fleiß gearbeitet hatte. Aber die Drucklegung verzögerte sich immer wieder, weil Döllinger für seine Untersuchungen neues Material heranzog. Der erste Band mit dem Titel „Geschichte der gnostisch-manichäischen Sekten des frühen Mittelalters“ wird in einer Neubearbeitung vorgelegt. Der zweite Band enthält eine umfangreiche Sammlung der lateinischen Quellentexte zu dieser Thematik. Die Neubetitelung dieses Werkes ist berechtigt, weil sich der größte Teil des Werkes mit den Katharern und ihren Vorläufern beschäftigt. Im Anhang enthält diese Neubearbeitung einen der wenigen Originaltexte der Katharer in deutscher Übersetzung. Die Arbeit von Döllinger wird auch heute noch in allen Arbeiten über das Katharertum zitiert und ist ein Grundlagenwerk über diese Thematik. Sie ist die erste deutschsprachige Gesamtdarstellung der Katharerbewegung, die auf einer exakten Quellenforschung und – erschließung beruht.

H. Werner, Köln 2008

Vorwort des Autors

Bei meiner Beschäftigung mit der Kirchengeschichte des Mittelalters erwachte schon frühzeitig die Hoffnung in mir, dass ich durch Nachforschungen in den handschriftlichen Vorräten der große Bibliotheken, zur Vermehrung und Berichtigung unseres Wissens in diesem noch manche Lücken und Dunkelheiten enthaltenden Gebieten etwas beitragen könne. Vorzüglich war es die Geschichte des Sektenwesens, auf welche ich dabei meine Aufmerksamkeit richtete. Ich begann mit der hiesigen Staatsbibliotek und besuchte dann in meinen Herbstferien der Reihe nach die Bibliotheken von Paris, Wien, Florenz und Rom, und anderen Städten. Die Ausbeute, die ich so in einer Reihe von Jahren mühsam gewonnen habe, übergebe ich hiermit den Fachgenossen. Da der Druck schon vor Jahrzehnten [Decennien] begann und langsam fortgesetzt wurde, so ist es geschehen, dass mittlerweile einzelne Stücke auch von anderen gefunden und herausgegeben wurden – ein Übelstand, der jedoch einigermaßen dadurch gemildert wird, dass in den meisten Fällen der Abdruck nach verschiedenen Handschriften erfolgte, also oft eine kritische Vergleichung der beiden Texte erleichtert ist.

Aufgrund der gesammelten Texte habe ich die nachstehende, mit der Quellensammlung verbundene Geschichte der gnostisch- manichäischen Sekten bis ins 13. Jahrhundert ausgearbeitet, und man wird wohl bemerken, dass auch dieses Elaborat in eine frühere Lebensperiode fällt. Bei dem Geschäft des Ergänzens und Revidierens, sowie bei der Drucklegung beider Bände, sind Freundeshände mir beigestanden, früher Herr Dr. Georg Ratzinger, später meine akademischen Kollegen und Freunde, Dr. Lossen und vorzüglich Professor Reusch, welchen ich auch an dieser Stelle meinen Dank ausdrücke.

München, den 12. Juni 1889
I.von Döllinger

von ihm ersonnenen oder von älteren Gnostikern überkommenen Auslegung, sich mit dem Neuen Testament in Einklang bringen ließen, ohne dass man gleich den älteren Gnostikern zu willkürlichen Verstümmlungen oder Interpolationen seine Zuflucht zu nehmen brauche, wenn man nur einiges allzu Anstößiges und in zu grellem Widerspruch mit den Evangelien und den paulinischen Briefen Stehende beseitige. Indem er also alle gnostischen und manichäischen Schriften, deren seine Partei sich bisher als Quellen der Lehre bedient hatte, verwarf, und die Evangelien und Briefe des Paulus für die einzige Quelle und Unterlage seines Glaubens erklärte, hoffte er durch diesen biblischen Anstrich den Lehren der Sekte eine empfehlendere, zu größerer Ausbreitung geeignete Gestalt zu geben, und zugleich von den Kaisern und kaiserlichen Befehlshabern größer Schonung und Duldung für die reformierte und biblisch gewordene Partei zu erlangen.
Konstantin legte sich den Namen des Silvanus, jenes von Paulus nach Mazedonien gesandten Jüngers, bei, womit er wohl nicht sagen wollte, dass, kraft der Seelenwanderung, die Seele des Silvanus in seinem Körper wohne, sondern nur, dass er, vom Geist des Paulus angeweht und erfüllt, ein ebenso treuer und glaubwürdiger Schüler des Apostels sei, ebenso seine Sendung von Paulus empfangen habe, wie ehemals Silvanus. Seinem Beispiel folgten nachher die Häupter und Lehrer der Sekte, indem sie gleichfalls ihre Namen gegen die Namen paulinischer Jünger vertauschten.
Siebenundzwanzig Jahre lang (zwischen 653 und 684 n. Chr.) hatte Konstantin seine Lehre zu Cibossa, in der Nähe von Colonea, einer befestigten Stadt des römischen Armeniens, mit bedeutendem Erfolg ausgebreitet, als der Kaiser Konstantin Pogonatus einen Staatsbeamten Symeon, mit dem Auftrag, die neu aufstrebende Sekte zu unterdrücken, dahin sandte. Dieser ließ alle Paulikianer von Cibossa nach Colonea bringen, wo er ihnen befahl, ihren Meister Silvanus zu steinigen. Sie aber warfen die Steine hinter sich, nur einer, und zwar gerade sein Adoptivsohn Justus, schleuderte einen schweren Stein nach ihm, der ihn tötete. Konstantins Anhänger wurden dem Befehl des Kaisers gemäß in verschiedene Kirchen verteilt, wo man, jedoch vergeblich, an ihrer Bekehrung arbeitete. Dabei geschah es, dass Symeon selbst im Kontakt mit den Paulikianer, durch ihre Gründe und ihre Fertigkeit Bibelstellen zu zitieren, bestochen wurde, Neigung für diese Lehre fasste und mit solcher Neigung im Herzen nach Konstantinopel zurückkehrte. Nach drei Jahren verließ er heimlich die Hauptstadt, sammelte in Cibossa die zerstreuten Glieder der Sekte, stellte sich an ihre Spitze und nannte sich Titus. Sie blieben nicht lange ungestört, doch waren sie es diesmal selbst, welche den neuen Versuch, sie auszurotten, veranlassten. Es entstand nämlich zwischen Symeon und jenem Justus, dem Pflegesohn Konstantins, ein Zwist über die Stelle im Brief des Paulus an die Kolosser (N.T. 1,16), wo es heißt, dass durch den Sohn alles im Himmel und auf Erden, das Sichtbare und das Unsichtbare erschaffen sei. Justus behauptete, dass in diesen Worten offenbar das Gegenteil von dem enthalten sei, was der dualistisch gesinnte Symeon von der Weltschöp-

fung als dem Werk des bösen Gottes lehrte. Da der Streit immer hitziger wurde, so wandte sich Justus an den Bischof von Colonea unter dem Vorwand, sich den Sinn des Apostels von ihm erklären zu lassen, wahrscheinlich aber in der feindseligen Absicht, an seinem Gegner Symeon dadurch Rache zu nehmen, dass er den Bischof und durch diesen die kaiserlichen Behörden auf das Wiederaufleben der bisher für zerstreut und unterdrückt gehaltenen Sekte aufmerksam zu machen. Auf den Bericht des Bischofs befahl der Kaiser Justinian II., dass alle Paulikianer festgenommen, befragt, und die bei ihrer Lehre Beharrenden verbrannt werden sollten. Demnach wurde nahe bei der Stätte, wo Konstantin gesteinigt worden, und die seitdem Soros, der 'Steinhaufe', hieß, ein großer Scheiterhaufen errichtet, auf welchem Symeon mit einer nicht geringen Zahl seiner Anhänger im Jahre 690 starb.
Unter den dem Tod Entronnenen war ein Armenier Paulus, der sich mit seinen beiden Söhnen Gegnäsius und Theodor nach Episparis flüchtete und sich hier an die Spitze der bald wieder gesammelten Sekte stellte. Ihm folgte sein älterer Sohn Gegnäsius, mit Veränderung seines Namens in den des Timotheus. Gegen ihn erhob sich aber der jüngere Bruder Theodor, und während jener behauptete, ihm, als dem rechtmäßigen Erben der dem Vater von oben mitgeteilten Gnade und Erleuchtung, gebühre das Vorsteheramt, gründete Theodor seine Ansprüche auf die ihm, ebenso wie dem Vater, unmittelbar von Gott eingeflößten Gaben des Geistes. Dadurch bildete sich eine Spaltung, die bis zum Tode der beiden Brüder fortdauerte.
Gegnäsius musste auf Befehl des Kaisers Leo des Isauriers in Konstantinopel, vor dem Patriarchen ein Verhör über seinen Glauben bestehen; hier half er sich, teils durch Ableugnung einiger Beschuldigungen, teils durch zweideutige, scheinbar katholische, von ihm aber in ganz anderem Sinn genommene Antworten. Er verfluchte durch den Kirchenbann den, der den orthodoxen Glauben und die katholische Kirche verwerfen würde, verstand aber darunter die eigene Lehre und die paulikianische Kirche; er versicherte das Kreuz zu verehren, meinte aber damit Christus selbst, der mit seinen ausgebreiteten Armen die Figur eines Kreuzes beschrieben habe. Ebenso bekannte er sich zur Verehrung der heiligen Maria, in welche Christus eingegangen und von welcher er ausgegangen und die aller Gläubigen Mutter sei. Diese Maria aber war ihm die Gemeinde der Seligen im Himmel, das obere Jerusalem, in welches Christus als Vorläufer für die Gläubigen eingegangen sei. Auf die Frage, warum er nicht teilnehme an dem Leibe und Blute Christi, sondern beides verachte, sprach er sogleich den Kirchenbann über die Verächter dieses Leibes und Blutes aus, verstand aber hierunter nur die Worte und Lehren Christi, und in ähnlicher Weise sprach er sich zu Gunsten der Taufe aus, wobei er sich, da Christus sich das lebendige Wasser nenne, nur eben den Herrn selbst dachte. So konnte er, auf den Bericht des Patriarchen mit einem kaiserlichen Schutzbrief versehen, nach Episparis zurückkehren, von wo er sich

jedoch bald darauf mit seinen Jüngern wieder nach Mananalis wandte, da er sich auf sarazenischem Gebiete sicherer glaubte.
Nach dem Tode des Gegnäsius entstand wieder eine Spaltung unter den Paulikianern, indem die einen seinem Sohn Zacharias, die anderen dem Joseph, welchen Gegnäsius als Kind an der Straße gefunden und erzogen hatte, anhingen. In dem Streit, der darüber entbrannte, hätte Zacharias seinen Nebenbuhler beinahe mit einem Stein erschlagen. Endlich beschloss man sich ganz zu trennen. Zacharias wollte sich mit seinem Haufen anderwärts niederlassen; die Sarazenen, die aus der eingeschlagenen Richtung den Schluss zogen, dass sie sich wieder auf römisches Gebiet begeben wollten, eilten ihnen nach; Zacharias rettete sich zwar durch schnelle Flucht, aber seine Anhänger fielen sämtlich unter dem Schwert der Araber. Mit glücklicherem Erfolg bewerkstelligte Joseph seine Übersiedelung nach Episparis, wo ihm die Einwohner freudig mit brennenden Fackeln entgegenzogen. Seine Anhänger fielen aber bald darauf in die Gewalt eines kaiserlichen Befehlshabers Krikoraches, während er nach Antiochia in Pisidien entkam, und in den dortigen Gegenden dreißig Jahre lang unter dem Namen Epaphroditus die Lehren seiner Partei ausbreitete.
Ihm folgte als Haupt der Paulikianer Baanes, genannt der Schmutzige, weil er, selbst dem Laster ergeben, unter seinen Anhängern die schändlichsten Ausschweifungen und zuchtlose Befriedigung wilder Begierden systematisch beförderte.[1]
Damals aber am Anfang des neunten Jahrhunderts, schloss sich ein Mann der Sekte an, welcher, jener unsittlichen, antinomistischen Richtung entgegenwirkend, als Reformator zugleich und als der glücklichste Verbreiter der Sekte die bedeutendste Erscheinung in der Sukzession paulikianischer Lehrer ist. Sergius - dies war sein Name - aus Ania bei Tabia in Galatien gebürtig, wurde schon als Jüngling durch den Umgang mit einer Paulikianerin zum Abfall von der Kirche und zum Übertritt zu der Sekte verleitet, und Photius hat das Verfahren, das sie dabei einschlug, näher beschrieben. Sie fragte ihn zuerst, warum er die Evangelien nicht lese, und als er erwiderte, dass ihm als Laien diese den Geistlichen vorbehaltene Beschäftigung nicht zustehe, versicherte sie ihn, dies sei nur ein Kunstgriff der Priester, die, da sie das Wort Gottes verfälschten, fürchteten, dass die Laien durch Lesung der Heiligen Schrift ihren Trug durchschauen möchten; denn was ihnen von der Hl. Schrift in den Kirchen vorgelesen werde, das sei, als aus dem Zusammenhang gerissen, auch nur geeignet, das betörte Volk in seinem Glauben zu erhalten. Darauf hielt sie ihm die Stellen N.T. Matth. 7,22 und 8,12 vor, und erklärte ihm: „Jene, welche im Namen Christi Wunder gewirkt und Dämonen ausgetrieben, und die der Herr doch nicht kenne, jene auch, welche als Söhne des Reiches doch aus demselben würden verstoßen werden, seien die Verstorbenen, die in der Kirche als Heilige verehrt würden, und die, obgleich sie

[1] Photius contra Manichaeos I, 95.

Krankheiten heilten und Dämonen austrieben, doch vom Richter einst hören würden: Weichet von mir, ich kenne euch nicht." Durch solche und ähnliche Einflüsterungen gewonnen, durch Eifer und Talent bald gehoben, trat Sergius unter dem Namen Tychikus an die Spitze der Partei. Sein äußerlich strenger und ernster, scheinbar durch manche Tugenden geschmückter Lebenswandel bildete einen vorteilhaften Kontrast gegen den zuletzt unsittlichen Charakter der Paulikianer. Mit wohlberechneter Vorsicht pflegte er in seinen Vorträgen und Unterhaltungen mit denen, die er gewinnen wollte, die auffallenderen, den katholischen schroff entgegenstehenden Dogmen anfänglich zu verschweigen und die Gunst und Aufmerksamkeit der Hörer nur durch solche in biblische Ausdrücke eingekleidete Gemeinplätze zu wecken und zu gewinnen, wie sie zu verschiedenen Zeiten als Same des Misstrauens und Widerwillens gegen die Kirche gute Dienste geleistet haben. Dabei durchwanderte er mit unermüdeter Anstrengung 34 Jahre lang die Provinzen von Kleinasien, besonders die Städte und Gegenden, in welchen ehemals der Apostel Paulus gelehrt hatte. Darum rühmte er sich in einem Sendschreiben an eine der von ihm gestifteten Gemeinden: „Von Osten bis nach Westen, von Norden bis nach Süden bin ich gelaufen, mit ermatteten Knien das Evangelium Christi verkündigend." Es gelang ihm, selbst viele Priester, Mönche und Nonnen zu verführen; Frauen verließen, indem sie ihm folgten. ihre Männer, und wurden dann mit seinen Schülern verheiratet; aber viele, die sich ihm anschlossen, fielen auch in die Gewalt der Sarazenen und wurden zu Sklaven gemacht,[2] andere starben als Gefangene der Griechen im Kerker. Freilich behauptete Sergius, an solchem Unglück unschuldig zu sein; er habe, sagte er, seine Anhänger oft gewarnt, sie sollten sich enthalten, Römer (die Katholischen im griechischen Reiche) gewaltsam wegzuschleppen, aber sie hätten ihm nicht gehorcht. Überhaupt aber flößten ihm seine Erfolge einen solchen Dünkel ein, dass er sich von den Seinigen als Träger und Organ des Heiligen Geistes oder als Tröster göttliche Ehren erweisen ließ, so zwar, dass, nach der Angabe des Petrus von Sizilien, seine Schüler in seinem Namen beteten, und die paulikianische Gebetformel: Die Fürbitte des Heiligen Geistes möge sich unser erbarmen,[3] sich auf ihn bezog. In der Tat mussten auch die Ausdrücke, die er in seinen Sendschreiben von sich selber gebrauchte, die Vorstellung, dass er ein Wesen höherer Ordnung, ein göttlich beglaubigter Gesandter sei, erzeugen oder begünstigen. An die Einwohner von Colonea schrieb er: „Die Zuverlässigkeit eures Glaubens kennend,

---

2 Petras Siculus (in dem unten zu erwähnenden Berichte p. 62 sagt, durch seine Schüler habe er viele Kinder ihren Müttern entführen lassen, die dann durch ihn teils ums Leben gekommen, teils an die Sarazenen verkauft worden seien. Wenn dieses nicht etwa gegen seinen Willen geschah, so war seine Absicht wohl nur die, dass die Kinder in dem Glauben der Paulikianer erzogen werden und zur Verstärkung der Sekte dienen sollten; es mögen dann viele, weil ihnen elterliche Pflege abging, bald gestorben, andere sarazenischen Streitparteien in die Hände gefallen sein.

3 Nach den Worten N.T. Röm. 8,26.

gedenken wir, dass, gleichwie die früheren Kirchen ihre Hirten und Lehrer aufgenommen, so auch ihr mich, die hellleuchtende Fackel, das glänzende Gestirn und den Führer zum Heil, empfangen habt." „Ich bin", schrieb er weiter, „der Pförtner und der gute Hirte, der Führer des Leibes Christi und die Lampe des Hauses Gottes, und bleibe bei euch alle Tage bis zum Ende der Zeiten; denn wenn auch dem Leibe nach abwesend, bin ich doch dem Geiste nach bei euch." Wenn nun ein Mann, der eine solche Sprache führte, doch auch wieder sagte, was er vortrage, sei nicht das Ergebnis seiner eigenen Weisheit, sondern die Botschaft seines Lehrers Paulus, von dem er auch seine Sendung habe, so war diese Versicherung nach der Bemerkung des Photius nur an den rohen Haufen, der erst gewonnen werden sollte, gerichtet; vor diesem trat er als Tychikus, der Schüler des Apostels, auf; vor seinen eingeweihten Jüngern behauptete er aber allerdings der Paraklet, ein von Gott geschickter Geist zu sein.

Sergius widersetzte sich nachdrücklich den Ausschweifungen und Lastern, welche unter dem Einfluss des Baanes um sich gegriffen hatten, und indem dieser sich auf die Tradition und Vollmacht seines Lehrers Epaphroditus (des Joseph) berief, dem Sergius aber seinen Mangel an aller Sendung vorwarf, kam es zu einer Spaltung. Man gab sich wechselweise die Parteinamen Sergioten und Baaniten; doch blieb das Übergewicht auf der Seite des geschmeidigen, milden, gewinnenden Sergius. Solange er lebte, erfolgten aber noch keine gewaltsamen Ausbrüche des wechselseitigen Hasses, aber nach seinem Tod griffen die, nun auch durch den Beitritt des unten zu erwähnenden paulikianischen Feldherrn Karbeas verstärkten Sergioten zum Schwert, und viele Baaniten wurden erschlagen. Sie würden der Vertilgung nicht entgangen sein, wenn nicht einer der Glaubensbrüder, Theodotus, an den gemeinschaftlichen Ursprung, den gleichen Glauben und die Geringfügigkeit des Unterschiedes mahnend, Friede gestiftet hätte.

Wenn diese Spaltung die Paulikianer innerlich schwächte, so waren ihnen damals dagegen äußere Verhältnisse umso günstiger. Der Kaiser Nikephorus (803-811), in Pisidien geboren, stand schon von Jugend auf in Verbindung mit ihnen und mit der verwandten Sekte der Athinganer, ließ sich von ihnen zukünftige Dinge verkünden, und suchte in den magischen Gebräuchen, die besonders von den Athinganern geübt wurden, Schutz und Hilfe gegen die Empörung des Bardanes. Ungestört konnten daher die Paulikianer ihre Lehren jetzt verbreiten, und die Zahl der durch sie Verführten war umso beträchtlicher, als der Kaiser Konstantin Kopronymus schon im Jahrhundert vorher eine Anzahl Syrier und Armenier von Theodosiopolis und Melitene nach Thrakien übergesiedelt hatte, wodurch die paulikianische Lehre auch im europäischen Teil des griechischen Reiches Eingang gewonnen hatte.[4]

---

[4] Grieseler (Über die Paulikianer, in den Theol. Studien und Kritiken 1829, XII, 90) und Neander (K. -G. III, 507) haben diese Nachricht bezweifelt oder eine Verwechselung mit

Der nächste Kaiser Michael Rhangabe ließ sich anfänglich durch die Vorstellungen des Patriarchen Nikephorus und anderer Personen bewegen, die Todesstrafe gegen die Paulikianer zu verhängen; da aber die Untersuchung, ob ein Individuum wirklich zu dieser Sekte gehörig und den Lehren derselben hartnäckig zugetan sei, durch Geistliche geführt werden musste, so hielten andere dem Kaiser vor, es sei unziemlich, Todesurteile durch Priester fällen zu lassen, auch müsse man den Verirrten Raum zur Buße und Umkehr gestatten. Dadurch bewirkten sie, dass keine allgemeine Maßregel dieser Art ergriffen wurde, obwohl Michael mehrere enthaupten ließ.[5]

Schärfer verfuhr der Kaiser Leo der Armenier, obgleich in einem Punkt, dem Hass gegen die religiösen Bilder, mit den Paulikianem gleichgesinnt. Der Metropolit Thomas von Neucäsarea in Kappadokien und der Abt Parakondakes erhielten den Auftrag, in der armenischen Provinz diejenigen, die nach längerer Belehrung ihren Irrtümern nicht entsagen würden, hinrichten zu lassen. Aber Parakondakes wurde von den Astaten,[6] Schülern des Sergius, und Thomas von den Kynochoriten, unter Anführung eines der Astaten, überfallen und ermordet; worauf sich die ersteren nach Melitene in den sarazenischen Teil von Armenien wandten und von dem dortigen Emir das Städtchen Argaum zur Wohnung erhielten. Hierher zog auch Sergius, der erst im Jahr 835 von einem gewissen Tzanio aus Nikopolis erschlagen wurde.

Da die Paulikianer, von ihrem sicheren Zufluchtsort aus, räuberische Einfälle in das byzantinische Gebiet machten, zugleich aber eine große Menge ihrer Anhänger zerstreut in den östlichen Provinzen Kleinasiens wohnte, so beschloss die Kaiserin Theodora, den letzteren nur die Wahl zwischen Bekehrung und dem Tod zu lassen. Die Kommissare, welche deshalb in jene Provinzen gesandt wurden, vollzogen ihren Auftrag mit so großer Härte und Grausamkeit, dass nach der übereinstimmenden Angabe der griechischen Geschichtsschreiber, damals an die hunderttausend Personen durch verschiedene Todesarten hingerichtet wurden. Da stellte sich der Paulikianer Karbeas, Protomandator (erster Adjutant) bei dem Oberfeldherrn des östlichen Heeres, dessen Vater unter den Getöteten war, an die Spitze von fünftausend Glaubensgenossen, suchte und fand Aufnahme bei den Sarazenen, denen die erbitterten, rachedürstenden Sektierer als Bundesgenossen gegen die Griechen willkommen waren, und konnte, da ihm immer mehrere derselben Partei aus den griechischen Provinzen zuströmten, bald zwei neue Städte, Tephrika und Amara, gründen. Doch waren die Moslemen zu einer Zeit, wo die dualistischen Sekten der Zendiks und der Anhänger des Babek Khorremi

---

jüngeren Vorgängern dabei vermutet, weil sie von dem spätem Cedrenus herrühre; sie findet sich aber schon bei dem viel altern Theophanes (ed. Paris. p. 360).

5 Theophanes p. 418. 419.

6 Astaten, griech. die Unsteten, hießen sie wahrscheinlich, weil sie aus ihren früheren Wohnsitzen vertrieben oder um ihres Glaubens willen ausgewandert waren.

ebenso gefahrvoll für das Kalifat, als allgemein verabscheut waren, und der moslemische Feldherr Ischak 60.000 solcher Dualisten (im Jahr 859) zusammenhauen ließ, gewiss weit entfernt, den Paulikianern unbedingte Religionsfreiheit zu gewähren. Vielmehr mussten diese äußerlich die mohammedanischen Religionsgebräuche mitmachen, und dies war auch ein Grund, warum Karbeas seinen Sitz in Tephrika nahm, wo er und die Seinigen in größerer Entfernung und minder abhängig von den Moslemen lebten. Von da aus führte er einen Verheerungskrieg gegen die benachbarten griechischen Kastelle und Ortschaften, schleppte viele Gefangene fort, verkaufte die, welche sich ihm nicht unterwerfen wollten, als Sklaven an die Sarazenen und vergrößerte noch seine Macht und seinen Anhang, indem er in Tephrika verfolgten Verbrechern, zahlungsunfähigen und ähnlichen Leuten eine Zufluchtsstätte eröffnete.

Unter seinem Schwiegersohn und Nachfolger, dem klugen und tapferen Chrysocheres, dehnten die Paulikianer ihre Streifzüge bis nach Nikäa und Nikomedia aus, überfielen im Jahr 867 Ephesus, plünderten dort die reiche Kirche des heiligen Johannes und gebrauchten sie als Pferdestall. Damals wurde Petrus von Sizilien von dem Kaiser Basilius nach Tephrika gesandt, um über die Auslösung von Gefangenen zu unterhandeln; hier erfuhr er, dass die Paulikianer im Begriffe standen, durch die Absendung von Glaubensboten ihre Lehren auch unter den Bulgaren zu verbreiten.[7] Ihre Macht war damals so groß, dass Chrysocheres auf die Friedenseröffnungen von Seiten des Kaisers trotzig erwiderte, wenn Basilius Frieden haben wolle, so müsse er dem Orient entsagen und sich mit dem, was er jenseits des Bosporus besitze, begnügen, sonst werde er ihn aus seinem ganzen Reich vertreiben. Doch dieser Übermut wurde bald gebrochen: Auf dem Rückzug aus Kappadokien wurde das mit Beute beladene Heer der Paulikianer im Jahr 872 überfallen, Chrysocheres auf der Flucht getötet und hierauf Tephrika zerstört. Die Macht der Paulikianer, vor welcher in den letzten 25 Jahren Asien bis zum Bosporus gezittert hatte, erhob sich nicht wieder.

Doch die Sekte erhielt sich. Um das Jahr 969 versetzte der Kaiser Johannes Tzimiskes, durch die Vorstellungen des Patriarchen Theodor von Antiochia bestimmt, eine große Anzahl von Paulikianern nach Philippopolis in Thrakien, wo sie zugleich die Grenzen des Reichs beschützen sollten. Hier scheinen sie sich im Laufe eines Jahrhunderts bedeutend vermehrt zu haben. Als der Kaiser Alexius im Jahr 1084 sich im Krieg gegen den in Thrakien eingefallenen Normannenfürsten Guiscard ihrer Hilfe bedienen wollte, verließ eine Anzahl derselben treulos sein Heer; diese ließ er nachher gefangen nehmen und gewährte ihnen die Freiheit

---

[7] Petrus Siculus verfasste nach seiner Rückkehr die (zuerst herausgegeben von Rader, Ingolstadt 1604, dann von Gieseler, Göttingen 1846; Appendix 1849). Diese Schrift und des Photius vier Bücher contra Manichaeos (bei Wolfius, Anecdota graeca, Hamb. 1721, T. I. II u. bei Gallandius, Biblioth. T. XIII) sind die Hauptquellen für die Geschichte der Paulikianer.

nur unter der Bedingung, dass sie sich taufen ließen. Später im Jahr 1116 widmete er sich, gemeinschaftlich mit seinem Schwiegersohn, dem Cäsar Bryennius, mit Eustathius, Erzbischof von Nikäa in Thrakien, und dem Bischöfe von Philippopolis, der Bekehrung dieser Sektierer mit glücklichem Erfolg. Ganze Tage disputierte er mit ihnen, und brachte es dahin, dass nach und nach sich gegen Elftausend taufen ließen; diese wurden dann in einer neuen, Philippopolis gegenüber erbauten Stadt Alexiopolis oder Neokastron angesiedelt. Aber ein großer Teil der Sekte beharrte bei der alten Lehre.

II. KAPITEL: DIE LEHRE DER PAULIKIANER

Die dürftigen Nachrichten, welche Photius und Petrus von Sizilien über die Lehre der Paulikianer mitteilen, gestatten nur einige Hauptpunkte derselben mit Sicherheit aufzufassen; mehrere Mittelglieder fehlen, welche durch Vermutungen oder von anderen ähnlichen Sekten hergenommene Analogien ausfüllen zu wollen allzu gewagt sein würde.

Die Grundlehre des paulikianischen Systems war ein schroffer und absoluter Dualismus. Der gute Gott, der himmlische Vater ist nur Schöpfer und Herr einer höheren Welt, des oberen Jerusalem (nach N.T. Gal. 4,26) oder des künftigen Reiches, und hat daher in dieser niederen Welt keine Gewalt. Diese hat der böse Gott hervorgebracht, der „Gott dieser Welt“, wie ihn Paulus (N.T. 2. Kor. 4,4) nennt, welcher als ihr Schöpfer sie auch beherrscht. Wenn sie sagten, dieser böse Demiurg (Weltschöpfer) sei aus der Finsternis und dem Feuer geworden, so nahmen sie wohl, wie die älteren Gnostikern, eine von Ewigkeit existierende, das Böse als Keim in sich beschließende Materie an, aus der sich dann dieses Böse als selbstbewusste Persönlichkeit entwickelte. Wenn ferner, nach der Angabe des Photius, ein Teil der Paulikianer auch den Himmel und was darin ist für ein Erzeugnis des Bösen erklärte, so war damit der niedere, zur sichtbaren Welt gehörige Himmel gemeint, der allerdings als Teil der satanischen Schöpfung nur das böse Prinzip zum Urheber haben konnte. Die Paulikianer erkannten übrigens wohl, dass dieser Dualismus die große Kluft sei, die sie von den Katholiken scheide. Was ist es denn, sagten sie, was uns von den Römern trennt? Dies, dass wir in dem Weltschöpfer einen anderen, von dem Herrn des Himmels verschiedenen Gott erkennen; dass, während ihr an diesen Weltschöpfer glaubt, wir dagegen an den glauben, von welchem der Herr (N.T. Joh. 5,37) sagt: „Ihr habt weder seine Stimme gehört noch sein Antlitz geschaut.“[8]

Wie die ganze sinnliche Welt, so ist der menschliche Leib ein Erzeugnis des bösen Gottes, mit welchem die von dem guten geschaffene Seele unter dessen Zulassung verbunden worden ist. So ist die Seele in dem Kerker des ihr ganz

[8] Petrus Siculus p. 16.

fremdartigen, feindlichen und einer anderen Schöpfung angehörigen Leibes eingeschlossen, und das Günstigste, was ihr widerfahren könnte, wäre, recht bald aus demselben entlassen zu werden, das Schlimmste aber, wenn sie nach der Befreiung wieder an diesen ihren Feind gefesselt würde.[9] Denn der Leib ist für den Menschen Sitz und Quelle des Bösen, und was ihm, wie die Speise, Kraft und Nahrung gewährt, das ist Aussaat der Sünde.[10]

In einem Sendschreiben des Sergius fand sich die von Petrus und von Photius auf bewahrte Äußerung: „Die erste Hurerei, welche uns von Adam anklebt, ist eine Wohltat; die zweite aber ist eine größere Hurerei, von welcher auch der Apostel (N.T. 1. Kor. 6,18) sagt: ‚Wer hurt, sündigt gegen seinen eignen Leib.' Wir sind der Leib Christi, und wenn jemand abfällt von der Überlieferung des Leibes Christi, d. h. von der meinigen, so sündigt er, indem er zu falschen Lehrern übergeht und der gesunden Lehre widerstrebt." Hiernach scheinen die Paulikianer wie die Manichäern, den Bogomilen und den abendländischen Katharern, unter der verbotenen Frucht, von der die Menschen genossen, die geschlechtliche Verbindung verstanden zu haben, und da sie jenes Verbot nur dem Demiurg zuschreiben konnten, so mochte ihnen die Übertretung desselben als ein Akt der Emanzipation von der tyrannischen Herrschaft des Satan, folglich als eine Wohltat gelten. Aber in den Worten des Sergius scheint noch der Gedanke zu liegen, dass auch die fortgesetzte Ausübung jener durch Adam zuerst eingeführten Unzucht etwas Gutes und Wohltätiges sei, und so hat es auch Petrus von Sizilien verstanden.

Doch ließe sich mit einer solchen antinomistischen Lehre nicht wohl die Tatsache vereinigen, dass Sergius als Reformator gegen Baanes und die durch diesen begünstigte Sittenlosigkeit auftrat und eben dadurch eine Spaltung bewirkte. Jedenfalls ist klar, dass er die Worte Pauli von der Sünde gegen den eigenen Leib, von der Versündigung gegen den kirchlichen Leib, welche ein Glied desselben durch Losreißung und Verfälschung der Lehre begehe, verstanden wissen wollte.[11]

Wie die Paulikianer sich den Ursprung der menschlichen Seelen dachten, ob durch Schöpfung des guten Gottes oder durch Emanation aus ihm und Abfall von ihm, ist nicht klar; doch lehrten sie nicht, gleich anderen, eine gänzliche Verfinsterung alles Gottesbewusstseins vor Christus. Sie sagten mit Beziehung auf Joh. 1,9, der Gott der Geisterwesen erleuchte jeden Menschen, der in die Welt komme,

---

9 Photius adv. Man. II, 270—271.

10 Photius II, 160.

11 Neander (K.-G. III, 525) meint: „es lasse sich von Sergius nicht erwarten, dass er die Worte des Paulus an und für sich von der geistigen Hurerei, dem Abfall von der reinen Lehre, verstanden haben sollte, was gar zu widersinnig wäre." Mir scheint, dass eine solche Deutung ganz dem exegetischen Geist dieser Parteien angemessen sei und dass ein dualistisches System, welches seine Begründung im Neuen Testamente nachweisen will, zu noch widersinnigeren Deutungen greifen müsse, wie denn auch in der Darstellung des Systems der Katharer viele noch gewaltsamere Auslegungen von neutestamentlichen Stellen sich finden.

und auch diejenigen, welche sich freiwillig dem bösen Gott hingegeben hätten, könnten in ihrer Verfinsterung sich noch einem Strahle der Wahrheit zuwenden, da der gute Gott immer gewesen, immer sei und immer sein werde.[12] Aber eine eigentliche Offenbarung an die Menschen fand vor der Erscheinung Christi nicht statt. Die Paulikianer verwarfen das ganze Alte Testament, das Gesetz und die Propheten als die Offenbarung des Demiurgen; die Propheten nannten sie Betrüger und Diebe (nach N.T. Joh. 10,8). Doch verstanden sie nach der Angabe des Photius in der Stelle Joh. 1,11 unter dem Eigentum, in welches Christus gekommen sei, die „prophetischen Reden“: sie nahmen also, gleich den dualistischen Katharern des Okzidents, an, dass die Propheten unbewusst durch Eingebung des guten Gottes auch Wahres und auf die künftige Erscheinung des Erlösers Bezügliches verkündet hätten.

Aus der Welt des guten Gottes kam Christus herab, die Menschen aus der Knechtschaft des Demiurgen zu befreien. Seine Mutter war nicht Maria, durch die er mit seinem von oben herabgebrachten ätherischen Leib nur wie durch einen Kanal hindurchging, sondern das obere Jerusalem, das Reich des guten Gottes; dieses nannten die Paulikianer den Katholischen gegenüber, zur Verhüllung ihrer wahren Lehre, die heiligste Gottesgebärerin, in welche der Herr eingegangen und von der er ausgegangen sei; von Maria aber behaupteten sie, sie dürfe nicht einmal unter die guten Menschen gerechnet werden und habe mit Joseph, nach der scheinbaren Geburt Jesu, noch jene im Evangelium erwähnten Brüder Jesu erzeugt.[13]

Ein wirkliches Leiden Christi wurde natürlich nicht angenommen, teils wegen des Doketismus, teils auch weil eine erlösende Genugtuung in der Lehre der Paulikianer, wie in dem aller derartigen Sekten, sich keine Stelle fand und demnach die Erlösung wahrscheinlich auch bei ihnen als eine bloße Belehrung und Erweckung des Bewusstseins höherer Abkunft gedacht wurde. Die Verehrung des Kreuzes verabscheuten sie: Es sei nur ein Strafwerkzeug der Übeltäter und ein Zeichen des Fluches; doch verstanden sie sich im Notfall dazu, ihm als einem Symbol Christi, welcher seine Hände in Kreuzesform ausgebreitet habe, Ehre zu erweisen. Wahrscheinlich dachten sie bei dieser Ausbreitung der Hände nicht an sein Leiden am Kreuz, welches jedenfalls nur als ein scheinbares gelten konnte, sondern an ein für die Auserwählten verrichtetes Gebet Christi. Wenn sie, nach der Angabe des Photius, in Krankheiten ein hölzernes Kreuz sich auflegten und nach erfolgter Genesung dasselbe zerbrachen, mit Füßen traten oder wegwarfen,[14] so geschah dies, weil sie, gleich den Katharern, das Kreuz als ein Zeichen und Werkzeug des Demiurgen, dessen sich dieser gegen den ihm verhassten Christus bedient habe, betrachteten. Da körperliche Leiden nur von dem, in dessen Reich

[12] Photius I, 147.

[13] Petrus Sie. p. 18. Photius I, 22.

[14] Photius I, 29.

und Gewalt die Leiber sich befanden, nicht von dem guten Gotte herrühren konnten, so mochte ihnen zulässig scheinen, Gift mit Gegengift zu vertreiben und einem vom Satan verhängten Leiden die magische Kraft seines eigenen Zeichens entgegenzusetzen. Aus demselben Grund ließen sie auch zuweilen ihre Kinder von einem katholischen Priester taufen; die Taufe galt ihnen nämlich als eine vom Demiurgen eingesetzte Handlung, die zwar für die Seele völlig wirkungslos, dem Leibe aber zuträglich sei.

Die Paulikianer bekannten den Worten nach eine Trinität von Vater, Sohn und Heiligem Geiste; es ist aber nicht klar, wie sie sich das Verhältnis dieser Personen zu einander dachten; jedenfalls auf eine von der katholischen Lehre weit abweichende Weise. Wahrscheinlich wurden der Sohn (Christus) und der heilige Geist für zwei Engel der höheren Welt gehalten, denen die Erlösung und fortwährende Erleuchtung der Menschenseelen aufgetragen war. Die angesehensten Lehrer der Sekte galten daher für Organe des Heiligen Geistes, und, wie bei den Katharern, scheint derselbe auch hier um seine Fürbitte angerufen worden zu sein.

Die Paulikianer verachteten und schmähten den Apostel Petrus, weil er, wie sie sagten, den Glauben an seinen Meister Christus verleugnet habe; ohne Zweifel meinten sie damit nicht bloß den Vorgang bei dem Leiden Christi, sondern auch jene dem Paulus entgegengesetzte judaisierende Richtung, welche sie wie die ältereren Gnostiker ihm zuschrieben. Sie verwarfen daher auch die beiden Briefe von Petrus; die größte Verehrung bewiesen sie dagegen den Briefen des Paulus, dessen wahre Schüler sie zu sein vorgaben, und neben den im Kanon befindlichen, gebrauchten sie auch noch ein angebliches Schreiben dieses Apostels an die Laodicäer. Eine Randglosse bei Petrus von Sizilien, welcher dies bemerkt, gibt auch an, dass die Paulikianer der späten Zeit nur zwei Evangelien angenommen hätten. Dass der größte Teil derselben auch die Apostelgeschichte, die Briefe des Johannes, Jakobus und Judas verwarf, bezeugt Photius.[15] Übrigens trugen sie keine Bedenken, das Evangelienbuch, da es die Worte Christi enthalte, durch Küssen und Kniebeugen zu verehren.

Die Sakramente mussten nach dem paulikianischen System überhaupt für verwerflich gelten, da die Dinge dieser Welt, Wasser, Öl, Brot, als zum satanischen Reiche gehörig, nicht Träger einer überirdischen Gnade sein konnten. In Bezug auf die Taufe beriefen sie sich auf einen Ausspruch Christi von dem „lebendigen Wasser“ (N.T. Joh. 4,10) und schlossen daraus, dass das Gebot der Taufe nur von der Annahme der Lehre des Evangeliums zu verstehen sei. Von der Eucharistie sagten sie: Was Christus den Jüngern beim letzten Mahle gegeben, sei nicht Brot und Wein gewesen, sondern die Worte, die er gesprochen; die Lehren, die er ihnen mitgeteilt, habe er symbolisch als Brot und Wein bezeichnet.[16] Doch trugen

---

[15] Phot. I, 56. 187.

[16] Petrus Sic. p. 18.

sie keine Bedenken, in den katholischen Kirchen die Kommunion sich reichen zu lassen, wenn dies zu ihrem Zweck, leichter verborgen zu bleiben, dienlich schien. Die Paulikianer nannten sich selbst „Christen“, die Katholiken „Römer“, als Bekenner der im römisch-orientalischen Reich herrschenden Religion. Ihre Versammlungsorte wollten sie nicht Kirchen genannt wissen, sondern Gebetstätten. Der Name „Presbyter“, Ältester, war ihnen verhasst, weil es von diesen im Evangelium (N.T. Matth. 27,1 u. s.) heiße, dass sie sich gegen den Herrn versammelt hätten. Ihre früheren Lehrer und Vorsteher, wie sie von Konstantin bis auf Sergius aufeinander gefolgt waren, wurden gleich den Aposteln geehrt. Nach dem Tode des Sergius hörte die bisherige monarchische Leitung der Sekte auf, und die Schüler dieses Mannes übernahmen unter dem Titel, „Begleiter auf der Wanderschaft“ (nach N.T. Apg. 19,29; 2. Kor. 8,19), mit gleicher Gewalt und mit dem Anspruch auf jene höhere, den früheren Häuptern als Organe des Heiligen Geistes zugeschriebene Erleuchtung, die Leitung des Ganzen. Ihnen war eine andere Klasse kirchlicher Personen, die Notarien, untergeordnet, welche entweder den gemeinschaftlichen Gottesdienst zu halten oder doch eine gewisse Aufsicht in den religiösen Zusammenkünften zu führen hatten. Später erlangten aber diese Notarien den Vorrang vor den Synekdemen.[17] Jene sowohl als diese waren weder in der Kleidung noch in der Lebensweise von den übrigen Gliedern der Sekte unterschieden.

Die bei anderen derartigen Sekten so bedeutungsvolle Unterscheidung zweier Klassen, der Geweihten oder Vollkommenen und der Hörenden, scheint den Paulikianern ganz fremd geblieben zu sein. Der Grund hiervon lag wohl darin, dass die Enthaltung von der Ehe und vom Fleischgenuss bei ihnen nicht gefordert wurde, so zwar, dass sie auch das Fleisch der in ihrem Blut getöteten Tiere zu essen keinen Anstand nahmen und auch dadurch den orientalischen Christen Anstoß gaben. Übrigens entwirft Photius von dem sittlichen Charakter der Sekte überhaupt eine sehr ungünstige Schilderung. Ohne alles Bedenken sollen sie, sooft es ihnen ratsam schien, ihren Glauben verleugnet haben; doch dürfte dies, wenigstens in früheren Zeiten, nicht allgemein gewesen sein, da ja viele Paulikianer hingerichtet wurden, die sich durch Heuchelei das Leben hätten retten können. Auch Trunkenheit, Schwelgerei und andere Laster sollen sehr häufig unter ihnen vorgekommen sein.

Wie bei allen derartigen Sekten der späteren Zeit, nahm man auch bei den Paulikianern eine unerschütterliche Anhänglichkeit an die einmal ergriffenen Lehren wahr, und die griechischen Geschichtsschreiber versichern, dass die aufrichtige Bekehrung eines Paulikianers kaum möglich sei.[18] Durch die langen Kriege und Raubzüge und durch den grimmigen Hass gegen die Katholiken,

[17] Nach der Formula receptionis Manichaeorum bei Tollius, Insignia itinerarii italici, Utrecht 1696, p. 144.

[18] Theophanes p. 419.

welchen, wie ebenso vielen Anhängern des Satan, sie als das auserwählte Geschlecht des guten Gottes gegenüberstanden, waren sie eine verwilderte, kriegerische und blutdürstige Horde geworden, ähnlich den späteren Hussiten, so dass Anna Commena von ihnen sagt, diese Manichäer seien von Natur das schlagfertigste Volk und gleich den Hunden stets begierig, Menschenblut zu schlürfen.[19] Seit ihrer Verpflanzung nach Thrakien hat die Sekte der Paulikianer sich bis in die neuesten Zeiten herab dort erhalten, allmählich aber einen von dem ursprünglichen wesentlich verschiedenen Charakter angenommen. Nach dem Bericht eines Augenzeugen, der sie gegen Ende des 17. Jahrhunderts in vielen zwischen Adrianopel und Philippopel liegenden Dörfern vorfand, war ihre Religion auch damals noch eine Mischung von Christlichem und Heidnischem; aber gerade das, was den Grundsätzen der älteren Paulikianer besonders zuwider und ihnen verhasst war, hatten ihre Abkömmlinge von beiden Religionen angenommen, nämlich die Tieropfer und die Verehrung des Kreuzes. Marsigli sah an einem neben ihrer Kirche stehenden Baum Stücke der als Opfer geschlachteten Stiere und Hammel hängen; er sah in der Nähe einen steinernen Tisch, an welchem sie ihre Opfermahlzeiten hielten, und ein steinernes Kreuz, vor welchem sie sich nach griechischem Ritus niederwarfen; doch pflegten sie das Zeichen des Kreuzes nicht wie die Griechen mit drei Fingern, sondern mit der ganzen Hand zu machen.[20] Die meisten dieser Paulikianer sollten, wie man ihm sagte, Bulgaren sein, welche, ihrer Religion wegen von den Russen vertrieben, die Ufer des Don verlassen und sich bei ihren schon länger hier wohnenden Glaubensgenossen angesiedelt hatten.

III. Kapitel: Armenische Paulikianer, die Thondrakier, die Melchisedekianer oder Athinganer

In Armenien zeigte sich im Anfange des achten Jahrhunderts eine Sekte von Paulikianern, welche der damalige armenische Katholikus oder Patriarch Johannes Philosophus von Ozun (geb. 668) in einer eigenen Schrift[21] geschildert hat. Sie wurden, wie er berichtet, bereits von einem seiner Vorgänger, dem Katholikus Nerses III., um 645 bekämpft.[22] Nach dessen Tode, sagt er weiter, seien sie nach Armenien entwichen und hätten sich an den Grenzen des Landes aufgehalten; hier

[19] Alexias 6,14 (ed. Bonn. I, 325).

[20] Marsigli, Stato militare dell' imperio Ottomanno, Amsterd. 1722, p. 24.

[21] Die Schrift contra Paulicianos steht in Johannis Philosophi Ozniensis Armeniorum Catholici Opera ed. J. B. Aucher, Ven. 1834.

[22] Dieser Nerses III. Schinogh ist gemeint, wie Windischmann unter Berufung auf Tschamtscheans Geschichte Armeniens II, 356 bemerkt, und nicht, wie Aucher meint, Nerses der Große, der im vierten Jahrhundert lebte.

seien einige Bilderfeinde aus Albanien, von den dortigen Bischöfen vertrieben, zu ihnen gekommen und hätten sich mit ihnen vermischt. Auf den Schutz der Mohammedaner vertrauend, seien sie endlich wieder in Armenien eingedrungen und hätten sich in größerer Anzahl am See Cirga niedergelassen. Es scheint, dass damals in Armenien bereits eine Opposition gegen den Gebrauch und die Verehrung der religiösen Bilder vorhanden war; denn nach dem Bericht des Johannes machten die Paulikianer bei dem rohen und unwissenden Volke diesen Punkt, besonders die Verehrung des Kreuzes, zum Gegenstand ihrer ersten Angriffe und schilderten namentlich die armenischen Mönche als Götzendiener.
Aus den Angaben des Johannes wird deutlich, dass diese armenischen Paulikianer wie die älteren gnostischen Sekten die Verehrung und Anrufung gewisser Dämonen mit einigen scheinbar christlichen oder vielmehr gnostischen Lehren und Gebräuchen verbanden. Den Sonnendienst hatten sie wohl aus der altarmenischen Religion, die sich noch lange nach Einführung des Christentums in einzelnen Gegenden erhielt, und aus dem Parsismus ererbt. Seltsam war der Gebrauch, welchen sie bei der Einsetzung eines Vorstehers ihrer Sekte praktizierten: Im Kreise stehend, warfen sie einer dem anderen einen Knaben, den eine Frau als ihr erstes Kind kürzlich geboren hatte, zu, und derjenige, in dessen Armen der Knabe den Geist aushauchte, wurde als das Oberhaupt aller verehrt. Bei ihm, den sie zweideutig den erstgeborenen Sohn nannten, pflegten sie dann zu schwören, auch mit der Formel: „Zeuge sei dir die Herrlichkeit dessen, in dessen Hände der erstgeborene Sohn seinen Geist übergeben hat.“ Wahrscheinlich lag dabei die Vorstellung zugrunde, dass die Seele dieses Kindes in den Körper desjenigen, in dessen Armen es gestorben, übergegangen und nun als höherer Geist mit seiner eigenen Seele zu einer Syzygie (Zusammenjochung) verbunden sei. Nach dem Berichte des Johannes pflegten sie auch den Leichnam eines bei ihren Mysterien getöteten Kindes unter dem Dachgiebel eines Gebäudes zu verbergen und sich dann, mit Beziehung darauf, der doppelsinnigen Beteuerungsformel zu bedienen: „Der Höchste weiß es!“
Ob die Sekte der Thondrakier, welche gegen die Mitte des neunten Jahrhunderts in Armenien sich ausbreitete, aus jenen Paulikianern hervorgegangen sei, oder sich mit denselben verbunden habe, ist nicht ganz klar. Ihr Gründer, der Armenier Sembat, hatte sich mit den Lehren der verschiedenen manichäischen oder paulikianischen Gemeinden vertraut gemacht und dann im Umgange mit einem persischen Arzte Medschusik, der sich zugleich mit Magie und Astrologie beschäftigte, noch andere Meinungen angenommen. Sembat ließ sich in dem südöstlich vom Euphrat gelegenen Ort Thondrak nieder, nahm äußerlich den Schein eines eifrigen Christen an, gab sich, ohne geweiht zu sein, für einen Priester aus und brachte es (zwischen den Jahren 833 und 854) dahin, dass alle Einwohner des Gebietes sich zu seiner Lehre bekannten. Es wurde nun eine geheime geschlossene Verbrüderung errichtet; man verpflichtete sich, die Geheimlehre des Bundes niemanden als nur den Eingeweihten zu eröffnen und durch ausgesandte

Glaubensboten vorsichtige Verbreitung der Sekte und Gewinnung zahlreicher Anhänger Sorge zu tragen. Diese Sendboten wurden angewiesen, jedes Mal die Rolle zu spielen, welche der Gesinnung und Neigung desjenigen, den sie eben bearbeiteten, am besten zusagte. Bei den Sinnlichen sollten sie die der Befriedigung der sinnlichen Gelüste günstige Seite ihres Systems hervorkehren, bei den Frommen und Strenggesinnten die Larve der Frömmigkeit und des sittlichen Ernstes vornehmen, bei den Manichäern oder Paulikianern auf die Lehre von den zwei ewigen Prinzipien das größte Gewicht legen. Diejenigen, welche dadurch gewonnen wurden und für weitere Mitteilungen reif schienen, machte man dann allmählich mit den eigentlichen Geheimlehren der Sekte bekannt. Diese waren: Verwerfung aller für geoffenbart sich ausgebenden Religionen, Leugnung der individuellen Fortdauer nach dem Tode und der Regierung der Welt durch die göttliche Vorsehung, sowie des Unterschiedes zwischen sittlich Gutem und Bösem.[23] Die Thondrakier versammelten sich zuweilen in abgesonderten Gebäuden zu angeblichem Gebete; die Katholischen aber glaubten, dass hier geheime Unzucht getrieben werde, weshalb Aristakes der Lastiwerdier diese Gebäude Hurenhäuser nannte.

Dem Stifter und ersten Oberhaupt der Sekte, Sembat, folgte eine Reihe von Vorstehern in ununterbrochener Folge: Thokros, Ananias, Ankai, Sergius, Cyrillus, Joseph, Jesu und endlich Lazarus. Außer dem Ort Thondrak wurden auch Thulail im Distrikt Mananachi von Hocharmenien und Chnun, wahrscheinlich die heutige Bergstadt Chnus im Paschalik Erzerum, Hauptsitze der Thondrakier. Sie selber nannten sich Gascheziks, von dem Volke aber wurden sie wegen des dualistischen Elements in ihrem Systeme Manichäer genannt. Doch herrschte auch unter ihnen nicht eine völlige Einheit der Lehre, vielmehr bildeten sich innerhalb der einen Sekte wieder einzelne durch dogmatische Zwiste verursachte Parteiungen.

Was an allen vorzüglich auffiel und offen von ihnen bekannt wurde, war die Verachtung der Sakramente und aller kirchlichen Handlungen. Als das Oberhaupt der Thondrakier, Cyrillus, einst eine Gemeinde in der Kirche zum Empfange der Kommunion versammelt sah, rief er aus: „Oh törichte, eitle Hoffnung der Christen! Meint ihr denn in der Tat, dass diese Zeremonie euch irgendwie nützen könne?"

Die kirchlichen Zensuren, welche die armenischen Bischöfe gebrauchten, blieben bei den Thondrakiern, die den Bann verspotteten, wirkungslos; da begannen die weltlichen Behörden, die durch die Bischöfe ermahnt wurden, mit schärferen Mitteln einzugreifen. Mehrere Thondrakier wurden verbrannt, andere erdrosselt oder ans Kreuz geschlagen; wieder andere wurden mit Schlägen gezüchtigt oder

---

[23] Diese und die folgenden Nachrichten über die Thondrakier, die aus Tschamtecheans Geschichte Armeniens (Tom. II p. 884—895) geschöpft sind, verdanke ich der Mitteilung des Prof. K. Fr. Neumann.

gebrandmarkt. Aber die Sekte erhielt sich dennoch in ungeschwächter Kraft, weshalb der Katholikus Ananias um das Jahr 945 einen gleichnamigen Vartaped beauftragte, ihre Lehren in einem eigenen Buch zu widerlegen. Schon in den nächsten Jahrzehnten überzogen aber die Thondrakier ganz Armenien und knüpften auch in Mesopotamien Verbindungen an. Selbst ein armenischer Bischof Jakobus trat um das Jahr 1002 zu ihnen über und gewann durch die Autorität seines Namens und durch den Schein eines strengen und enthaltsamen Lebens viele andere, auch mehrere Priester.

Auch er und seine Anhänger richteten ihre Angriffe vorzüglich gegen die Sakramente und den Gottesdienst der Kirche. Die Kommunion, lehrten sie, Andacht und Gebete nützten nichts zur Vergebung der Sünden; alles komme auf die eigenen Werke an. Bei den Armeniern herrschte die Sitte als Opfergabe bei den Beerdigungen für Verstorbene auch Tiere darzubringen, die dann geschlachtet und zu einem Liebesmahl, an welchem man auch Arme teilnehmen ließ, zugerichtet wurden. Jakobs Anhänger nahmen einst ein solches Tier weg und riefen: „Du armes Tier! Mag der Verstorbene zu seiner Zeit gesündigt haben, aber was hast denn du getan, dass du mit ihm sterben sollst?“

Einer der von Jakob verführten Priester, Isaias, fiel von ihm ab und offenbarte dem Katholikus Sergius alles, was er von den Ansichten, Lehren und Taten seines Meisters wusste. Sergius bemächtigte sich hierauf Jakobs durch List, degradierte ihn von seiner bischöflichen Würde, ließ ihn dann in den Straßen umherführen und durch einen Herold, der ihn begleitete, ausrufen: „Wer immer von dem Glauben der Kirche Christi zu den gottlosen Thondrakiern sich schleichen, wer aus der menschlichen Gesellschaft in einen Viehstall sich begeben wird, dem soll solche Vergeltung widerfahren.“ Jakob entwich aber aus seinem Gefängniss und klagte in Konstantinopel, ging dann nach Armenien zurück, sammelte wieder Gleichgesinnte um sich, vereinigte sich endlich in Muwark, dem alten Martyropolis (seit Justinian Justinianopolis genannt), mit anderen Manichäern und starb um das Jahr 1003.

Kurz nachher erhoben sich die Thondrakier von neuem; der Mönch Gudsig aus dem Gebiete von Mananah in Hocharmenien schloss sich ihnen neben einigen reichen und angesehenen Frauen an. Die Bewohner von zwei im Gebiet von Mananali gelegenen Ortschaften, Gascheh und Achüsoi, nahmen, indem sie dem Beispiel ihrer Herrschaft folgten, die Lehre der Thondrakier an, worauf die Kirchen geschlossen und alle Kreuze zerschlagen wurden.

In einem anderen Ort desselben Distriktes, in Bassmachbür befand sich ein von der ganzen Umgegend hochverehrtes Kreuz, von welchem der Ort den Namen Kreuzesstadt (Chatschewan) erhalten hatte; in einer Nacht wurde es von den Thondrakiern zertrümmert. Da stellte sich der Bischof der Diözese, Samuel, an die Spitze einer Schar von Gläubigen, verbrannte die Wohnungen der Sektierer und nahm sechs ihrer Lehrer oder Vorsteher gefangen, die dann der Katholikus Sergius mit dem Bild eines Fuchses auf der Stirne brandmarken ließ. Einer der an

ihrem Eigentum Beschädigten, Verwech, dessen Bruder am kaiserlichen Hofe in Ansehen stand, beschwerte sich; es erschien ein kaiserlicher Richter Elias, der den Bischof Samuel gefangen setzen lies, aber doch, durch die Aufregung der Katholischen bewogen, Maßregeln zur Unterdrückung der Thondrakier anordnete.
Zu dem kaiserlichen Statthalter in dem byzantinischen Anteil von Mesopotamien, Gregorios Magistros, kamen im Jahre 1050 zwei Priester oder Vorsteher der Thondrakier, welche ihre Irrlehren bekannten und sich taufen ließen. Zugleich nannten sie ihm alle in seiner Statthalterschaft befindlichen Anhänger der Sekte. Diese und alle derselben Gesinnung Verdächtigen vertrieb Gregorios alsbald, zog dann mit Truppen nach Thondraki, ließ den Versammlungsort der Sekte niederreißen und eine dem Hl. Georg geweihte Kirche auf dessen Stätte erbauen. Der Vorsteher der Thondrakier, Lazarus, musste mit vielen anderen entweichen. Die Folge war, dass um die tausend Thondrakier sich im Jahr 1051 taufen ließen; andere wandten sich nach Syrien an den dortigen Katholikus mit der Bitte, sie gegen die Verfolgungen des eifrigen armenischen Fürsten zu schützen. „Wir sind Armenier, sagten sie, aus demselben Stamme Arams, wie die übrigen Söhne Haiks, wir haben dieselben Gesetze und denselben Glauben, und werden jetzt bloß aus Neid verfolgt." Auf die schriftliche Verwendung des Katholikus erwiderte Magistros unter anderem: „Unsere Geistlichen wollten in keiner Weise mit diesen Ketzern zu schaffen haben; sie wollten ihnen nicht nahe kommen, nicht mit ihnen reden, noch viel weniger sie durch die Taufe in die heilige Kirche aufnehmen. Ich aber habe im Vertrauen auf die Gnade Gottes und gemäß den Befehlen des heiligen Erleuchters (Gregorius, des Apostels der Armenier), ihnen die Tore der Erbarmung geöffnet; sende daher jene, die in ihr Vaterland zurückkehren wollen, zu mir, die Hartnäckigen aber, die kein Mitleid verdienen, würdige keines Blickes."
Andere Anhänger dieser Sekte wandten sich an den Katholikus Petrus, den Nachfolger des Sergius (1019- 1058), mit der Bitte, dass ihnen der Besuch der Kirche und der Empfang der Eucharistie mit den übrigen Armeniern gestattet werde. Magistros schlug ihnen dieses ab. Sein Schreiben begann mit den Worten: „O ihr von dem Wolf Sembat Geraubten, ihr von den trügerischen Nachfolgern desselben Gemordeten!" Es sei zu befürchten, meinte er, dass, wenn man die Thondrakier geradezu in die Kirche aufnehme, die arglosen Christen durch sie verführt würden; sie mussten daher zuerst ihren Stifter Sembat und dessen Nachfolger im Vorsteheramte mit dem Kirchenbann belegen. Aber auch ihren kirchlichen Bannungen wollte man, da sie wohl schon öfters ihr Spiel damit getrieben hatten, keinen Glauben schenken. Magistros hatte sich übrigens die Ausrottung dieser Sekte zur Hauptaufgabe seiner ganzen Tätigkeit gemacht, und er brachte es wenigstens dahin, dass sie seitdem in Armenien und den angrenzenden Gebieten zu der früheren Macht und dem früheren Umfang sich nicht mehr zu erheben vermochte.

Zu den orientalischen Sekten der späteren Zeiten und wahrscheinlich auch zu denen, deren Einfluss sich bis nach dem Okzident hinüber erstreckte, gehört noch die Partei der Melchisedekianer oder Athinganer. Die beste Einsicht in den Charakter derselben gewährt die von Bandini[24] herausgegebene Abschwörungsformel aus dem elften Jahrhundert. Die Häresiarchen, die hier kirchlich gebannt werden, sind Theodotus der Gerber, seine Schüler Asklepiades, Hermophilus, Apolloniades und Theodotus der Wechsler, „der vorzüglichste Urheber dieser Häresie". Hiermit wird also diese spätere Sekte angeknüpft an jene im dritten Jahrhundert entstandene der Theodotianer oder Melchisedekiten; denn Eusebius nennt eben diese Männer als Anhänger des Theodotus des Gerbers, welcher die Gottheit Christi leugnete, und durch den gleichnamigen Irrlehrer, der von seinem früheren Gewerbe der Wechsler hieß, kam die eigentümliche Lehre von Melchisedek hinzu, dass derselbe ein göttliches, höher als Christus stehendes Wesen sei, welches oben in unnennbaren Räumen weile, dass er und nicht Christus der Sohn Gottes und der große Mittler sei, durch den allein der Zutritt zum Vater möglich werde, Christus aber nur die Sendung erhalten habe, ihn zu offenbaren. Wahrscheinlich ist diese Lehre, wie so vieles Gnostische, aus syrischen heidnisch-mythologischen Elementen hervorgegangen; denn nach der Angabe des Epiphanius bezeichneten einige den Herakles und die Astaroth, d. h. Sonne und Mond als Vater und Mutter des Melchisedek.[25]

Doch ist es sehr zweifelhaft, ob die späteren Melchisedekianer oder Athinganer wirklich durch ununterbrochene Fortpflanzung die Nachkommen jener früheren waren, von denen bereits Epiphanius nicht mehr wusste, ob sie zu seiner Zeit noch existierten. Eher könnte man vermuten, dass der Verfasser der Abschwörungsformel, dem ein Stifter der Athinganer nicht namentlich bekannt war, einen Zusammenhang mit den alten Theodotianer nur wegen der Übereinstimmung in der Melchisedek betreffenden Lehre voraussetzte und demzufolge die aus Eusebius oder Theodoret ihm bekannten Namen in seine Formel aufnahm.

Bei den Athinganern ist eine Vermischung orientalisch-heidnischer Bestandteile mit einigen christlichen Ideen ganz unverkennbar. Sie lehrten, Melchisedek sei der Gott und Vater Christi und werde deshalb vaterlos, mutterlos und geschlechtslos in der Schrift genannt; Christus, als der geringere und bedürftigere, sei Priester nach der von jenem gesetzten Ordnung. Von dem Judentum hatten sie die Feier des Sabbats angenommen, im Übrigen aber verachteten sie die Beschneidung und die Taufe gleichmäßig. Sie hatten einen Dämonendienst unter sich; Soru, Sochan und Arche hießen die vornehmsten der Dämonen, die sie anriefen und durch deren Macht sie selbst den Mond bewältigen und über Geheimes befragen zu können vorgaben. Die Geschicke der Menschen, behaupteten sie, seien an die Gestirne geknüpft und diese in einem Kampf und Antagonismus gegeneinander

---

24 Graecae ecclesiae vetera monumenta, Flor. 1762, II, 109.

25 Epiph. Panaria II, 1, haer. 55, ed. Petav. p. 469. c.

begriffen, von dessen Ausgang der Erfolg menschlicher Bestrebungen abhänge, so dass, wenn das Gestirn des einen den Stern des anderen verdunkle oder auslösche, der erstere notwendig stärker und glücklicher werde als der zweite. Ihren Namen hatten die Glieder dieser Sekte von ihrer Scheu, irgendjemanden, der nicht ihres Glaubens war, zu berühren oder sich von ihm berühren zu lassen. Dies wurde bei ihnen so weit getrieben, dass sie es ängstlich vermieden, nur in die Nähe eines Fremden zu kommen; war ihnen, trotz aller Sorgfalt, derartiges widerfahren, so wurden sie von sich und anderen als unrein betrachtet und unterzogen sich sogleich gewissen Waschungen und Reinigungszeremonien. Die Abschwörungsformel sagt deshalb von ihnen: Unter dem Vorwand der Reinigkeit lehrten sie den Menschenhass. Dass sie noch eigene geheime Gebräuche hatten, wird in derselben Urkunde angedeutet.

IV. Kapitel: Die Bogomilen

Wenn in den Paulikianern eine rein dualistische Sekte auftrat, welche zwei Götter und zwei völlig getrennte Reiche lehrte, so erschien im Beginn des elften Jahrhunderts, gleichfalls in dem Gebiet der griechischen Kirche, die neue Sekte der Bogomilen, in welcher sich der alte syrische Gnostizismus durch Verbindung mit den Lehren der Messalianer zu einem eigentümlichen, aber vorherrschend monarchianischen Lehre gestaltet hat. Die Messalianer oder Euchiten, eine schon im vierten Jahrhundert entstandene häretische Partei, bekannten sich zu der Lehre, dass jedem Menschen neben der von Adam fortgepflanzten Seele ein Dämon innewohne, der durch eine bestimmte Gebetsübung ausgetrieben, der Einkehr eines höheren Geistes Raum geben müsse. Damit verbanden sie die quietistische Lehre von dem Zustande einer völligen Affektlosigkeit, in welchem alle Sakramente unnütz, alle Lüste unschädlich seien und eine sinnlich wahrnehmbare Berührung mit der Gottheit stattfinde. Diese Euchiten hatten sich von Kleinasien aus, vorzüglich durch die von den Kaisern Konstantin Kopronymus 752 und Johannes Tzimiskes 970 angeordneten Übersiedelungen, auch nach Thrakien verbreitet, so dass sie um das Jahr 1050, nach dem Zeugnisse des Cedrenus, fast im ganzen Abendland, d. h. den europäischen Teil des oströmischen Reiches, verbreiteten. Um dieselbe Zeit schildert Michael Psellus in seiner Schrift von der Wirksamkeit der Dämonen[26] eine in Thrakien verbreitete Partei der Euchiten, in deren System das gnostische Element bereits vorherrschend war. Drei Wesen teilen sich in die Herrschaft des Universums: Der Vater hat sich das Überweltliche vorbehalten und von seinen beiden Söhnen waltet der jüngere im Gebiet des Himmels, der ältere, Satanael, beherrscht das Irdische; diese beiden stehen sich zwar jetzt feindselig gegenüber, werden sich aber doch einmal, als Söhne Eines

---

[26] Ed. Boissonade, Nürnb 1838.

Vaters, versöhnen. Darum erwies ein Teil dieser Euchiten beiden gleiche Ehre, während andere nur dem jüngeren Beherrscher des Himmels dienen wollten, den älteren aber als ein gefährliches und zu Schaden geneigtes Wesen scheuten, und die schlimmste Partei unter den Euchiten von dem jüngeren Sohne sich abkehrend, bloß dem Satanael, dem Erstgeborenen des Vaters, dem Bildner der sichtbaren Welt, huldigte.

In Thrakien, sowohl diesseits des Hämus als jenseits (in Bulgarien), wohnte damals eine zahlreiche slawische Bevölkerung, unter welcher die Lehren der Euchiten Eingang fanden, und so zeigt sich dort zu Beginn des zwölften Jahrhunderts die Sekte mit dem Namen Bogomilen, welcher gewöhnlich als „Gott Liebende“ erklärt,[27] von anderen aber von dem angeblichen Stifter der Sekte, der Bogomil (Gottlieb), sonst auch Jeremias geheißen,[28] hergeleitet wird. Sonst wurden sie auch Phundaiten genannt, wahrscheinlich von einem Beutel, den sie zu tragen pflegten, und Markianisten von dem Wechsler Markian, der bereits im sechsten Jahrhundert ein Lehrer der Messalianer gewesen.

Um das Jahr 1111 erregte die Sekte in Konstantinopel durch ihre großen auch hier gemachten Fortschritte allgemeine Aufmerksamkeit, und der Kaiser Alexius Komnenus erfuhr von denen, die auf seinen Befehl als Bogomilen eingezogen worden, dass ein Arzt Basilius ihr Oberhaupt sei, der, gefolgt und unterstützt von zwölf Schülern, die er seine Apostel nenne, und von einigen Frauen, denen er gleichfalls einen kirchlichen Dienst anvertraut, allenthalben seine Lehren ausstreue. Fünfzehn Jahre hatte dieser Mann mit der Aneignung und Ausbildung seiner Lehre zugebracht und schon 52 Jahre lang an der Verbreitung derselben gearbeitet. Um ihn zu rückhaltloser Mitteilung seiner Lehren zu bewegen, stellte sich Alexius begierig sein Schüler zu werden. Basilius ließ sich überlisten; in mehreren Unterredungen eröffnete er dem Kaiser und dessen Bruder Isaak sein ganzes Glaubenssystem, welches ein hinter einem Vorhange verborgener Schnellschreiber aufzeichnete. Darauf warf der Kaiser die Maske des Schülers ab, und vor einer Versammlung der Senatoren und der Geistlichen musste Basilius sich über seine Lehren erklären; er nahm nichts zurück, versicherte, auch zur Erduldung der Folter und des Feuertodes für sein Bekenntnis bereit zu sein, und alle Versuche des Kaisers und der Geistlichen, ihn zu bekehren, blieben vergeblich. Inzwischen wurden auch die Anhänger des Basilius, besonders seine zwölf Apostel, aufgesucht und eingezogen, und es zeigte sich, dass schon sehr viele, auch unter den höheren Ständen, angesteckt waren. Sie wurden endlich zum Feuertode

[27] C. Schmidt, Histoire des Cathares II, 284. Euthymius Zygadenus, dessen Narratio de Bogomilis (ed. Gieseler, Göttingen 1842) und Victoria de Massalianorum secta (bei Tollius, Insignia it. ital., 1696) die Hauptquelle für diesen Abschnitt sind, leitet in der ersteren Schrift P. 5 den Namen ab von der stets wiederholten slavischen Gebetsformel: Bog milui, Gott erbarme dich!

[28] C. J. Jirecek, Geschichte der Bulgaren, Prag 1876, S. 175. 437. Revue des qu. hist. 1870, p. 486.

verdammt; da aber viele von den Ergriffenen, denen man vorwarf, zur Sekte zu gehören, leugneten und die Lehren der Bogomilen verdammten, so bediente sich Alexius, um die Schuldigen herauszufinden, einer neuen List: Er ließ zwei große Glutöfen in Brand setzen, vor dem einen ein Kreuz aufpflanzen und dann den herbeigeführten Gefangenen erklären, dass sie alle sterben müssten, dass aber für die Katholiken unter ihnen der Glutofen mit dem Kreuz bestimmt sei. Schon murrte das Volk gegen den Kaiser; dieser aber ließ alle, die auf die Seite des Kreuzes getreten waren, sogleich in Freiheit setzen, die anderen in ihr Gefängnis zurückbringen und durch Geistliche unterrichten, worauf einige sich bekehrten, andere an ihrem Glauben festhielten und bis zu ihrem Tod im Kerker blieben. Basilius wurde im Hippodrom verbrannt; noch beim Anblicke des Scheiterhaufens hatte er darüber gespottet und versichert, dass Engel ihn unversehrt aus den Flammen tragen würden.
Damit aber erlosch die Sekte noch lange nicht; später, um das Jahr 1140, fand man in einigen Klöstern Schriften des Konstantin Chrysomalas, welche bogomilische Lehren enthielten, und noch um das Jahr 1230 klagte der Patriarch Germanus, dass die Bogomilen nachts in den Häusern umherschlichen und dass viele durch ihre erheuchelte Frömmigkeit sich verführen ließen.[29]
Nach der Lehre der Bogomilen hat die Gottheit eine der menschlichen ähnliche Gestalt, obwohl ihr Leib nicht einem irdischen Körper gleicht, sondern von feinerer Substanz ist. Ihre Trinitätslehre stimmt insofern mit der sabellianischen Trinitätslehre überein, als auch sie eine Erweiterung der göttlichen Einheit zur Dreiheit und eine Zusammenziehung der Dreiheit zur ursprünglichen Einheit annimmt. Gott ist nämlich nicht von Ewigkeit dreipersönlich, sondern Sohn und Geist sind aus dem Vater, wie Strahlen aus dessen Augen, erst im Jahr der Welt 5500 ausgegangen und nach dreiunddreißig Jahren wieder in ihn zurückgekehrt. Demnach behaupteten die Bogomilen, zuweilen Erscheinungen zu haben, in denen sich ihnen die Gottheit in dreifacher Gestalt, der Vater als ein Greis mit langem Barte, der Sohn als ein blühender Mann und der Heilige Geist als ein unbärtiger Jüngling deutlich zeige. Der Sohn und der Geist sind also nach dieser Lehre nur verschiedene, vorübergehend persönlich gewordene Manifestationen des Vaters. Der Sohn ging zur bestimmten Zeit, als nämlich Christus scheinbar von Maria geboren wurde, aus dem Vater aus; aus dem Sohn ging der Geist hervor und beide kehrten nach vollbrachtem Werke wieder in den Schoß der Gottheit zurück, wie Ströme in den Ozean zurückfließen. Der Geist aber hat auf geistige Weise die zwölf Apostel gezeugt; denn dies ist der Sinn des Geschlechtsregisters Christi; wenn es hier heißt: Abraham zeugte den Isaak, dieser den Jakob, Jakob den Judas und dessen Brüder, so sind unter den drei ersten der göttliche Vater, der Sohn und der Geist, unter Judas und dessen Brüdern aber Judas Iskarioth und die übrigen Apostel zu verstehen.

[29] Germanus, Or. de exalt. crucis p. 114 und De imag. (bei *Gretser*, Opp. II), p. 439.

Gott hatte aber einen älteren, erstgeborenen Sohn, den Satanael, der, dem Vater an Gestalt und Gewand gleich, ihm zur Rechten saß und als sein Verwalter über alle Wesen gesetzt war. Ihn nennt Christus, indem er die seine höhere Würde bezeichnenden Endsilbe El weglässt, Satan. Von seiner Hoheit und Macht berauscht, sann er auf Abfall und suchte auch einen Teil der dienenden Geister zu überreden, dass sie das Joch der Dienstbarkeit abschüttelten und ihm folgten. Er ist der ungerechte Haushalter im Evangelium und er war es, der zu den Engeln die Worte sprach: „Ich werde meinen Thron auf den Wolken errichten und werde gleich sein dem Allerhöchsten“ (A.T. Ezech. 28,2). Ein Teil der Engel, die durch seine Verheißungen verführt wurden, schloss sich ihm an, worauf Gott sie alle aus dem Himmel stieß. Herabgestürzt auf die damals noch formlose Erde, beriet sich Satanael mit den Engeln, den Gefährten seines Abfalls, und sprach ihnen Mut ein; und da er die bildende Kraft noch besaß, unternahm er es, wie Gott einen Himmel und eine Erde geschaffen hatte, so nun als ein zweiter Gott einen neuen Himmel hervorzubringen und der Erde Gestalt zu geben. Die im Beginn der Genesis beschriebene Schöpfung ist also sein Werk. Der hohe Berg, auf welchen der Satan Christus führte und von wo er ihm alle Reiche der Welt zeigte, war der zweite von ihm gebildete Himmel, und nur weil diese Reiche von ihm hervorgebracht und sein waren, konnte er Christus versprechen, sie ihm zu geben. Nachdem er seine Erde durch die Pflanzenwelt verschönert und mit Tieren belebt hatte, bildete Satanael, aus Lehm mit Wasser vermischt, den Körper des Menschen; dabei floss durch die große Zehe eine Feuchtigkeit auf den Boden, wo sie mit der Erde vermischt Schlangengestalt annahm. Als nun Satanael den menschlichen Körper beseelen und ihm seinen Geist einhauchen wollte, floss dieser Hauch gleichfalls durch den lockeren Körper hindurch und teilte sich dem Schlangengebilde mit, welches dadurch belebt wurde; und darum ist die Schlange ein kluges Tier, weil Satanaels Hauch ihr innewohnt. Der Demiurg (Weltschöpfer) aber erkannte seine Unfähigkeit, den von ihm gebildeten Körper zu beleben; auf seine Bitte sandte der gute Gott den Lebensfunken aus dem Pleroma, der das Gebilde Satanaels beseelte; auf gleiche Weise erhielt die erste Frau, die aus dem Mann gebildet wurde, Dasein und Leben.

Der Mensch aber ist nun doppelten Ursprungs und zwieträchtiger Natur, denn den Leib hat er von dem bösen, die Seele aber von dem guten Gott. Satanael hatte diesem versprochen, dass der Mensch beiden gemeinschaftlich angehören und seine Nachkommenschaft die Plätze der aus dem Himmel gestoßenen Engel ausfüllen solle; dies reute ihn nun; neidisch blickte er auf die dem Menschen verliehenen Vorzüge und sann auf sein Verderben. In der Gestalt der Schlange überlistete er die Eva und wohnte ihr fleischlich bei, damit sein Same das Übergewicht erhielte über den Samen Adams und diesen womöglich ersticke oder doch sich zu vermehren hindere. Von ihm befruchtet, gebar die Frau den Kain und eine Zwillingsschwester Kalomena; von jenem sagt daher Johannes, dass er aus dem Bösen sei. Adam aber, von Eifersucht ergriffen, wohnte nun auch der

Eva bei und zeugte den Abel, den Kain tötete. Hierauf entzog der gute Vater dem Satanael die göttliche Gestalt, die bildende Kraft und den göttlichen Namen, und er wurde, von allem Himmlischen entblößt, finster und missgestaltet, blieb jedoch mit Erlaubnis Gottes, Beherrscher seiner Welt und Gebieter der von ihm gebildeten Wesen.
Als die gefallenen Engel hörten, dass nach Satanaels Übereinkunft mit dem Vater ihre Plätze im Himmel durch die Nachkommen der Menschen eingenommen werden sollten, schauten sie lüstern nach den Töchtern der Menschen und nahmen sie zu Frauen, damit ihr Same in den Himmel zurückkehren und die Söhne die Stellen der Väter erhalten möchten (A.T. 1. Mos. 6,2- 4). Aus diesen Ehen wurde das Geschlecht der Giganten erzeugt, welche sich gegen Satanael auflehnten und für die Menschen kämpften. Zugleich erfuhren die Menschen durch die mit den Engeln vermählten Frauen den Abfall und Sturz des Satanael, weshalb dieser erbittert die Flut erregte und dadurch die Menschen und alle lebenden Geschöpfe vertilgte. Nur Noah wurde mittels der Arche gerettet, denn da er keine Töchter hatte, erfuhr er nichts von Satanaels Abfall und diente ihm fortwährend. Später ging Moses, als ein getäuschtes Werkzeug Satanaels, nach Ägypten, zurück, betrog das jüdische Volk, führte es durch Wunder und Zeichen, die er mit der von jenem ihm mitgeteilten Kraft wirkte, aus dem Reiche Pharaos, und empfing auf Sinai von demselben Fürsten dieser Welt das Gesetz, welches unzählige Menschen zugrunde richtete und welchem daher Paulus soviel Unheil zuschreibt. Dieses vom Bösen stammende Gesetz trägt das Gepräge seines unreinen Ursprungs vorzüglich darin, dass es die Ehe, das Fleischessen, den Eid, die Tieropfer, den Totschlag teils gestattet, teils gebietet.
Aber nicht nur auf den Juden, auf dem ganzen menschlichen Geschlecht lastete das tyrannische Joch Satanaels; jenem Vertrage zuwider, wusste er die Menschen dem guten Gott völlig zu entfremden, so dass nur sehr wenige, nämlich die in den Geschlechtsregistern bei Matthäus und Lukas Genannten und sechzehn Propheten, auf den Anteil des Vaters und in den Rang der Engel kamen. Spät endlich entdeckte der himmlische Vater, dass er hintergangen und getäuscht wurde; zugleich fühlte er Erbarmen mit der schmählich misshandelten und in Knechtschaft gehaltenen menschlichen Seele, seinem eigenen Hauch. Er ließ daher im Jahr 5500 den göttlichen Logos als seinen Sohn aus sich hervorgehen, der auch der Erzengel Michael oder der Engel des großen Rates genannt wird. Erzengel heißt er, weil er göttlicher ist als alle Engel, Jesus, weil er alle Schwäche und Krankheit heilt, und Christus, weil er dem Fleische nach gesalbt worden ist. Dieser Logos stieg vom obern Himmel herab, ging durch das rechte Ohr in die Jungfrau ein und nahm einen scheinbar irdischen, dem menschlichen gleichen Körper an; in Wahrheit aber brachte er einen feineren, geistigen Leib, wie er der Gottheit würdig ist, mit herab. In derselben Weise ging er auch wieder von der Jungfrau aus; diese aber bemerkte weder seinen Eingang noch seinen Ausgang, sondern fand ihn plötzlich in Windeln gehüllt in der Krippe liegen. Er vollbrachte

nun die ihm gegebene Sendung, tat und lehrte das in den Evangelien Verzeichnete, nur dass er allen menschlichen Leiden und Affekten bloß scheinbar unterworfen war, nur dem Schein nach starb und auferstand. Den Satanael überwand er, machte den Abtrünnigen zuschanden und schloss ihn gefesselt in den Tartarus ein; seinen Namen aber veränderte er, indem er die höhere Natur bezeichnende Silbe El wegnahm, in Satan. Zum Vater heimgekehrt, nahm er zu dessen Rechten die Stelle ein, welche Satanael ehemals besessen hatte; dann aber ging er zurück in das Wesen des Vaters, in welchem er von Anfang an beschlossen und aus dem er gekommen war.

Christus wollte die Herrschaft, welche die gefallenen Geister über die ganze niedere Welt besitzen, umstürzen; aber der Vater gestattete ihm das nicht, denn es liegt in seiner Ökonomie, sie noch zu schonen und sie bis zum Ende des Zeitenlaufes herrschen zu lassen. Daher ist es auch gut und ratsam, diese gebietenden Dämonen, welche vorzugsweise in den von Menschenhänden gemachten Tempeln (den christlichen Kirchen) wohnen, zu verehren und anzubeten; denn sie haben eine gewaltige und unüberwindliche Macht zu schaden, welcher auch selbst Christus und der heilige Geist nicht widerstehen konnten.

Nach der Angabe des Basilius stand daher in dem Evangelium der Bogomilen das Wort des Herrn: „Ehret die Dämonen, nicht damit sie euch nützen, sondern damit sie euch nicht schaden.“ Solche Dämonen wohnen aber allen Menschen inne, und sie sind eigentlich die Urheber aller von diesen begangenen Verbrechen und Frevel; selbst nach dem Tod bleiben sie im Leichnam oder bei dem Grab und erwarten die Auferstehung, um auch in der Strafe mit dem, welchem sie im Leben innegewohnt, verbunden zu bleiben. Nur vor den Bogomilen fliehen diese Dämonen und halten sich von ihnen auf Bogenschussweite entfernt; denn sie nur sind die wahren Gläubigen, welchen nicht ein Dämon, sondern der vom Sohne gezeugte Heilige Geist innewohnt, und darum ist und heißt jeder Bogomile mit Recht Gottesgebärer denn er trägt den göttlichen Logos in sich und gebiert ihn, indem er andere lehrt. Darin liegt auch der Grund, warum die Bogomilen nicht, gleich den übrigen Menschen, eigentlich sterben, sondern nur wie im Schlummer umgewandelt werden, indem sie ohne Schmerz und ohne Mühe das schmutzige Gewand des hinfälligen Fleisches abwerfen und das göttliche Gewand Christi, d. h. einen solchen ätherischen Leib, wie Christus ihn auf Erden getragen hatte, anlegen. Während also die Gläubigen mit Christus zu *einem* Leib und *einer* Gestalt werden und durch die Engel, die Apostel, geleitet, sogleich in das Reich des Vaters eingehen, fällt der abgelegte Körper, diese unreine Umhüllung, dieses Gefängnis der Seele, sofort der Verwesung anheim und wird nie wieder hergestellt.

Da die Bogomilen die Taufe der Katholiken als die bloße Wassertaufe des Johannes verwarfen und dagegen ihren Aufnahmeritus für die wahre Taufe Christi, die durch den Heiligen Geist geschehe, erklärten, so wurde jeder, der zu ihnen übertrat, nochmals getauft. Dieser sogenannten Taufe, die aber ohne Anwendung von

Wasser vollzogen wurde, musste ein Sündenbekenntnis zur Reinigung und anhaltendes, sieben Tage und sieben Nächte fortzusetzendes Gebet vorangehen. Der Aufzunehmende durfte in dieser Zeit sein Gewand nicht wechseln und seine Frau nicht berühren. Dann musste er sich feierlich verpflichten, das zu Offenbarende niemandem mitzuteilen; meist musste er auch eine Handschrift ausstellen, dass er nie mehr zur katholischen Kirche zurückkehren wolle. Sofort legten sie ihm das Evangelium Johannis auf das Haupt, riefen ihren Heiligen Geist an und beteten das Vaterunser. Nun folgte eine zweite Prüfungs- und Vorbereitungszeit zu besserer Reinigung und sorgfältigerer Gebetübung; nach Durchführung derselben und auf die Versicherung anderer, dass er alles beobachtet und fleißig gerungen habe, wurde der Neubekehrte zur vollständigen Einweihung geführt: Man wendete ihn gegen Osten, legte ihm wieder das Johannesevangelium auf das Haupt, die anwesenden Männer und Frauen legten ihm die Hände auf und sangen einen Dankhymnus.

Die Eucharistie verwarfen sie; sie sei, sagten sie Berufung auf A.T. Jesaja 65,11, ein Opfer, welches den in den Kirchen wohnenden Dämonen dargebracht werde; das Brot der Gemeinschaft sei das Gebet des Herrn und insbesondere die Bitte um das Brot, und die letzten Reden Christi im Evangelium, welche er seinen Jüngern als Testament hinterlassen, seien der Kelch der Kommunion: die Teilnahme an beiden sei das einzige von Christus verordnete Abendmahl.

Auch die Ehe wurde als ein unreines Verhältnis verworfen; die Worte Christi, dass die Auferstandenen weder freien noch sich freien lassen würden, sollten dafür zeugen; denn unter der Auferstehung sei die Sinnesänderung und das Reich des Evangeliums gemeint. Hielt man ihnen den Ausspruch des Herrn, dass der Mann sich nicht von seiner Frau trennen solle, entgegen, so antworteten sie, dies sei ein Geheimnis, welches nur der verstehe, der sich des Fleisches und des fleischlichen Sinnes zu enthalten wisse.

Die Kirchen der Katholischen galten ihnen als Wohnstätten der bösen Geister, die sich nach ihrer Rangordnung dieselben erkoren hätten; Satanael selbst habe ehemals den Tempel zu Jerusalem und später die Sophienkirche zu Konstantinopel zu seiner Wohnung genommen; Gott aber wohne im Himmel und nicht in den von Menschenhänden erbauten Tempeln. Das Kreuz und dessen Zeichen verabscheuten sie als das Todeswerkzeug des Erlösers. Dass die Besessenen einen solchen Abscheu vor dem Kreuz zu bezeigen pflegten, erklärten sie als eine List der Dämonen, die dadurch bewirken wollten, dass die Menschen das Kreuz als ein vermeintliches Schutzmittel gegen die bösen Geister desto mehr ehrten.

Wie sie die Bilderverehrung für bloßen Götzendienst erklärten, so priesen sie dagegen die Bilderstürmer, besonders den Kaiser Konstantin Kopronymus, als Rechtgläubige. Die in der Kirche als Heilige verehrten Väter und Bischöfe standen ihrer Versicherung nach unter der Leitung und Belehrung der Dämonen, die noch immer an den Gräbern derselben weilten und dort durch die Wunder, die sie wirkten, die Unwissenden täuschten und zur Anbetung dieser unreinen Menschen anlockten. Insbesondere wurden Gregorius der Theologe, Basilius und Chrysostomus als die falschen Propheten genannt, vor welchen Christus gewarnt habe. Dem letzteren, den sie durch den Namen schmähten, gaben sie Schuld, er habe die Exemplare des Neuen Testaments gefälscht und mehrere von den Bogomilen als Äußerungen Christi angeführte Sprüche ausgetilgt. Kein anderes Gebet hatten sie, als das mit einer gewissen Anzahl von Kniebeugungen siebenmal am Tag und fünfmal in der Nacht wiederholte Vaterunser. Dieses Gebet sei der feste Grund, von dem die Schrift rede, und sie seien der kluge Mann, der auf diesen festen Grund sein Haus baue; jede sonstige Gebetsübung sei leeres, nach Christi Ausspruch nur den Heiden ziemendes Geschwätz.

Außer dem Verbot des Fleischgenusses wurde noch ein dreimaliges Fasten wöchentlich, bis nachmittags 3 Uhr, praktiziert. Übrigens hielten sie es für erlaubt, sich etwaigen Verfolgungen durch Trug und Verstellung zu entziehen: Habe doch auch der Herr selbst mit den Ungläubigen in Parabeln, d. h. in List und Verstellung geredet, um sie die Gedanken seines Herzens nicht erkennen zu lassen. Dabei beriefen sie sich auf den Ausspruch Christi hinsichtlich des Verhaltens gegen die Pharisäer und Schriftgelehrten, die auf dem Stuhl Mosis säßen; in ihrem Evangelium lautete aber dieser Ausspruch so: „Alles, was sie euch zu tun gebieten, das tut in Verstellung: nach ihren Werken aber tut nicht in Wahrheit." Sie nahmen daher unbedenklich Teil am katholischen Gottesdienst, selbst an den Sakramenten, traten aber dann die öffentlich empfangene Kommunion im Geheimen mit Füßen und wuschen die Taufe, die ihren Kindern in Kirchen erteilt worden, mit unreinem Wasser unter besonderen Gebräuchen ab.

Die Gemeinde der Bogomilen sollte die reine und vollkommene Kirche Christi sein, das Bethlehem, in welchem Christus geboren werde, gleichwie auch jeder wahre Bogomile Gottesgebärer sei und heiße, da er den Logos, das Wort Gottes, durch die Unterweisung anderer gebäre. Dagegen sei die katholische Kirche der Herodes, der den von ihnen gezeugten Logos der Wahrheit töten wolle. Desgleichen waren sie in ihren Augen diejenigen, die Christus prophetisch selig gepriesen hatte, die Armen im Geiste, die Trauernden, das Salz der Erde, das Licht der Welt; die Katholiken aber waren die Schweine und Hunde, denen man das Heilige und die Perlen (ihre Lehre nämlich) nicht vorwerfen dürfe, bis das Tierische in ihnen durch Fasten und Gebet ertötet worden. Die katholischen Geistlichen bezeichneten sie als die Pharisäer und Sadduzäer dieser Zeit; und wie Christus verlangt habe, dass die Gerechtigkeit seiner Jünger größer sei als die der Pharisäer und Schriftgelehrten, so sei auch in der Tat ihre, der Bogomilen, Gerechtigkeit besser als die der heutigen Pharisäer, da sie der Ehe, des Fleisches und ähnlicher Dinge sich enthielten. Gelehrte verachteten sie; das seien die Schreiber, mit denen Christus sich nicht habe einlassen wollen und die darum auch von ihrer Kirche ausgeschlossen bleiben sollten.

Nach ihrer Ansicht von dem Verhältnis des Satanael zum menschlichen Geschlecht mussten die Bogomilen einen großen Teil des Alten Testaments verwer-

fen. Ihr Kanon bestand nach ihrer Zählung aus sieben Schriften; diese sollten die sieben Säulen sein, auf welche sich (nach ihrer Deutung der Stelle A.T. Sprüche 9,1) das von der Weisheit gebaute Haus, d. h. die wahre Kirche der Bogomilen, stütze. Ihre sieben heiligen Bücher waren aber die Psalmen, die sechzehn Propheten, die vier Evangelien und die apostolischen Schriften, Briefe, Apostelgeschichte und Apokalypse. Aber es dienten ihnen auch Stellen aus den verworfenen Schriften des A. T. als Beweise für ihre Lehre. Das ganze mosaische Gesetz galt ihnen als ein zum Verderben und zur Knechtung der Menschen ersonnenes Werk des Satanael, welches Christus vollständig aufgehoben und an dessen Stelle er das neue evangelische Gesetz gesetzt habe. Zur Bestätigung ihrer Ansicht hatten sie eine seltsame Deutung der Stelle N.T. Matth. 3,4 erfunden, die zugleich als Probe ihrer allegorischen Auslegungsweise dienen mag. Wenn es dort heißt: „Johannes hatte ein Kleid von Kamelhaaren und einen Gürtel von Fellen um seine Lenden; seine Speise waren Heuschrecken und wilder Honig", so verstanden sie unter den Kamelhaaren die Gebote des mosaischen Gesetzes, welches unrein sei wie das Kamel, weil es seinen Anhängern unreine und schändliche Dinge zur Pflicht mache. Der lederne Gürtel sollte das auf Schafhäute geschriebene Evangelium bedeuten. Die Heuschrecken seien die Ermahnungen und Verheißungen des mosaischen Gesetzes, in denen das Rechte nicht erkannt und das Bessere nicht unterschieden sei. Der wilde Honig bedeute wieder das Evangelium, welches (nach A.T. Ps. 118,103) süß sei für die, welche es annähmen, wild aber für jene, welche sich demselben, wegen des dazu führenden engen Tores und schmalen Weges, entzögen. Der Vorläufer, sagten sie, sei nämlich in der Mitte gestanden zwischen dem alten und dem neuen Gesetze und habe an beiden Teil genommen, früher zu dem ersten, später zu dem zweiten sich haltend.
In ähnlichem Sinne deuteten sie die Worte Christi (N.T. Matth. 5,38): „Ihr habt gehört, dass gesagt worden: Auge um Auge, Zahn um Zahn." Unter den Augen sollten die beiden Gesetze, das mosaische und das evangelische, und unter den Zähnen die zwei Wege, der breite und der schmale, zu verstehen sein; Christus nun habe, als er gekommen sei, statt des einen Gesetzes das andere, statt des breiten Weges den schmalen gegeben. Den Widerspruch Christi (N.T. Matth. 5,18), dass kein Jota und kein Strichlein vom Gesetze vergehen solle, suchten sie dadurch zu beseitigen, dass sie unter dem Jota und Strichlein bloß den Dekalog verstanden, der allerdings von den Juden würde beobachtet werden, bis Himmel und Erde vergingen. Die vorausgehenden Worte des Herrn: „Ich bin nicht gekommen, das Gesetz aufzulösen, sondern es zu erfüllen", erledigten sie teils mit Berufung auf diese fortdauernde Beobachtung des Dekalogs durch die Juden, teils durch einen Zusatz, durch den der Sinn der Stelle geändert wurde.
Nach ihrer Behauptung sollte nämlich Christus so gesagt haben: „Ich bin nicht gekommen, das Gesetz aufzulösen, sondern um den von seinen ehemaligen Bewohnern, den Engeln, entleerten Himmel wieder zu bevölkern und die Reihen der gefallenen Mächte wieder auszufüllen. Gemäß solcher prophetisch-

allegorischer Deutung fanden die Bogomilen in den biblischen Stellen, welche Sünder, Gottlose, Götzendiener schildern oder strafen, durchweg vorgreifende Beziehungen auf die herrschende Kirche und ihre Anhänger. Jede Stelle dagegen, welche die Auserwählten, die Gerechten und Erben des Gottesreiches erwähnt, bezogen sie ausschließlich auf ihre Gemeinschaft. Sie seien, rühmten sie, jene Lilien auf dem Felde, deren Pracht Salomo nicht erreicht habe, und diese ihre Pracht bestehe in dem Glanz der Seelenreinheit und dem Wohlgeruche ihrer Tugenden. Wenn es im Evangelium heißt, dass Christus Nazareth verlassen habe und nach Kapharnaum gegangen sei, um dort zu wohnen, so verstanden sie unter Nazareth die katholische Kirche, unter Kapharnaum die der Bogomilen, bei welcher nun Christus, nachdem er jener Kirche den Rücken gewandt, wohne. Die blutflüssige Frau, die zwölf Jahre an dieser Krankheit gelitten, sollte nach ihrer Deutung die alte Kirche von Jerusalem sein, die in ihren zwölf Stämmen die Vergießung des Blutes der Opfertiere geduldet habe, bis Christus gekommen sei und durch die bald nachher verhängte Zerstörung Jerusalems diesen Blutfluss gestillt habe.

Auch die Geschichte der drei Weisen aus dem Morgenlande galt ihnen für eine auf ihre Partei sich beziehende Allegorie. Jene Magier, sagten sie, seien die Bogomilen, Jerusalem sei die Kirche der Katholischen und das mosaische Gesetz der Stern, welcher sie bis zum katholischen Glauben geführt habe; dann aber hätten sie von den Hohenpriestern und Schriftgelehrten, d. h. von den Geistlichen der katholischen Kirche, in Erfahrung gebracht, dass Christus in Bethlehem geboren, d. h. nur in der Gemeinschaft der Bogomilen zu finden sei; denn ihre ersten Lehrer seien von der katholischen Kirche ausgegangen. Wenn Johannes der Täufer die zu seiner Taufe sich drängenden Pharisäer und Sadduzäer Otterngezücht nannte, so wandten sie dies unmittelbar auf die Katholischen an; diese seien ja der Same jener Schlange, die ehemals der Eva beigewohnt habe, und sie sollten nur über diese Beziehung sich nicht erzürnen, da es ja der Täufer selbst sei, der sie prophetisch ihnen gegeben habe. Die Wurfschaufel Christi sei das evangelische, von seinem Mund ausgegangene Wort, die Tenne seien die teils rechtgläubigen, teils dem Irrglauben ergebenen Christen, der Weizen sei der Glaube der Bogomilen, welcher rein und nährend sei, die Spreu aber die unnütze und des Feuers würdige katholische Lehre. Die Schuhe Christi, sagten sie ferner, seien die Wunder, die er seinen Jüngern und dem Volke gezeigt habe; Johannes habe seine Schuhe nicht tragen können, d. h. er sei nicht imstande gewesen, solche Wunder zu wirken.

Es war zu erwarten, dass sich die Sekte der Bogomilen, ungeachtet der in der Hauptstadt gegen sie ergriffenen Maßregeln, wenn auch mehr verborgen, erhalten würde. Auch geschah es zuweilen, dass einzelne Lehren der Bogomilen bei Geistlichen und Mönchen der orientalischen Kirche Beifall und Eingang fanden, so groß und entschieden auch im Ganzen der Widerwille und Abscheu der Griechen gegen alles von dieser Sekte kommende war. Großes Aufsehen erregte die

Entdeckung, dass die Schriften des kürzlich verstorbenen *Konstantin Chrysomalus* Dogmen enthielten, die von den Bogomilen entlehnt zu sein schienen, weshalb der Patriarch Leo Styppiota im Jahr 1140 auf einer deshalb berufenen Synode diese Schriften verdammte. Was dieser Mönch von der Taufe lehrte, bot in der Tat manche Berührungspunkte mit den Prinzipien der Bogomilen dar; er behauptete, die Taufe der katholischen Kirche sei für sich völlig kraftlos; vielmehr müsse jeder, um wahrer Christ zu werden, sich erst dem Glaubensunterricht, der Einweihung und geistigen Umwandlung unterziehen. Bei diesem Glaubensunterricht wurde wahrscheinlich die Mitteilung und Ablegung eines Glaubensbekenntnisses als die Hauptsache betrachtet. Die Einweihung sollte durch eine Salbung mit Öl und Händeauflegung geschehen und, durch die Mitteilung einer zweiten, unsündlichen, zu der ersten, der Sünde unterworfenen hinzukommenden Seele, eine Umwandlung des Menschen bewirken. Chrysomalus lehrte daher, jeder Christ habe zwei Seelen, eine unsündliche und eine sündliche; solange der Mensch nur eine Seele habe, sei er noch nicht Christ geworden. Er behauptete ferner: Gott hasse und verabscheue alles, was Getaufte, die aber noch nicht durch jene mystische Vermittlung umgewandelt seien, vornähmen, auch ihr Kirchengehen und ihr Gebet. Wer ohne jenen Glaubensunterricht und Einweihung seine nach der Taufe begangenen Sünden bereue und abbüße, der mühe sich ganz vergeblich ab; denn um die Vergebung der Sünden zu erhalten, sei der Glaubensunterricht und der Glaube an das dabei Mitgeteilte völlig unerlässlich, und nur durch die Handauflegung empfange er die Gnade Gottes, welche nach dem Maß des Glaubens, nicht nach den Werken gegeben werde; der Eingeweihte aber sei dem Gesetze nicht mehr untertan und könne nicht mehr sündigen. Dass Chrysomalus unter dieser Einweihung durch Salbung und Händeauflegung nicht etwa das katholische Sakrament der Konfirmation verstand, ergibt sich aus seiner weiteren Behauptung, dass es nur gewisse Personen seien, welche als Besitzer der heiligen Gnosis diese Mysterien verwalten könnten, und dass man dieselben mit größter Sorgfalt als die einzigen Vermittler des Heils aufsuchen müsse da sie nicht häufig gefunden würden. Es war daher ganz natürlich, dass die Synode in allem diesem, nach ihrem Ausdruck, unzweideutige Zeichen der bogomilischen Irrlehre fand.

Im Anwerben von Genossen ihrer Lehre und Gemeinschaft gingen die Bogomilen mit großer Vorsicht zu Werk. Wer sich ihnen anvertraute, vernahm anfänglich nur die Lehren vom dreieinigen Gott und der Menschwerdung des Sohnes; man predigte ihm die Übung der evangelischen Tugenden, vorzüglich Milde, Demut und Entäußerung irdischer Güter. Sofort ward er veranlasst, einen Vergleich anzustellen zwischen der großen Masse der Kirchengläubigen und der kleinen, verborgenen bogomilischen Genossenschaft; da werde er wahrnehmen, dass jene höhere, von Christus geforderte Gerechtigkeit doch nur bei den letzteren zu finden sei. Erst dann, wenn der Lehrling dem Meister mit festem, ehrfürchtigem Vertrauen sich hingab, wurden ihm die geheimeren Lehren der Gesellschaft allmählich eröffnet. Häufig trugen die Bogomilen das Mönchsgewand, um leichteren Eingang in den Häusern zu finden und weniger Verdacht zu erregen.

V. Kapitel: Die Verbreitung der orientalischen Sekten im Abendland bis gegen Ende des 11. Jahrhunderts

Die gnostisch-manichäischen Lehren und die zu diesen Lehren sich bekennenden Sekten hatten zwar von Anbeginn an ihre eigentliche Heimat und leichteste Verbreitung in den östlichen Teilen des römischen Reiches gefunden, aber auch die Länder des Okzidents hatten sich ihnen frühzeitig geöffnet. Die *Manichäer*, die besonders zahlreich im nördlichen Afrika wohnten, waren zur Zeit des Einbruchs der Vandalen nach Italien und Spanien gewandert, und schon zur Zeit des Hl. Augustin lebten viele von ihnen, wenn auch verborgen, in Gallien.[30] In Afrika scheint der Kampf des Arianismus mit der katholischen Kirche, der sich seit der vandalischen Herrschaft dort entspann, dem Manichäismus günstig gewesen zu sein; die Manichäer bekannten sich zu der unterscheidenden Lehre des Arianismus, und als König Hunnerich sie auskundschaften ließ, zeigte sich, dass mehrere von ihnen bei den Arianern sogar Priester und Diakonen geworden waren. Er ließ nun zwar einige derselben verbrennen, andere aus Afrika vertreiben,[31] trug aber dadurch zur Verstärkung der Sekte diesseits des Mittelmeeres bei. In Rom, wo schon unter Papst Leo I. scharfe Maßregeln gegen die Manichäer ergriffen worden waren, hatten sie sich dennoch bis zum Anfange des sechsten Jahrhunderts so gemehrt, dass der Papst Symmachus und der Senator Boethius gemeinschaftlich an ihrer Vertreibung aus der Stadt arbeiteten und ihre Bücher und symbolischen Abbildungen feierlich vor den Toren verbrennen ließen.[32] Dieses hielt aber den Kaiser Anastasius Dicorus nicht ab, gegen eben diesen Papst die ohne Zweifel grundlose Beschuldigung des Manichäismus zu erheben.

Was fernerhin gegen die manichäische Sekte unternommen wurde, waren bloß vereinzelte, in langen Zwischenräumen sich folgende Maßregeln, und die politische Verwirrung, welche in diesen Jahrhunderten in allen Teilen des Okzidents herrschte, musste es den Anhängern der Sekte leicht machen, ihre Verbindungen zu bewahren und selbst auszubreiten. Im Jahr 526 entsagte ein gewisser Prosper in Gallien dieser Lehre mit Verwerfung der einzelnen Hauptdogmen.[33] Im Jahr 557 wurden die Manichäer zu Ravenna, wo sie sich erst kürzlich eingeschli-

30 Aug. de nat. boni, Opp. VIII, 36 f. ed. Amstel.

31 Victor Vit. ed. Ruinart p. 21.

32 Baron, ad a. 503.

33 Die Formula abiurationis steht bei Sirmond, Cono. gall. I, 209. Bis auf einige beigefügte Artikel stimmt sie mit der unter dem Namen des Hl. Augustinus vorhandenen (Opp. VIII, App. p. 33) überein.

chen hatten, von den dortigen Bürgern vor die Stadt geführt und gesteinigt.[34] In Sizilien waren sie gegen Anfang des 7. Jahrhunderts ziemlich zahlreich, weshalb der Papst Gregorius der Große den Diakon Cyprian, der die dortigen Patrimonien der römischen Kirche verwaltete, wiederholt ermahnte, sie auf alle Weise zur Annahme des katholischen Glaubens zu bringen.[35] Dass seitdem die Manichäer, wenn auch im Verborgenen und lange Zeit hindurch unbemerkt, sich erhielten, ist um so weniger zu bezweifeln, als noch im Jahr 1060 Papst Nikolaus II. den Klerus von Sisteron ermahnte, die zahlreich zu den geistlichen Weihen sich drängenden Afrikaner zurückzuweisen, weil sich häufig Manichäer unter ihnen fänden.[36]

Doch waren die Lehren jener späteren Sektierer, welche man seit dem elften Jahrhundert Manichäer nannte, keineswegs die eigentümlichen und unterscheidenden Dogmen der alten Manichäer; nur in jenen Artikeln, in welchen diese mit den gnostischen Hauptparteien einhellig lehrten, stimmten die neuen Manichäer mit den alten zusammen. Es müssen demnach fremde Einflüsse stattgefunden haben, durch welche der manichäischen Lehre wieder allmählich modifiziert und in die allgemein gnostische Anschauungsweise umgesetzt wurde. Offenbar waren es die orientalischen Sekten der Paulikianer und Bogomilen, welche einen derartigen Einfluss auf die Reste des Manichäismus im Okzident ausübten. Es lässt sich aber auch mit hoher Wahrscheinlichkeit annehmen, dass in diesem selbst schon früher ähnliche Entwicklungen eingetreten seien, und zwar mittelst der *priscillianistischen* Lehre. Schon der Hl. Augustinus bezeichnet den Charakter dieser Doktrin, die sich am Ende des vierten Jahrhunderts in Spanien und im südlichen Gallien verbreitete, richtig als eine Mischung gnostischer und manichäischer Lehren,[37] und die Hauptdogmen der Priscillianisten finden sich fast alle wieder in dem System der Katharer: Annahme eines bösen Urwesens, welches die Körperwelt hervorgebracht, Verwerfung der Auferstehung, der Ehe und des Fleischgenusses, doketische Leugnung der Körperlichkeit Christi. Gleich den Katharern glaubten die Priscillianisten, dass die menschlichen Seelen gottverwandte, der göttlichen Natur teilhafte Wesen seien, die vor ihrer Einschließung in irdische Körper eine überweltliche Existenz gehabt; und es ist sehr beachtungswert, dass sich bereits bei diesen Häretikern derselbe dogmatische Gegensatz findet, der zwischen den dualistischen und den monarchischen Katharern eintrat. Nach der Angabe des Hl. Augustinus und des Orosius[38] lehrten sie nämlich, dass

---

34 Agnelli Lib. pontif. T. II p. 98.

35 Epist. V, 8 (Opp. ed. Paris. II, 733). Job. Diaconi Vita Greg. (Opp. IV, 80): Haeresim Manichaeorum penes Siciliam … a corpore sanctae matris ecclesiae sequestrarat.

36 Sammarthani Gallia Christ. Tom, I., Instrum, p. 89.

37 Maxime Gnosticorum et Manichaeorum dogmata permixta sectantur (Priscillianistae), quamvis et ex aliis haeresibus in eos sordes tanquam in sentinam quandam horribili confusione confluxerint. De haeres. c. 70 (Opp. VIII, 17).

38 Aug. de anima ad Renat. 1. 2, c. 7. Orosius apud Aug. Opp. VIII, 401.

die Menschenseelen Engel seien, die freiwillig aus ihrem höheren Wohnorte zur Bekämpfung des Fürsten dieser Welt auf die Erde herabgestiegen, hier aber in die Gewalt des Weltbildners gefallen und von diesem in die Körper eingeschlossen worden seien. Dies lehrten auch die monarchischen Katharer. Dagegen geben der Papst Leo und die Synode von Braga als Lehre der Priscillianisten an,[39] dass die Menschenseelen, infolge einer Sünde, die sie als Engel in ihrer vorweltlichen Existenz begangen, aus dem Himmel gestoßen worden und auf die Erde herabgesunken und hier von den Dämonen in die Kerker der Leiber gebannt worden seien. Gerade dies war auch die Lehre der dualistischen Katharer. Hiermit dürfte nun erklärt sein, wie es gekommen, dass die monarchischen Katharer, die sonst fast durchaus das System der Bogomilen angenommen hatten, doch in diesem wichtigen Punkte der Präexistenz der Seele von dem Dogma der Bogomilen abwichen.

Nach Augustins Zeugnis unterschieden sich die Priscillianisten von den Manichäern vorzüglich auch dadurch, dass sie, neben einer Anzahl apokrypher Schriften, alle Bücher der Heiligen Schrift annahmen, deren Inhalt sie dann, gleich den Katharern, durch die willkürlichste allegorische Auslegung mit ihrer Lehre in Einklang zu bringen suchten. Demnach sind die Priscillianisten auch hinsichtlich der Annahme und Behandlungsweise des neutestamentlichen Kanons die Vorgänger oder Stammväter der Katharer gewesen. In Betreff des Alten Testaments scheinen sie zwar, Augustins Angabe zufolge, in der ersten Zeit ihrer Entstehung von den letzteren sich unterschieden zu haben; aber es ist höchst wahrscheinlich, dass nach Priscillians Tode die Konsequenz der Lehre und der Einfluss gnostisch-apokrypher Schriften sie zur Verwerfung der historischen Bücher des Alten Testamentes führte. Denn da die Priscillianisten nicht umhin konnten, den mosaischen Jehovah für eins mit dem bösen Urwesen zu halten,[40] so drängte sich ihnen, bei aller allegorischen Interpretation, die Verwerfung der mosaischen Bücher doch zuletzt mit zwingender Notwendigkeit auf. Dazu kam später noch der Gebrauch des apokryphischen Buches „Gedächtnis der Apostel“, welches Christus die ganze mosaische Gesetzgebung und überhaupt den Inhalt der mosaischen Bücher geradezu verwerfen ließ. Dieses Buches bedienten sich die Priscillianisten um das Jahr 450 als einer Hauptautorität zur Erweisung ihrer Lehre,[41] was offenbar voraussetzt, dass sie damals bereits von der Ansicht Priscillians hinsichtlich des Alten Testamentes abgewichen waren und mindestens den historischen Teil desselben, wie eben auch die Katharer, verwarfen. Endlich spricht auch für einen Zusammenhang der Priscillianisten und der Katharer die Tatsache, dass die

[39] Leo M. Ep. 15, 10. (Opp. ed. Ball. I, 702.) Conc. Bracar. I, can. 6. Harduin, Coll. Conc. III, 348.

[40] Nur diesen Sinn konnte ihre Behauptung haben, dass der Gott des alten Gesetzes ein anderer sei als der Gott der Evangelien. Lübkert, De haeresi Priscill. Havniae 1840, p. 29.

[41] Turibius bei Leo M. Opp. ed. Ballerin. I, 714.

apokryphe Schrift „Himmelfahrt des Jesaias“ von den einen wie von den anderen[42] gebraucht und hochgehalten wurde, die letzteren sie also wahrscheinlich von jenen empfangen hatten.

Gewiss ist, dass die Sekte der Priscillianisten sich in Spanien und wohl auch im südlichen Gallien sehr lange erhielt. Sie konnte sich um so leichter im Stillen fortpflanzen, als ihre Glieder sich, nach Augustins Bemerkung, von Anbeginn an durch listige Verschlagenheit und die Künste gewandter Täuschung vor allen anderen Häretikern auszeichneten und die Lüge und Verstellung, zur Geheimhaltung ihrer Doktrin, zum Grundsatz erhoben hatten. Die Apokryphen, welche in der Form von Evangelien, von prophetischen und apostolischen Visionen die Hauptpunkte ihrer Lehren enthielten, dienten dabei als wirksames Mittel zur Erhaltung der Sekte und zur Fortpflanzung ihrer Dogmen; daher noch im Jahr 561 die Synode zu Braga in Portugal die Irreleitung der Christen durch diese Apokryphen als ein häufig vorkommendes Ereignis erwähnte,[43] und neuerdings das ganze Priscillianistische System mit dem Anathema belegte.

Auch hatte noch im Jahr 531 der Bischof Montanus in einem Schreiben an die Einwohner des Gebiets von Palencia geklagt, dass die nichtswürdige Sekte der Priscillianisten dem Namen wie der Tat nach von ihnen geehrt und hochgehalten werde,[44] und einige Jahre später hatte der Bischof Eucherius dem Papste Vigilius über die fortdauernde Sitte dieser Sektierer, sich allen Fleisches zu enthalten, berichtet.

Jene anstößigen, ganz die gnostische Anschauungsweise atmenden Stellen, welche um das Jahr 830 der Erzbischof Agobard von Lyon in dem Antiphonarium seiner Kirche fand, sind wahrscheinlich auch durch priscillianistischen Einfluss oder durch den Gebrauch der von dieser Sekte empfohlenen und in Umlauf gesetzten Apokryphen hineingekommen. So hieß es hier im Offizium des Weihnachtsfestes: „Gesandt aus der festen Burg des Vaters (dem Pleroma), ist er herabgestiegen vom Himmel; das Licht und die Zierde des ganzen Weltbaues, angetan mit purpurnem Gewand, ist durch das Ohr der Jungfrau eingegangen in unsere Region und ausgegangen durch die goldene Pforte.“[45] Dies war offenbar aus der doketischen Lehre geflossen, welche die Priscillianisten mit den meisten älteren Gnostikern, wie auch mit den Paulikianern, den Bogomilen und den

---

42 Hieron, in Is. Opp. ed. Martianay III, 473. Moneta, Adv. Catharos et Waldenses 11. V, ed. Ricchini, Rom 1743, p. 218.

43 Nequis ... aliquibus, ut assolet, scripturis apocryphis aliqua adhuc ipsius erroris pestilentia sit infectus. Harduin III, 347.

44 Harduin II, 1143.

45 Agobardi 1. de correctione antiphonarii in der Biblioth. PP.Lugd. XIV, 322. Er rügt auch die Worte: Dum ortus fuerit sol de coelo, videbitis regem regum procedentem a Patre tanquam sponsum de thalamo suo. Diese Antiphone mag allerdings auch aus gnostischer Quelle geflossen sein; da sie aber auch eine gute, katholische Deutung zuließ, wurde sie beibehalten.

Katharern gemein hatten: der Lieblingsausdruck aller dieser Häretiker war, dass Christus durch die Jungfrau nur wie durch eine Röhre oder einen Kanal, ohne etwas von ihr anzunehmen, hindurchgegangen sei. Die Bogomilen lehrten völlig übereinstimmend, er sei durch das Ohr der Jungfrau eingegangen; unter dem purpurnen Gewande aber ist der ätherische Leib, den Christus nach dieser Doktrin aus dem Himmel mit herabbrachte, gemeint.

Ein bemerkenswertes Zeugnis von dem frühen Vorhandensein der gnostisch-manichäischen Lehren in Frankreich bietet das Glaubensbekenntnis dar, welches Gerbert bei seiner Erwählung zum Erzbischof von Reims im Jahr 991 ablegte. Es ist durchaus antithetisch gegen die auffallendsten Irrtümer des Gnostizismus gerichtet. Gerbert erklärt darin, dass er an den Mensch gewordenen Sohn glaube, der von seiner Mutter einen wahren menschlichen Leib angenommen, wahrhaft in demselben gelitten habe, gestorben und auferstanden sei; dass er einen und denselben Herrn und Gott für den Urheber des Alten wie des Neuen Testamentes halte, dass der Satan nicht ein ursprünglich böses, sondern ein böse gewordenes Wesen sei, dass dieser jetzige und nicht ein anderer Leib auferstehen werde und dass die Ehe sowohl als der Fleischgenuss erlaubt sei.[46]

Damals hatten bereits die Einwirkungen der orientalischen Sekten, besonders der Paulikianer, auf den Okzident begonnen; durch sie wurden die noch vorhandenen Reste des älteren Gnostizismus und Manichäismus gesammelt und neu belebt, das Bewusstsein der alten Lehre und ihres inneren Zusammenhanges wieder geweckt und ein kräftiger Impuls, diese Lehre weithin zu verbreiten, mitgeteilt. Die Paulikianer waren durch ihre Ansiedelungen in Thrakien den Bewohnern des Westens so nahe gerückt und der Verkehr, der damals zwischen den westlichen Provinzen des griechischen Reiches und dem Abendlande stattfand, war so lebhaft, dass eine solche Einwirkung und Übertragung der Lehre in jeglicher Weise erleichtert war. In den Annalen von Bari[47] wird berichtet: Im Jahr 1041 seien Paulikani mit den Makedoniern, nach einer gegen die Normannen verlorenen Schlacht, nach Unteritalien hinübergekommen; der Protospatharius Michael oder der griechische Statthalter Dulciano habe sie aus Sizilien kommen lassen. Auch von Armenien scheinen Sendboten der gnostischen Häresie nach Italien gekommen zu sein; jedenfalls aber war dieses Land als ein Hauptsitz der Irrlehre dort so bekannt, dass im Anfange des elften Jahrhunderts die bloße Herkunft aus Armenien schon hinreichte, einen Fremdling verdächtig zu machen. Dies erfuhr im Jahr 1016 der armenische Anachoret Simeon, der, als er nach Rom kam, bloß seiner äußeren Erscheinung und seines Vaterlandes wegen, von einem Geistlichen für einen Häretiker, den man steinigen oder verbrennen müsse, also für einen

---

[46] Harduin VI, I, 726.

[47] Mon. Germ. Script. VII, 55.

Manichäer erklärt wurde und fast ein Opfer der dadurch aufgeregten Volkswut geworden wäre.[48]
In Italien sowohl als in Frankreich waren seit dem Beginn des elften Jahrhunderts häretische Ansichten sehr verbreitet, welche, wenn sie auch sich im Einzelnen unförmlich und ohne inneren Zusammenhang darstellten, doch immer aus einer und derselben gnostisch-manichäischen Quelle entsprungen waren. Auch war den Katholischen der eigentümliche Ideengang des Gnostizismus anfänglich noch so fremd, die Kenntnis der älteren derartigen Sekten so völlig bei ihnen erloschen, dass Missverständnisse in der Auffassung des Gehörten fast unvermeidlich waren. Glaber Radulph berichtet in seiner vagen, ungenauen Weise,[49] dass ein Grammatiker Vilgard zu Ravenna um das Jahr 1000 viel der katholischen Lehre Widersprechendes gelehrt und unbedingten Glauben für die Aussprüche der alten Dichter, des Virgilius und anderer gefordert habe, weshalb ihn der Erzbischof Petrus verdammt habe. Dies könnte man nun als ein einzelnes zusammenhangloses Phänomen, als die seltsame Geistesverwirrung eines damit alleinstehenden Mannes auf sich beruhen lassen. Allein Glabers Zusatz, dass damals in Italien noch mehrere andere Anhänger derselben giftigen Irrlehre gefunden worden, die durch Feuer oder Schwert umgekommen seien, zeigt deutlich, dass es sich hier nicht bloß um eine unerklärbare religiöse Überschätzung der alten Dichter gehandelt haben könne, und macht es wahrscheinlich, dass jene Häresie, die man teils mit dem Schwert, teils mit dem Scheiterhaufen bestrafte, nichts anderes als die aus Thrakien herübergewanderte gnostisch-manichäische Irrlehre war. Jener Vilgard mochte dann wohl, infolge seiner steten Beschäftigung mit den Poeten, gewisse Stellen derselben, namentlich des Virgilius, zur Bestätigung dieser Lehre gebrauchen. Nach Glabers Bericht kamen damals auch aus Sardinien, einer, wie er sagt, an solchen Häretikern sehr fruchtbaren Insel, mehrere nach Spanien, verführten dort das Volk, wurden aber von den Katholischen ausgerottet. Verbinden wir hiermit die Angabe des gleichzeitigen Ademar von Chabanois[50] zum Jahr 1022, dass nicht nur in Orleans und Toulouse, sondern auch in mehreren anderen Gegenden des Okzidents Manichäer aufgetreten seien, die sich zwar möglichst verborgen gehalten, aber doch emsig an der Verführung des Volkes gearbeitet hätten, so wird über den gnostischen Charakter dieser Irrlehren kaum ein Zweifel mehr gehegt werden können. Sardinien war immer ein Zufluchtsort für verfolgte oder vertriebene Afrikaner gewesen; dahin hatten sich die katholischen Bischöfe

48 Baron, ad a. 1016, n. 5.

49 Recueil des historiens de France X, 23.

50 Recueil X, 158: Apud Tolosam inventi sunt Manichaei, et ipsi destructi, et per diversas occidentis partes nuntii Antichristi exorti, per latibula sese occultare eurabant et quoscunque poterant viros et mulieres subvertebant. — Statt, nuntii Antichristi' haben andere Codices, Manichaei'. Jedenfalls sind keine anderen als diese unter den Boten oder Vorläufern des Antichrist zu verstehen. Die letztere Bezeichnung bezog sich darauf, dass der Apostel Paulus das Auftreten einer solchen Sekte in den „letzten Zeiten“ angekündigt hatte.

und Priester zur Zeit der arianisch-vandalischen Verfolgung geflüchtet; dahin begaben sich wohl auch die Manichäer, als sie, erst unter Hunnerich, dann unter den Sarazenen bedrängt wurden.

Noch eine andere merkwürdige Nachricht weist darauf hin, dass der neue Manichäismus nicht bloß aus dem Orient, sondern auch aus Afrika nach dem Abendlande und insbesondere nach Frankreich verpflanzt wurde. Als nämlich im Jahr 1235 zu Montwimer in der Champagne eine überaus große Anzahl von geweihten Katharern gefunden und verurteilt wurde, da erfuhr der Inquisitor Robert, dass vor mehreren Jahrhunderten ein Manichäer Fortunatus aus Afrika nach der Champagne gekommen und dort einen Häuptling Widomar mit dessen Freibeuterschar für seine Lehre gewonnen habe, so dass sich seitdem der Manichäismus ununterbrochen in jener Gegend erhalten hat. Robert, der einen afrikanischen Manichäer Fortunatus aus Augustins Schriften kannte, meinte nun, das sei eben dieser gewesen.[51]

Über Italien und das frühe Hervortreten der gnostischen Lehre daselbst finden sich bei dem Bischof Gerhard von Moresina einige nähere Angaben.[52] Er klagt, dass infolge der dort schon in einigen Gegenden sehr ausgebreiteten Häresie die Auferstehung der Leiber von sehr vielen geleugnet werde. Mit Hinweisung auf Griechenland, welches von solchen Sekten nie rein gewesen sei, bezeichnet er Verona als einen Hauptsitz derselben, spricht von der Ohnmacht der Bischöfe, welche, durch weltliche Gewalt gehemmt, dem um sich greifenden Übel nicht zu widerstehen vermöchten, preist aber Ravenna und Venedig, welche Städte jene Feinde Gottes nicht bei sich duldeten, während andere aus Habsucht sie nährten und schützten.

Diese neuen Manichäer wurden im südlichen Frankreich vorzüglich seit dem Jahr 1017 bemerkt; sie verführten dort viele Menschen, verwarfen die Taufe und die Kraft des Kreuzes Christi, lehrten die Notwendigkeit der Enthaltung von allem Fleische, trieben aber unter der Hülle verstellter Keuschheit geheime Unzucht.[53]

Auch in Toulouse zeigten sie sich. Eine Versammlung aquitanischer Fürsten und Bischöfe, die deshalb im Jahr 1028 in dem Kloster Saint Caroff, jetzt Saint Charroux, gehalten wurde, suchte, jedoch wie es scheint ohne Erfolg, dem Umsichgreifen des Übels zu wehren. Zu derselben Sekte gehörte wohl auch jener Leuthard, der schon früher, um das Jahr 1000, in der Diözese Chalons unter dem Vorwand göttlicher Erleuchtung Kreuze und Bilder Christi zerschlug, das Volk

---

51 Alberici chronicon, ed. Leibniz, p. 570.

52 S. Gerardi Ep. Chanad. scripta et acta ed. Balthyan, Albo-Carol. 1790, p. 99.

53 Castitatem simulantes, sed inter seipsos luxuriam omnem exercentes. Ademari Chron. im Recueil des hist. X, 454. Bei jenen, welche mit den zu Orleans entdeckten Manichäern zu derselben Sekte gehörten, hat diese Verübung geheimer Unzucht vielleicht stattgefunden; aber es gab wohl auch schon damals in Frankreich Häretiker, welche, gleich den nachher zu besprechenden von Monteforte, bei strengen asketischen Grundsätzen sich davon frei erhielten.

von der Entrichtung des Zehnten abmahnte und, gleich den monarchischen Katharern der späteren Zeit, behauptete, dass sich in den Büchern der Propheten teils Wahres, teils auch Falsches und Verwerfliches finde.[54]

Das größte Aufsehen in ganz Frankreich erregte jedoch die Entdeckung, dass diese Häresie in Orleans, damals dem Sitze einer blühenden Schule, bereits tiefe Wurzeln geschlagen hatte und dass selbst die angesehensten Geistlichen der Stadt derselben zugetan waren. Eine aus Italien gekommene Frau und ein Bauer aus Perigord hatten sie dort verbreitet. Ein normannischer Edelmann, Arefast, dessen Kaplan Herbert durch die beiden Häupter der neuen Gemeinde, den Kanonikus Stephan und den Scholastikus Lisoie, bereits gewonnen war, wurde das Werkzeug der Entdeckung. Er gab dem normannischen Grafen Richard, dieser dem Könige Robert Nachricht von dem Dasein der Sekte. Auf des Königs Befehl ging Arefast selbst nach Orleans, um sich dort nähere Kunde zu verschaffen. Unterwegs riet ihm der Priester Evrard zu Chartres, täglich am frühen Morgen in der Kirche zu beten und die Hl. Kommunion zu empfangen; dann möge er, nachdem er sich noch mit dem Kreuze bezeichnet, den Unterricht der Häretiker als scheinbar gelehriger Schüler anhören. Von seinem Kaplan empfohlen, gelang es ihm, sie zu täuschen und zu rückhaltloser Mitteilung ihrer Lehren zu bewegen.

Diese Lehren waren die gnostisch-manichäischen; der doketischen Ansicht gemäß, sagten sie, Christus sei nicht von der Jungfrau Maria geboren, nicht für die Menschen gestorben, weder wahrhaft begraben worden, noch auferstanden. Die Angabe des Glaber Radulph, dass sie auch eine ewige, unveränderliche Existenz der Erde und des Himmels behauptet hätten, beruht wohl auf einem Missverständnis, da sie ohne Zweifel, gleich den übrigen Häretikern, die sichtbare Welt durch den Satan gebildet werden ließen und in diesem Sinne, nach Glabers Ausdruck, Gott als den Urheber der Geschöpfe leugneten. Auf die Frage: „Warum sie nicht an eine wirkliche und leibliche Geburt Christi von der Jungfrau glauben wollten", erwiderten sie: „Was die Natur nicht gestatte, das sei auch dieser Schöpfung stets fremd". Womit sie sagen wollten, dass eine Geburt Christi von der Jungfrau, wie sie die katholische Kirche glaube, nach den Gesetzen, die der Weltschöpfer in sein Werk gelegt, nicht stattfinden könne. Natürlich verwarfen sie auch alle Wirksamkeit der katholischen Taufe und erklärten die Mitteilung des Leibes Christi durch die Eucharistie für etwas Unmögliches, die Anrufung der Heiligen für völlig nutzlos. Für begangene Sünden, lehrten sie ferner, gebe es keine Vergebung, wobei ungewiss ist, ob sie alle und jede Sündenvergebung überhaupt oder nur die in der Kirche dargebotene verwarfen. Zugleich behaupteten sie aber auch, dass Ausschweifungen der Wollust von Gott nicht gestraft würden und dass jene Handlungen, die bei den Katholischen für gute Werke gälten, überflüssig seien. Endlich räumten sie der Ehe keinen Vorzug vor jeder anderen fleischlichen Verbindung ein und betrachteten, nach der allgemeinen

[54] Glabri Radulphi Hist. im Recueil X, 23.

Ansicht der gnostischen Sekten, den Fleischgenuss als etwas den Menschen Verunreinigendes.
Der König Robert verfügte sich im Jahr 1022 in Begleitung mehrerer deshalb berufener Bischöfe nach Orleans, und ließ gleich am folgenden Tage die Sektierer, Arefast mit ihnen, an ihrem Versammlungsorte festnehmen. Über ihre Lehre befragt, suchten sie anfänglich durch Verstellung, durch unbestimmte und zweideutige Äußerungen dem geforderten Bekenntnisse zu entgehen, bis Arefast, sich gegen sie erhebend, das, was sie ihm von Christus und den Sakramenten gelehrt, offenbarte. Jetzt bekannten sie, dass dies in der Tat ihr Glaube sei. Auf die Gegenvorstellungen der Bischöfe erwiderten sie: „Dergleichen mögt ihr den Irdischgesinnten, welche die auf Tierhäute geschriebenen Erdichtungen fleischlicher Menschen glauben, vortragen. Wir haben ein höheres, vom Heiligen Geiste in den inneren Menschen geschriebenes Gesetz, und glauben nichts, als was wir von Gott, dem Urheber aller Wesen, gelernt haben. Machet mit uns, was ihr wollt, schon sehen wir unsern im Himmel herrschenden König, der uns mit seiner Rechten zu unsterblichen Triumphen emporhebt." Vergeblich bemühte man sich vom Morgen bis Nachmittags drei Uhr, sie zum Widerruf ihrer Irrtümer zu bewegen; nur zwei, ein Geistlicher und eine Nonne, retteten dadurch ihr Leben; die übrigen dreizehn wurden zum Feuertode verurteilt, die Geistlichen vorher degradiert. Als man sie zu der Hütte führte, in der sie verbrannt werden sollten, zeigten sie sich ganz freudig und willig, in der sicheren Erwartung, dass eine höhere Macht sie erretten werde. Kaum aber empfanden sie, in die Hütte eingeschlossen, die Wirkung des Feuers, als sie verzweifelnd riefen: der Satan habe sie betrogen. Man eilte nun, die Türe der Hütte zu öffnen, aber es war zu spät, sie waren schon erstickt.[55]
Zu der mehr der asketischen Richtung folgenden Gattung des Gnostizismus gehörten jene Sektierer, welche bald darauf in Belgien in den Diözesen Lüttich und Arras entdeckt wurden. Der Bischof Reginald von Lüttich,[56] von dem Bischof Gerard von Cambrai und Arras aufmerksam gemacht, dass sich Irrgläubige in seiner Diözese fänden, hatte sie verhört, und da sie aus Furcht katholische Gesin-

---

[55] Glaber Radulphus im Recueil X, 36—38. Gesta synodi Aurel. ebend. p. 536 ff. Ademar ebend. p. 159. Dass dieser Vorgang in das Jahr 1022 zu setzen sei, kann nicht bezweifelt werden. Im Recueil X, 607 findet sich eine von König Robert dem Kloster Mici ausgestellte Urkunde mit dem Datum: Actum Aurelianis publice anno incarn. D. MXXII ..., quando Stephanus haeresiarches et complices eius damnati et arsi sunt Aurelianis. Wenn also Glaber Radulph sagt: tertio de vicesimo infra millesimum anno sei die Häresie zu Orleans entdeckt worden, so ist dieses ungenau oder es muss gelesen werden: tertio et vicesimo. Schmid (Mysticismus des Mittelalters S. 119) und Engelhardt (Kirchengesch. II, 170) lassen im Jahr 1025 noch einmal eine Entdeckung von Manichäern und eine Hinrichtung von zehn Kanonikern zu Orleans stattfinden, verleitet durch Ademar, der aber nur die im Jahr 1022 erfolgte meint, wie aus seiner Erzählung ganz offenbar ist.

[56] An diesen ist das Schreiben des Bischofs Gerard mit dem Berichte der von ihm gehaltenen Synode gerichtet. S. Recueil X, 540, Note.

nung heuchelten, sie entlassen. Darauf hatten sie durch Sendboten ihre Lehre auch in dem Sprengel von Arras verbreitet. Der Bischof Gerard ließ nun diese Sendboten ergreifen, konnte sie aber anfänglich durchaus nicht zu einem Bekenntnis ihrer Lehren bringen. Besser gelang ihm dies bei den von ihnen Verführten. Diese nannten einen Italiener Gundulf als ihren Meister, wahrscheinlich aber nur diesen allein, weil er bereits entfernt und vor Verfolgungen sicher war. Was sie von der ihnen beigebrachten Lehre angaben, hatte gnostisch-manichäischen Charakter. Sie nahmen nur das Neue Testament an und verwarfen die Sakramente der Kirche. Gegen die der Taufe zugeschriebene Wirksamkeit machten sie insbesondere das gottlose Leben vieler taufender Priester, den Rückfall der Getauften in die abgeschworenen Sünden und die Glaubensunfähigkeit der kleinen Kinder geltend. Alle in der Ehe Lebenden, sagten sie, seien vom Reich Gottes ausgeschlossen; der Mensch sollte durchaus keiner fremden Mittel zum Heil, sondern nur der eigenen Gerechtigkeit bedürfen, und für den nach seiner Einweihung Gefallenen sollte es keine Buße geben.[57] Dabei verwarfen sie den Gebrauch des Kreuzeszeichens, der religiösen Bilder und der Kirchen, die nichts als Haufen zusammengetragener Steine seien, und den Kirchengesang. Dem Bischof war auch hinterbracht worden, dass sie nur eine Verehrung der Apostel und Märtyrer, nicht aber der Konfessoren für statthaft hielten, was wohl den Sinn hatte, dass ihnen nur die Apostel und die ersten Zeugen als Gründer und Glieder der wahren Kirche galten, die Konfessoren aber, d. h. die späteren Kirchenlehrer, Bischöfe, Äbte usw., von ihnen als Betrüger oder Betrogene, als die Zeugen und Anhänger der falschen Lehre verworfen wurden.

Mit leichter Mühe gelang es dem Bischof, diese unwissenden Leute – man musste ihnen die lateinischen Formeln in die Volkssprache übersetzen – zu einem scheinbaren Widerruf und zu starken, wohl nur durch die Furcht abgepressten Versicherungen einer aufrichtigen Rückkehr zur Kirche zu bewegen. Die eigentlichen Leiter und Lehrer derselben scheinen aber während dieser Verhandlung im Hintergrund geblieben zu sein.

Größere Festigkeit und Hartnäckigkeit zeigten dagegen die verwandten Irrgläubigen, welche im Jahr 1028 (oder 1030) auf dem Schloss *Monteforte* in der Nähe von Turin sich zu einer Gemeinde vereinigt hatten. Was der Geschichtsschreiber Landulf nach den Aussagen des Vorstehers Gerard von den Lehren dieser Gesellschaft berichtet, verrät zum Teil den gemeinsamen gnostisch-manichäischen Charakter, zum Teil aber ist es, vielleicht durch Gerards Absicht, dunkel, oder von Landulf missverstanden. Die Häretiker selber behaupteten, nicht zu wissen,

---

[57] Negare lapsis poenitentiam post professionem proficere. Diese Professio kann nur die Aufnahme in die Sekte, die gnostisch-manichäische Einweihung sein. Auch nach der Lehre der älteren Manichäer und Priscillianisten und der späteren Katharer gab es für einen Eingeweihten keine eigentliche Buße, denn er war unsündlich geworden, und wenn er dennoch in eine Sünde fiel, so war dies eben ein Beweis, dass seine Einweihung nichtig und ungültig gewesen.

aus welchen Gegenden ihre Lehre nach Italien gekommen sei, entweder weil sie dieselbe von einer anderen in Italien schon bestehenden Gemeinde empfangen und nur im Allgemeinen gehört hatten, dass sie aus dem Orient herübergebracht worden sei, oder weil sie, um weitere Nachforschungen zu verhüten, sich unwissend stellten.[58]

Die geschlechtliche Enthaltung hielten sie für so notwendig zum Heil, dass auch die Verheirateten unter ihnen mit ihren Frauen nur wie mit ihren Müttern oder Schwestern lebten oder sich von dem Vorsteher die Erlaubnis erteilen ließen, zur größeren Sicherheit sich von ihren Gattinnen zu trennen. Die Vermischung der beiden Geschlechter und den dazu reizenden Trieb betrachteten sie vorzugsweise als das Verderben, die Korruption. Wenn alle Menschen, sagte Gerard, ohne jene böse Begierde zu empfinden oder indem sie sich derselben vollständig widersetzten, sich verbänden, dann würde das menschliche Geschlecht, wie die Bienen,[59] ohne Beischlaf sich fortpflanzen.

Gleich den übrigen Gnostikern verwarfen sie alle Sakramente, verschmähten jeglichen Fleischgenuss und rühmten sich, strenges Fasten und ein Tag und Nacht fortdauerndes Gebet zu beobachten, welches abwechselnd, wahrscheinlich bloß von den Vollkommenen in der Sekte, verrichtet wurde. Diese waren es auch wohl nur, welche, wie Gerard angab, allem eigenen Besitz entsagt hatten. Ein gewaltsamer Tod galt ihnen als der sicherste, ja, wie es scheint, als der einzige Weg zur Seligkeit; deshalb hatten sie nicht nur die heftigste Begierde, für ihren Glauben das Märtyrertum zu erleiden, sondern sie ließen sich auch, wenn sie krank wurden, um nur nicht eines natürlichen Todes zu sterben, von ihren Freunden oder Verwandten umbringen. Wahrscheinlich hielten sie eine gewaltsame Zerstörung des Lebens, eine Unterbrechung des Naturlaufes zur Befreiung des Geistes aus dem Kerker des zum Gebiete des Satans gehörigen Leibes, für notwendig, und meinten, dass der Geist, der nur nach den vom Satan in seine Schöpfung gelegten natürlichen Gesetzen durch Krankheit oder Altersschwäche aus dem Körper entweiche, doch unter der Herrschaft des Satans bleibe und von diesem zur Einkehr in einen anderen Körper genötigt werde. Wir erkennen aber hier die erste rohere Form der nachmals bei den Katharern ausgebildeten Endura.

Wenn in dem Bericht Landulfs nicht Missverständnisse liegen, so hat die häretische Genossenschaft zu Monteforte die Grundlehren des Christentums zu Allegorien und Mythen verflüchtigt. Gerard versicherte zwar, dass sie den Vater, den Sohn und den Heiligen Geist bekannten, erläuterte dies aber sofort dahin, dass der Sohn der von Gott geliebte Menschengeist, der Heilige Geist aber das alles leitende und beherrschende Verständnis der göttlichen Lehren sei. Christus sei durch

---

58 Landulfus Sen. Hist. Mediolan. bei Muratori, Scr. Ital., IV, 88 ff.

59 Nach der alten, schon bei Aristoteles, Virgilius und Plinius erwähnten Vorstellung, dass die Bienen ohne Geschlechtsverbindung, bloß durch den eingesogenen Saft der Blätter und Blumen imprägniert würden.

Empfängnis vom Heiligen Geiste geboren aus der Jungfrau, heiße nichts anderes, als: das höhere Leben des Geistes werde aus der Heiligen Schrift mittels der erleuchteten Einsicht in ihren Inhalt geboren. Wenn dies auch an die bogomilische Lehre erinnert, dass jeder Gläubige, in dem der Heilige Geist wohne, ein Gottesgebärer sei, so ist es doch auffallend, dass diese Häretiker so weit gegangen sein sollten, die ganze Persönlichkeit und Geschichte Christi zu einer bloßen Allegorie der menschlichen Seele und ihrer religiösen Entwicklung zu machen[60]; darin müssten wir dann eine bedeutende Abweichung von den gnostischen Hauptparteien jener und der folgenden Zeit erkennen.
Nun standen sie aber doch in einem auch äußeren Zusammenhange und in gesellschaftlicher Verbindung mit anderen Gemeinden, denn sie hatten ein Oberhaupt, einen Papst, der, sagten sie, nicht der römische sei, sondern stets herumwandernd ihre zerstreuten Brüder besuche und (durch das Consolamentum) ihnen die Sündenvergebung erteile. Man hat dies von dem Heiligen Geiste verstehen wollen, der das unsichtbare Band ihrer Gemeinschaft gebildet[61]; es ist aber offenbar ein wirklicher menschlicher Papst gemeint, wie schon die Entgegensetzung gegen den römischen Papst und der Zusatz, dass jener keine Tonsur trage, zeigt. Auch wollten die Häretiker sicher nicht sagen, dass der Heilige Geist, d. h. das richtige Verständnis der Heiligen Schrift, die zerstreuten Brüder besuche und ihnen die Sünden nachlasse, sondern sie schrieben die Sündenvergebung ohne Zweifel, gleich den übrigen Sektierern, der Händeauflegung ihres herumreisenden Oberhauptes zu. Standen nun aber diese Gnostiker zu Monteforte in einer solchen Verbindung mit anderen gleichartigen Genossenschaften, so können sie auch in einer Lebensfrage, wie die von der Existenz und Persönlichkeit Christi ist, von den übrigen nicht so völlig abgewichen sein. Es ist daher immerhin sehr wahrscheinlich, dass sie Christus für ein den menschlichen Seelen verwandtes, aus Gott, gleich diesen, entstandenes Wesen hielten und in diesem Sinne sagten, Christus sei der vorzugsweise von Gott geliebte Menschengeist, d. h. der dem menschlichen wesensgleiche Geist.
Der Erzbischof Heribert, der durch abgesandte Bewaffnete die Häretiker und unter ihnen auch die Gräfin des Orts von ihrem Schloss nach Mailand hatte bringen lassen, gab sich mit seinen Geistlichen viele, doch vergebliche Mühe, sie zu bekehren. Da ließen die Edelleute der Stadt auf der einen Seite ein Kreuz

[60] Als erläuternde Parallele könnte die Lehre des Daniel Müller und der von ihm gestifteten Sekte (im Nassauischen) dienen, dass der Menschengeist, der mit Gott völlig eins sei, Christus genannt werde, sofern er in menschlicher Erniedrigung vieles dulden und leiden müsse; dass das Geborenwerden von einer Jungfrau nur die Entwicklung der bisher umhüllten reinen Lehre anzeige, und dass das Leiden Christi eben nur die Verfolgungen und Verunstaltungen bedeute, denen die reine göttliche Lehre häufig ausgesetzt gewesen. S. E. F. *Keller*, Daniel Müller, ein merkwürdiger religiöser Schwärmer des 18. Jahrh., in Illgens Zeitschr, f. hist. Theol. IV, 2, 254.

[61] Neander, Kirchengesch. IV, 679.

aufrichten, auf der anderen – gegen Heriberts Willen – ein großes Feuer anzünden, worauf sie den herbeigeführten Häretikern bedeuteten, dass sie das eine oder andere wählen müssten. Nur einige entsagten ihrer Lehre; die meisten sprangen willig mit vor das Gesicht gehaltenen Händen in die Flammen.

Da die neu-gnostische Sekte immer weiter um sich griff, so geschah es, dass einzelne aus dieser Quelle gekommene Vorstellungen und Lehren mitunter auch in weiteren Kreisen Eingang fanden, wie denn überhaupt die Neigung und der Zug zu solchen Verirrungen immer stärker wurde. Es ist daher nicht unwahrscheinlich,[62] dass jene Geringschätzung und Schmähung der Sakramente als gehaltlose Zeremonien, welche der Bischof Fulbert von Chartres in einem Briefe an den Abt Adeodat damals als einen Irrtum einiger Gläubiger rügte,[63] mit jener Sekte zusammenhing. Deutlicher zeigt sich dieser Einfluss etwas später an einem Schüler Fulberts, der aber von den Gesinnungen seines Meisters weit abwich, dem berühmten *Berengar von Tours*. Zwei Zeitgenossen, der Bischof Deoduin von Lüttich und der Mönch Guitmund[64] behaupten, dass Berengar, neben seiner Verwerfung der Verwandlungslehre, auch die Ehe und die Taufe der Kinder bestritten habe; doch scheint es, dass er diese beiden Fragen bald fallen ließ, da sie fernerhin in den ihn betreffenden Streitigkeiten nicht mehr erwähnt werden. Er selbst versicherte nachher in seiner Antwort an den Bischof Adelmann, dass er von dem Glauben der Manichäer, welche nur einen scheinbaren Leib Christi annähmen, weit entfernt sei.[65] Doch bediente sich Berengar eines Arguments, welches nachher die Katharer mit besonderer Vorliebe und nicht geringem Erfolg fast bei jeder Gelegenheit vorzubringen pflegten; er sagte nämlich einmal zu Angers auf der Straße: „Wenn der Leib Christi auch so groß wäre, als der ungeheure Turm, der sich hier vor uns erhebt, so würde er doch, von so vielen Menschen auf der ganzen Erde gegessen, längst schon aufgezehrt sein.“[66]

Unter den neuen Häretikern, welche Papst Leo IX. auf der Synode zu Reims im Jahr 1049 mit dem Kirchenbann belegte, ist dieselbe gnostische Sekte gemeint, die sich unaufhaltsam im südlichen wie im nördlichen Frankreich und Belgien verbreitete[67] und von da nunmehr auch in Deutschland eindrang. Von den hier Übergetretenen wurden mehrere, die man gleich an ihrem Abscheu gegen das Fleischessen als Manichäer erkannte, im Jahr 1052 nach Goslar gebracht, wo sie der Kaiser Heinrich III., nach dem gemeinschaftlichen Spruch der Fürsten, damit

---

62 Wie Neander, Kirchengesch. IV, 670, meint.

63 Fulberti Epist. in der Biblioth. max. PP. XVIII, 3.

64 Deoduini Epist. bei Mabillon, Anal. p. 446. Guitmundus de verit. euchar. in der Biblioth. max. PP. XVIII, 441: Legitima coniugia, quantum in ipso erat, destruens et parvulorum baptisma evertens. Deoduin erwähnt es bloß als Gerücht.

65 Bei Mabillon, Praef. ad Acta SS. 0. S. Ben. Saec. VI, P. II

66 Petrus Venerab. contra Petrobrusianos p. 1185.

67 Mabillon, Acta SS. Saec. VI, P. I, p. 720.

das Gift der Irrlehre nicht noch weiter um sich greife, aufknüpfen ließ.[68] Ihre Weigerung, ein Huhn umzubringen, diente dazu, sie von den unschuldig Angeklagten zu unterscheiden.
Auch in der Diözese Chalons-sur-Marne wurden Anhänger der gnostischen Lehre unter dem Landvolk zur Zeit des Bischofs Roger II. (vom Jahre 1043 bis 1062) gefunden. Sie hielten die Ehe, das Fleischessen, das Töten der Tiere für sündhaft und hatten das Consolamentum. Es fiel auf, dass auch ganz rohe und unwissende Menschen, sobald sie nur der Sekte einverleibt waren, die Irrlehren mit seltener Beredsamkeit zu verteidigen und zu beschönigen wussten, so dass selbst die bestunterrichteten Katholiken nicht gegen sie aufkommen konnten. Dabei hatte sich das Gerücht verbreitet, dass in ihren geheimen Versammlungen gewisse unzüchtige Handlungen vorfielen. Das Volk war dort bereits so argwöhnisch geworden, dass, wie ehemals zur Zeit des Hl. Hieronymus, ein ungewöhnlich blass aussehender Mann sofort für einen Manichäer galt und selbst einige Katholische dadurch ums Leben kamen. Deshalb mahnte der verehrte Bischof Wazo von Lüttich, den Roger um Rat gefragt hatte, zur Schonung, da, wie er sagte, die ohne dies zum Blutvergießen geneigte Leidenschaftlichkeit der Franken gezügelt werden müsse.[69]
Im ferneren Verlauf des elften Jahrhunderts wird die Sekte wenig mehr erwähnt; sie zog sich, scheint es, durch die Härte der gegen sie ergriffenen Maßregeln erschreckt und vorsichtiger gemacht, mehr ins Verborgene zurück; auch wurde durch die großen kirchlichen und politischen Zerrüttungen, welche die zweite Hälfte jenes Jahrhunderts bezeichnen, die Aufmerksamkeit von diesen Häretikern und ihrem Treiben abgelenkt. Gegen das Jahr 1090 zeigten sie sich wieder im südlichen Frankreich, in der Provinz Agennois. Wie sie Radulf Ardens, (der im Jahr 1101 starb) beschreibt, hatten sie alles das, was an den anderen verwandten Genossenschaften bemerkt wurde: Dualismus, Bildung der sichtbaren Welt durch den Satan, Verwerfung des Alten Testaments und der Sakramente, Leugnung der Auferstehung; ihre Handauflegung sollte das einzige Mittel zum Heil sein; von der Ehe sagten sie, wer seiner Frau beiwohne, begehe eine ebenso große Sünde, als ob es seine Mutter oder Tochter wäre; für schwere Sünde hielten sie auch das Schwören und das Fleischessen. Radulf gibt noch zwei Züge von ihnen an, wodurch sie als eine von der Mehrzahl der sogenannten Manichäer unterschiedene Sekte erschienen: sie nahmen nämlich nur einen Teil des Neuen Testaments an und beteten insgeheim den Satan an. Ist das letztere richtig, so gehörten sie zu der Sekte der Luziferianer.[70]
Zu derselben Sekte gehörten wohl auch jene Manichäer deren Guibert von Nogent um das Jahr 1115, wo sie in der Diözese Soissons wahrgenommen wur-

68 Hermanni Contracti Chron. in Canisii Lect. antiq. ed. Basnage III, 267.
69 Gesta episc. Leod. bei Martene, Ampliss. Coll. IV, 898.
70 Radulf. Ard., Hom. III. in Dom. VIII. post Trin. bei d'Argentre, Collectio iudiciorum I, 9.

den, gedenkt. Sie behaupteten doketisch, die irdische Erscheinung Jesu sei ein bloßes Truggebilde gewesen, verdammten Ehe, Kindertaufe und jede animalische Nahrung, verabscheuten die Eucharistie so sehr, dass sie wegen des täglichen Genusses derselben den Mund eines Priesters den Rachen der Hölle nannten. Sie selber ließen sich aber zuweilen, um nicht so leicht erkannt zu werden, öffentlich die Kommunion reichen, pflegten aber dann an jenem Tage nichts mehr zu essen.[71] Ihr Anhänger war der wilde und ausschweifende Graf Johann von Soissons, der, gleich den späteren Katharern, in dieser Schule die Menschwerdung Christi zu verhöhnen gelernt hatte. Man müsse, sagte er, ein Tor sein, um zu glauben, dass Gott sich in den Leib einer Frau herabgelassen habe, dass er darin, wie ein anderes Kind gewachsen, von einer Jungfrau geboren worden und dann menschlichen Bedürfnissen und Gebrechen unterworfen gewesen sei.[72]

VI. Kapitel: Peter von Bruys und Heinrich von Toulouse

Bisher hatte sich unter den Verbreitern der neu-manichäischen Lehre kein Mann gefunden, dessen Persönlichkeit so bedeutend und dessen Wirksamkeit so auffallend gewesen wäre, dass dadurch auch die Aufmerksamkeit der Katholischen auf ihn gelenkt worden wäre. Aber in der ersten Hälfte des zwölften Jahrhunderts traten im südlichen Frankreich zwei Männer auf, Petrus de Bruys und Heinrich, von denen der letztere zu seiner Zeit als einer der gefährlichsten Irrlehrer, die seit langem gegen die Kirche sich erhoben, betrachtet wurde. Beide sind schon zu ihrer Zeit und auch neuerlich als Häupter oder Stifter einer eigenen, nach ihnen Petrobrusianer oder Henrikianer genannten Partei bezeichnet worden, und die meisten Neueren sind von der Ansicht ausgegangen, dass diese Partei und ihre Urheber mit den neuen Manichäern in keiner Verbindung gestanden, dass sie vielmehr eine völlig für sich bestehende und zu verschiedenen Dogmen sich bekennende Sekte gewesen sei, deren Richtung hauptsächlich nur gegen die Hierarchie sich gekehrt und die als Vorläuferin der Waldenser gewirkt habe.[73] Hier muss nun, da wir von dem Gegenteil überzeugt und die Gründe dafür vollständig vorzulegen gehalten sind, unsere Erzählung sich zur Untersuchung erweitern.

---

[71] Guibertus de vita sua. Opp. p. 519 (Paris 1651).

[72] Gegen ihn zunächst, zur Verteidigung der Inkarnation gegen seine Blasphemien, ist das Buch Guiberts geschrieben, welches den Titel Tractatus contra Judaeos führt, weil Guibert darin auch auf die Einwendungen der Juden antwortet. Opp. p. 264.

[73] So Füsslin, Neander, Gieseler, Engelhardt, Guericke u. a., auch *C. Schmidt*, Hist. des Cathares I, 38, und *J. J. Herzog*, Abriss der Kirchengesch. II, 261.

Von Petrus de Bruys ist nur wenig bekannt: außer der kurzen Erwähnung bei Abälard,[74] ist es nur der Abt von Cluny, Petrus der Ehrwürdige, der in dem Werke, worin er dessen Lehren, soweit sie zu seiner Kenntnis gekommen sind, widerlegt, auch kurz auf das Leben des Mannes und seines Schicksals eingeht. Alle Chroniken und Geschichtsschreiber jener Zeit schweigen über ihn. Auch der von dem Abte gebrauchte Name „Petrobrusianer“ kommt sonst nirgends vor, zum Teil freilich auch deshalb, weil die Sekte dadurch, dass Heinrich nachher an die Stelle des Petrus trat, zuweilen nach diesem die „Henrikianer“ genannt wurde. Im Ganzen aber zeigt schon dieses Schweigen, dass man den Petrus und seine Anhänger nicht als eine eigentümliche, besondere Erwähnung verdienende Erscheinung ansah, sondern sie eben mit unter den Manichäern, Poplikanern oder Katharern, die seitdem so häufig erwähnt werden, begriff.

Petrus de Bruys war ein Priester, der - man weiß nicht aus welchem Grunde - seiner Stelle entsetzt worden war und seitdem als Gegner der Kirche und Verkündiger einer neuen Lehre in den Gebirgen der Dauphine auftrat. Zwanzig Jahre lang verbreitete er seine Lehre, ohne auf bedeutende Hindernisse zu stoßen, bis er endlich, durch seine Erfolge dreister gemacht, nach Saint Gilles in Languedoc sich wandte und auch hier seiner Gewohnheit nach die Kreuze umhauen und einen zusammengeschleppten Haufen derselben öffentlich verbrennen ließ. Diese freche Tat erbitterte die dortigen Katholiken so sehr, dass sie nun auch einen Scheiterhaufen errichteten, den abtrünnigen Priester ergriffen und in die Flammen warfen. Nach der Versicherung des Abtes von Cluny war es den Bischöfen von Embrun, Gap und Die gelungen, im Dauphine die ausgestreute Irrlehre größtenteils wieder zu unterdrücken; aber ein Schüler des Petrus, der ehemalige Mönch *Heinrich*, setzte das von jenem Begonnene in Languedoc fort.

Heinrich war schon als sehr junger Mann aus seinem Kloster entwichen; teils aus Neigung zu einer unsteten, herumwandernden Lebensweise, teils um seinen Unterhalt zu erwerben, war er, im Besitz eines großen rednerischen Talents und aller den Erfolg eines religiösen Demagogen sichernden Eigenschaften, als wandernder Volksredner aufgetreten. Zwei seiner Anhänger, welche zum Zeichen ihres Berufs lange Stäbe mit daran befestigten eisernen Kreuzen trugen, erwirkten ihm von dem Bischof Hildebert von le Mans, der unvorsichtigerweise dem Ruf des ihm persönlich unbekannten Mannes traute, die Erlaubnis, in der Diözese Buße zu predigen. Der Bischof, der gerade, im Jahr 1101,[75] eine Reise nach Rom antrat, empfahl noch besonders seinen Archidiakonen, den Prediger auf seinen Missionen zu beschützen; er ahnte nicht, dass vielmehr diese bald des Schutzes gegen den Empfohlenen bedürfen würden. In kurzer Zeit wusste sich Heinrich in außerordentliches Ansehen zu setzen; vor allem wurden die Frauen dem jungen,

---

[74] Introd. ad theol., Opp. p. 1066.

[75] Dass dieses erste Auftreten Heinrichs schon so früh, nicht erst, wie Pagi meinte, in das Jahr 1116 zu setzen ist, hat Brial, im Recueil des hist. fr. XV, 281, Note e, gezeigt.

wohlgebildeten, sich gerne und viel mit ihnen beschäftigenden Manne leidenschaftlich zugetan. Bald hielt ihn das Volk für einen gottgesandten Propheten, der auch die geheimen Gesinnungen und verborgenen Taten der Menschen entdecken konnte. Dieses Ansehen benützte nun Heinrich, um das Volk mit Hass und Erbitterung gegen den Klerus zu erfüllen. Die Laster, die Anmaßungen, die falsche Lehre der Geistlichen, dies wurde jetzt das Lieblingsthema seiner auf öffentlicher Straße gehaltenen Reden, und er brachte es so weit, dass die Geistlichen und ihre Diener sich kaum mehr sehen lassen durften; man wollte ihre Häuser niederreißen und sie selbst steinigen, so dass der Graf von Maine mit Gewalt einschreiten musste. Drei Priester unternahmen es, öffentlich mit Heinrich zu disputieren, wurden aber von dem seinem neuen Propheten blind ergebenen Pöbel so misshandelt, geschlagen und in den Kot getreten, dass sie kaum mit dem Leben davon kamen. Ein Schreiben des Kapitels, das ihn unter Androhung der Exkommunikation zur Einstellung seiner Predigten aufforderte, machte keinen Eindruck. Neben der Aufreizung gegen den Klerus war übrigens die Bekehrung und Verheiratung der Frauen Heinrichs Hauptgeschäft. Jene, welche unzüchtig gelebt hatten, brachte er dahin, dass sie ihren Putz und ihre Haare öffentlich verbrannten; von dem Geld, das ihm reichlich zugetragen wurde, kaufte er ihnen dann grobe Gewänder. Niemand, verordnete er, solle mehr eine Mitgift annehmen oder geben; zugleich mussten mehrere junge Männer auf sein Geheiß sich mit den eilig bekehrten Huren verheiraten. Die Folge war, dass sie, solcher Ehen bald überdrüssig, ihren Frauen wieder entliefen und diese hilflos zurückließen. Keine einzige der Ehen, die Heinrich auf solche Weise schloss, erhielt sich. Er selbst überließ sich aber ohne Scheu groben Ausschweifungen, und die Schilderung, die der Verfasser der Geschichte von Mans als Augenzeuge von ihm entworfen, wird durch das Zeugnis des Bischofs Hildebert und des Hl. Bernhard,[76] der ihn später in Languedoc bekämpfte, bestätigt. Oft, nachdem er am Tage mit seinen Predigten den rauschenden Beifall des Volkes geerntet, brachte er die Nacht mit unzüchtigen Frauen zu; selbst am Pfingstfeste trieb er Ehebruch. Auf solche Weise und im Würfelspiel vergeudete er das Geld, das ihm seine Verehrer zutrugen.

Hildebert fand bei seiner Rückkehr aus Rom zu seinem Erstaunen eine ganz umgewandelte Gemeinde. Als er bei seinem Einzuge dem Volke den Segen erteilen wollte, rief man ihm zu: „Wir wollen deinen Segen nicht, segne den Kot; wir haben einen besseren, gelehrteren Bischof, als du bist, den deine Geistlichen hassen, weil sie fürchten, dass er ihre Laster aufdecke!“ Der Bischof suchte nun den Demagogen auf dem Schloss Saint Calais auf, wohin dieser sich bei Hildeberts Ankunft begeben hatte. Bei der ersten Zusammenkunft lud ihn der Bischof ein, das Brevier mit ihm zu beten; da musste Heinrich, dem selbst die

[76] Er sagt in einem Briefe (C. 2, ep. 24) von zwei Schülern Heinrichs, die zur Kirche zurückkehrten: Huic (Henrico) tamdiu adhaeserunt, donec eis et turpitudo in vita et error innotuit in doctrina.

täglichen Psalmen fremd waren, seine Unwissenheit bekennen. Auf des Bischofs Gebot entfernte er sich aus der Diözese le Mans und wandte sich nach Lausanne, später nach Poitiers und Bordeaux.[77]

Solange Heinrich in der Diözese le Mans wirkte, war er, scheint es, noch keiner schon bestehenden häretischen Sekte zugetan. In dem so ausführlichen Berichte des Geschichtsschreibers von Mans wird keine besondere Irrlehre, die dort durch ihn verbreitet worden wäre, erwähnt, wohl aber im allgemeinen gesagt, dass er vieles gegen den katholischen Glauben dem Volke vorgetragen habe.[78] In dem Zusammenhange, in welchem diese Beschuldigung sich findet, nach der ganzen Darstellung des Geschichtsschreibers, der die Aufreizung gegen den Klerus als die Hauptsache betrachtet und der Irrlehre nur nebenher gedenkt, wird es wahrscheinlich, dass hier solche Lehren gemeint sind, welche zunächst für Heinrichs Hauptzweck, den Klerus verhasst und verächtlich zu machen, die besten Dienste leisteten, also zunächst die in jener Zeit ohnehin immer auftauchende Behauptung, dass die Sakramente durch die Unwürdigkeit der ausspendenden Priester ihre Wirksamkeit verlören.

Später aber, als Heinrich sich nach dem südöstlichen Frankreich gewandt hatte, trat er mit Petrus de Bruys in Verbindung, nahm dessen Lehre an, erweiterte sie oder trug sie noch vollständiger vor, und wurde nach dem Tode des Petrus zwar nicht das Oberhaupt, aber doch der bekannteste Lehrer der Sekte, die nun nach ihm häufig die der Henrikianer genannt wurde. Diese Lehre war keine andere als die gnostisch-manichäische, und wenn der Abt von Cluny nur fünf oder sechs häretische Dogmen des Petrus de Bruys aufzählt, von Heinrich aber berichtet, dass er diese Lehre erweitert und noch mehrere Punkte hinzugefügt habe, so erklärt sich dies sehr wohl aus der bekannten Verfahrungsweise der neuen Manichäer, welche ihre exoterische, für den Anfang und für den großen Haufen bestimmte, und ihre esoterische, der kleineren Zahl der Ausgewählten vorbehaltene Doktrin hatten. Zu der ersteren gehörten jene mehr negativen Punkte, welche von der Fassungskraft der rohen Menge am leichtesten ergriffen wurden und am besten geeignet schienen, den gemeinen Verstand der Menschen zu bestechen und ihre Leidenschaften aufzuregen, namentlich die Verachtung des Kreuzes, die Verhöhnung des Mysteriums der Eucharistie, die Verwerfung der Kindertaufe, des Gebetes für die Verstorbenen, dann, die Folgerungen, welche das Volk ohnehin so gerne aus der Verweltlichung und Unsittlichkeit vieler Geistlichen zog. Petrus de Bruys war ein solcher exoterischer Lehrer, der vorerst nur der gnostisch-manichäische Lehre Bahn brach, indem er die Anhänglichkeit des Volkes an

[77] Wenn nicht Heinrichs Auftreten in dem Gebiete von Lausanne noch vor sein Erscheinen in le Mans fällt, was aus den Worten des Hl. Bernhard (Ep. 241) geschlossen werden könnte: Inquire, si placet, quomodo de Lausana civitate exierit, quomodo de Cenomanis, quomodo de Pictavi, quomodo de Burdegali.

[78] Gesta Pontif. Cenoman. bei Mabillon, Anal. p. 315.

die Kirche und die Geistlichen zu zerstören, den Glauben an die Bedeutung und Kraft der Sakramente und des katholischen Gottesdienstes zu untergraben strebte, wobei jedoch auch er schon einzelnes den gnostischen Sekten eigentümliches, wie z. B. die Verwerfung des Alten Testaments, nicht verschwieg. Heinrich baute dann auf dem von Petrus gelegten Grunde fort, und trug den bereits von der Kirche Abgefallenen und bis zur Verachtung der Sakramente und des Messopfers Geführten positiv-gnostische Lehren vor. Der Abt von Cluny, der den Zusammenhang beider Häretiker mit der schon seit geraumer Zeit bestehenden, aber sich noch sehr verborgen haltenden Sekte nicht kannte, zweifelte ob er den Berichten über die weiter gehende Lehre Heinrichs Glauben beimessen dürfe, und wollte erst genauere Kunde darüber abwarten, obgleich ihm eine Schrift gezeigt wurde, in welcher diese Artikel, nach Heinrichs mündlichen Äußerungen und Vorträgen, verzeichnet waren.[79]

Nicht unwichtig ist hier die Frage, wann Heinrich in eine solche Verbindung mit Petrus de Bruys getreten sei; die Beantwortung derselben erfordert aber vorerst eine Bestimmung der Zeit, in der das Buch des Abtes von Cluny erschien. Füslin[80] meinte gefunden zu haben, dass die Abfassung der Schrift gegen die Petrobrusianer aufgrund der Einleitung in das Jahr 1126 oder 1127 falle; aber seine Berechnung ist ganz verfehlt. Der Abt hat, wie sich aus seinem Briefe an den Hl. Bernhard[81] ergibt, diese Schrift vier oder fünf Jahre vor seiner Reise nach Spanien und seiner dort unternommenen Übersetzung des Korans verfasst. Es fragt sich also, wann diese spanische Reise stattgefunden habe. Füslin setzt sie in das Jahr 1131, bloß weil der Abt in einem unmittelbar nach seiner Rückkehr aus Spanien an den Erzbischof Arnald von Narbonne geschriebenen Briefe der günstigen Gesinnung gedenkt, welche dieser Prälat gegen die Mönche von Cluny hegte, weil einige derselben ihm zur Zeit der Synode zu Reims im Jahr 1131 Dienste geleistet hatten. Hier ist nun aber mit keiner Silbe angedeutet, dass diese Gunst so völlig neu und jene Dienste dem Erzbischof erst in diesem Jahr geleistet worden seien, vielmehr kann und muss angenommen werden, dass dieser Brief erst lange nach der Reimser Synode etwa im Jahr 1142, in welches ihn auch die Gallia Christiana[82] setzt, geschrieben worden sei. Der Abt lädt hier den greisen Prälaten ein, sich, da er durch die Last der Geschäfte und bei seinem vorgerückten Alter erschöpft sei, in die klösterliche Ruhe von Cluny zurückzuziehen. Arnald wohnte aber noch im Jahr 1148 einem zweiten Konzil zu Reims bei und starb erst 1151. War er nun, wie aus den Worten des Briefes zu schließen, damals bereits ein siebenzigjähriger Greis, so wird er wohl nicht siebzehn Jahre später die weite

[79] Sicut nuper in tomo, qui ab eius ore exceptus dicebatur, scriptum vidi, non quinque tantum, sed plura capitula edidit. Bibhoth. Cluniac. p. 1119.

[80] Kirchen- und Ketzerhistorie I, 199. Gieseler, K. G. II, 2, 523, ist ihm darin gefolgt.

[81] Biblioth. Cluniac. p. 843.

[82] Gallia christ. VI, 49.

und beschwerliche Reise nach Reims unternommen haben. Der Brief an ihn wird also erst im Jahr 1142 geschrieben worden sein und das von Marrier aus einer Chronik von Cluny gegebene Datum, dass die in Spanien begonnene Übersetzung des Koran im Jahr 1243, ein Jahr nach der Rückkehr des Abtes, vollendet worden, richtig sein.[83]

Eine weitere Bestätigung dieser Annahme liegt in der Tatsache, dass der Aufenthalt des Papstes Innozenz II. in Frankreich, wo er meistens in Cluny wohnte und von dem Abte so feierlich empfangen und prächtig bewirtet wurde, gerade in die Jahre 1130-1132 fällt, so dass also Petrus Venerabilis, der überdies damals, unermüdet für die Anerkennung des Papstes in Frankreich wirkte, unmöglich zu gleicher Zeit die weite Reise nach Spanien unternehmen konnte. Demnach ist die Schrift des Abtes gegen die Häretiker im südlichen Frankreich in den Jahren 1137 oder 1138 verfasst worden. Der Tod des Petrus de Bruys und die Fortsetzung seiner Wirksamkeit durch Heinrich muss in dieselbe Zeit fallen, da der Abt im Buche selbst von Petrus als einem noch Lebenden redet, in dem als Einleitung dienenden Schreiben aber seiner Hinrichtung gedenkt. Damit stimmt denn auch der Bericht des Chronisten der Bischöfe von le Mans überein: ihm zufolge wurde Heinrich im Jahr 1134 von dem Erzbischof von Arles[84] gefangen genommen und vor den Papst Innozenz zur Synode nach Pisa geführt; hier widerrief er alle seine Irrlehren,[85] worauf man ihn dem Hl. Bernard übergab, in dessen Kloster zu Clairvaux er Mönch werden sollte. Er entwich aber bald wieder und betrat nun, wie der Chronist von le Mans sagt, eine neue Laufbahn, indem er einer neuen Sekte sich anschloss,[86] d. h. er trat mit Petrus de Bruys in Verbindung und wurde ein Apostel der gnostisch-manichäischen Doktrin.

Zunächst muss nun nachgewiesen werden, was eigentlich beide lehrten. Petrus de Bruys und Heinrich verwarfen das Alte Testament; nur das Evangelium allein, sagten sie, nähmen sie an; andere Bücher, die sonst zur Bibel gerechnet wurden, erklärten sie teils geradezu für verwerflich, teils für zweifelhaft und unzuverlässig.[87] Der Abt von Cluny verstand dies so, als ob sie nur die vier Evangelisten, selbst mit Ausschluss der Briefe Paulus, gelten ließen; aber der Hl. Bernard, der durch persönlichen Verkehr mit ihren Anhängern genauer unterrichtet war, bemerkt, dass er dies, nämlich die Verwerfung der Briefe Pauli, nur von einigen vernommen habe, welche den Briefen darum keine Autorität zugestehen wollten, weil ihr Urheber nicht, wie die übrigen Apostel, des persönlichen Umgangs mit

83 Auch die Hist. litt, de la France XIII, 244 setzt die Reise des Abtes nach Spanien in das Jahr 1142.

84 Dass statt Arattensi Arelatensi gelesen werden müsse, ist bereits im Recueil des hist. de Fr. XII, 554 bemerkt.

85 Gaufridi Epist., Bernardi Opp. II, 1192.

86 Nova secta, novo cursu, novum iter assumpsit delinquendi. Gesta Pontif. Cenom. p. 323.

87 Evangelium vos suscipere, fama consonans est; alias canonis divini scripturas vos aut renuere aut dubias dicere, certum est. Petrus Ven. p. 1132.

Christus gewürdigt worden sei.[88] Die Mehrzahl der dortigen Häretiker nahm das ganze Neue Testament an und verachtete das Alte, weshalb der Abt von Cluny ihnen zeigte, dass das Evangelium dem ganzen Alten Testament Zeugnis gebe, dass das eine mit dem anderen stehe und falle.[89]

Weiter griffen beide die Taufe der Kinder an; nur der Erwachsene, des Glaubens Fähige solle getauft werden; die Taufe, die den unmündigen Kindern erteilt werde, könne wohl den Körper von Schmutz, keineswegs aber die Seele von Sünden reinigen, sei daher ein völlig nichtiger und leerer Akt, und jeder in seiner Kindheit Getaufte müsse erst noch die wahre Taufe empfangen. Ganz der exoterischen Lehre der neuen Manichäer gemäß, welche zwar überhaupt die Wassertaufe der christlichen Kirche verachteten, aber ihre ersten Angriffe immer auf die Taufe der Kinder richteten, weil sie hierbei am scheinbarsten sich auf die Worte Christi, der ausdrücklich den Glauben bei den zu Taufenden fordert, berufen konnten, und weil dieser Punkt am besten geeignet war, das Vertrauen der Menschen auf die Kirche und ihre Anhänglichkeit an sie gleich von Grund auf zu erschüttern. Denn indem sie dieses erste und stärkste Pfand der Einverleibung in die Kirche für etwas Nichtiges erklärten, zerrissen sie nicht nur das Band, welches den Christen an diese Kirche knüpfte, sondern sie vernichteten geradezu die ganze Kirche, die entweder aus getauften Christen oder gar nicht besteht, wie schon der Abt von Cluny ihnen vorhielt.[90] Waren also nur einmal die Hörer dahin gebracht, dass sie an der Gültigkeit ihrer Taufe verzweifelten, dann fielen sie ihnen von selbst zu. Zweifel und Unglaube hinsichtlich alles dessen, was die Kirche lehrte und hielt, bemächtigte sich ihrer, und umso bereitwilliger liehen sie nun der esoterisch-gnostischen Lehre ihr Ohr. Die Katharer pflegten daher diesen Punkt voranzustellen und mit Vorliebe zu behandeln. So hatten schon jene Häretiker, die im vorigen Jahrhundert zu Arras gefunden worden waren, sich auf die Verwerflichkeit einer Taufe, welche den von allem Glauben und eigenen Willen entblößten Kindern erteilt werde, berufen. So berichtet auch Ekbert von den Katharern, die bald nach Peters und Heinrichs Zeit am Rhein sich gesammelt hatten, dass sie öffentlich die Nichtigkeit einer des Glaubens unfähigen Kindern erteilten Taufe lehrten; dass sie aber auch die Wassertaufe überhaupt verwarfen und dafür die Händeauflegung hatten, das hatte er nur von einem in die Geheimnisse der Sekte Eingeweihten erfahren.[91]

---

88 Sed forte non recipis scripturam hanc (Vetus Testamentum)? Ita est: solius evangelii se profitentur aemulatores, et solos. — An forte nec Paulum recipitis? De quibusdam ita audivi. Non enim inter vos omnes per omnia concordatis, etsi a nobis omnes dissentiatis. At vero corum verba et scripta et traditiones, qui corporaliter cum Salvatore fuerunt, pari auctoritate evangelii cuncti, ni fallor, indifferentur recipitis. Sermo 65 in Cant. Opp. I, 1491.

89 l. c. p. 1135.

90 l. c. p. 1125.

91 Ecbertus adv. Catharos, Senn. VII. et VIII., Colon. 1530 Vgl. Moneta p. 283.

Petrus de Bruys und Heinrich griffen ferner das Sakrament der Eucharistie und das Opfer der Kirche an. „Glaubt doch nicht, predigten sie dem Volke, jenen Betrügern, den Geistlichen, die euch, wie in vielem anderen, so auch in ihrer Altarhandlung hintergehen und den Leib Christi zu verwandeln und ihn euch zu euerem Seelenheil zu reichen vorgeben. Sie lügen. Nur einmal, beim letzten Abendmahl, ist der Leib des Herrn den Jüngern dargereicht worden, seitdem ist es nicht wieder geschehen, und was in den Kirchen an den Altären verrichtet wird, ist ein leeres, nichtiges Schauspiel.“[92] Ihre Häresie hielt sich also, wie der Abt von Cluny bemerkt, nicht innerhalb der Grenzen der von Berengar vorgetragenen Lehre. Die Eucharistie sollte nicht eine bloße Figur des Leibes Christi sein, sondern sie leugneten geradezu das Sakrament selbst, d. h. sie huldigten auch hierin den Grundsätzen der neuen Manichäer, und nur ihre Behauptung, dass die Apostel doch einmal den Leib Christi empfangen hätten, scheint ihnen eigen gewesen zu sein.

In der Verwerfung der Eucharistie lag auch die Entwürdigung und Aufhebung des gesamten kirchlichen Gottesdienstes, dessen Mittelpunkt das eucharistische Opfer bildet. Petrus und Heinrich blieben hier nicht auf halbem Wege stehen: den Kirchengesang erklärten sie für eine Verhöhnung Gottes, den man dabei gleichsam durch die musikalischen Töne besänftigen wolle, und kirchliche Gebäude ließen sie, soweit ihr Einfluss reichte, niederreißen; denn Gott, sagten sie, könne ebenso gut im Wirtshause, auf dem Markt oder im Stall angerufen werden, und der Name Kirche dürfe nicht einer Masse zusammengemauerter Steine, sondern nur der Gemeinschaft der Gläubigen gegeben werden.[93] Auch hierin folgten sie nur den Bogomilen und Katharern, welche die Errichtung und den Gebrauch der Kirchengebäude für sündhaft ausgaben, da die Apostel auch keine gehabt hätten, und Ärgernis daran nahmen, dass man den Namen, der nur der Gemeinschaft der Auserwählten gebühre, steinernen oder hölzernen Häusern beilege.[94]

Ebenso deutlich zeigt sich die Verwandtschaft der beiden Häretiker mit den neugnostischen Sekten in der Art, wie sie den Gebrauch und die Verehrung des Kreuzes bestritten und das Volk zur Umhauung und Vertilgung aller Kreuze aufforderten. Das Holz, das die Glieder Christi gequält habe, zu verehren, sei die größte Torheit, vielmehr müsse man die Liebe und Verehrung Christi durch Zerstückung und Verbrennung dieses seines Marterwerkzeugs an den Tag legen. Wenn jemand sagten sie, dir den Strick, mit welchem dein Vater erdrosselt worden, oder das Schwert, das deinen Freund durchbohrt hat, brächte und dir zumutete, diese Dinge zu ehren, würdest du nicht von gerechtem Unwillen gegen ihn

---

92 Petrus Ven. in der Biblioth. Cluniac. p. 1174.

93 Petrus Ven. l. c. p. 1119. 1153; — p. 1132: Vos dicebatis ideirco ecclesiarum aedificia destruere, quod nomen ecclesiae non structuram parietum, sed congregationem fidelium signaret.

94 Moneta 454, 455.

entbrennen?[95] Genau dieselbe Sprache führten die Paulikianer und Bogomilen im Orient, die Katharer im Okzident, und sie war gut berechnet, auf den großen Haufen Eindruck zu machen. Der Abt von Cluny schildert, wie solche Ergüsse, die sie auf dem Rathaus in Gegenwart der versammelten Senatoren mit volksmäßiger Beredsamkeit und heftigen Gebärden vorzutragen pflegten, einen Beifallssturm erregten und die Hörer sich sofort mit Schwertern und Fackeln zur Vertilgung aller Kreuze und zur vermeintlichen Rächung der dem Erlöser angetanen Unbild bewaffneten.[96]

Hierzu kam endlich die Verwerfung der Gebete und Opfergaben für die Verstorbenen, worin aber nicht bloß die Katharer, sondern auch die späteren Waldenser mit ihnen übereinstimmten.

Ist nun schon in der Lehre des de Bruys und seines Verbündeten, soweit der Abt von Cluny sie beschrieben, der Zusammenhang mit dem neuen Manichäismus unverkennbar, so wird dies zur völligen Gewissheit erhoben durch die Nachrichten, die wir über die gegen Heinrich gerichtete Wirksamkeit des Hl. Bernhard teils von ihm, teils von anderen besitzen. Seitdem Heinrich in dem reichen und stark bevölkerten Toulouse und von da aus in der Gascogne und den umliegenden Ländern seine Lehren teils persönlich, teils durch seine Schüler verbreitete, erkannte man die große Gefahr, welche für die Kirche hierin lag, deutlicher. Schon vor Heinrichs Erscheinen in Languedoc hatte die Synode zu Toulouse im Jahr 1119[97] einen ihrer Erlasse gegen jene Häretiker gerichtet, welche die Eucharistie, die Taufe der Kinder, das Priestertum und die Ehe verwerfen würden. Sie hatte hiermit gerade die Hauptartikel des damals bereits in jenen Gegenden tätigen Petrus de Bruys hervorgehoben, zugleich aber auch durch die Beifügung des Artikels von der Ehe gezeigt, dass die von ihr Verurteilten zu den neumanichäischen Sekten gehörten. Man sieht auch, dass es, wenn die Lehre und Sekte der Petrobrusianer von der manichäischen verschieden gewesen wäre, nicht erklärt werden könnte, warum diese Synode sowohl als die lateranische im Jahr 1139 jene, welche gleich anfänglich so geräuschvoll, mit Verbrennung der Kreuze und Niederreißung der Kirchen auftrat, mit Schweigen übergangen und dagegen nur von der Vergleichungsweise still und verborgen sich haltenden manichäischen Sekte geredet haben sollte.

---

95 Petrus Ven. l. c. p. 1161, 1162.

96 l. c. p. 1162: Ista cum in capitolio senatorum, quales vos congregare soletis, de consulari vel regio tribunali ... proferre moris sit etc. Dies scheint sich auf Toulouse zu beziehen, wie auch Vaissette, Hist. de Languedoc II, 472, annimmt. Ein Capitolium hatten übrigens damals mehrere südfranzösische Städte, z. B. Narbonne, Nimes; Hist. de Languedoc II, Preuves p. 299, 352. Man sieht aber hier, wie weit sich der Einfluss dieser Lehre bereits erstreckte und wie auch die Vornehmen in den Städten wenigstens dem negativen und exoterischen Teile derselben geneigt waren.

97 Harduin, Coll. Conc. VI, 2, 1978. Die Lateransynode vom Jahr 1139 wiederholte diesen Canon. Ebenda p. 1212.

Man erkannte, dass wirksamere Mittel als die Bannflüche der Synoden ergriffen werden müssten, und Papst Eugenius III., der damals nach Frankreich kam, sandte deshalb im Jahr 1145 den Kardinal Alberich als Legaten nach dem Languedoc. Diesem schien die Mission eine so schwierige, dass er sich die ausgezeichnetsten Männer, welche die französische Kirche besaß, den Hl. Bernhard, den Bischof Gottfried von Chartres und einige andere Prälaten zu seinen Begleitern und Gehilfen ausersah. Ein vorausgehendes Schreiben Bernhards an den Grafen von Toulouse und Saint-Gilles, der bisher dem Umsichgreifen der Häresie in seinem Lande ruhig zugeschaut hatte, schilderte die Wirkungen, die dort eingetreten waren: Kirchen ohne Volk, ein Volk ohne Priester und Priester ohne Funktionen; die Feier der kirchlichen Feste, die Taufe der Kinder schien erloschen zu sein und die Menschen starben ohne Sakramente. Bernhard erreichte durch sein Schreiben wenigstens so viel, dass der Graf der Legation keine Hindernisse in den Weg legte. Er selber nahm seinen Weg von Clairvaux über Bordeaux, Bergerac, Perigueux, Sarlat und Cahors. Die Gabe der Krankenheilung, mit der ihn Gott schon früher begnadigt hatte, so berichtet sein Begleiter und Biograph Gaufrid, begleitete ihn. In Sarlat brachten ihm die Einwohner Brote, die er nach seiner Gewohnheit segnete. Das, sagte er zu ihnen, sei euch ein Unterpfand der Wahrheit unserer Lehre und der Falschheit der häretischen, dass eure Kranken, wenn sie von diesen Broten essen, genesen werden. Der Bischof von Chartres, der fürchtete, dass er zu viel verheißen habe, fügte hinzu: „Sie werden gesund werden, wenn sie mit wahrem Glauben davon essen.“ Aber Bernhard erwiderte: „Das habe ich nicht gesagt, sondern einfach und unbedingt dies: „Wenn sie davon nehmen, werden sie genesen“. Der Erfolg, heißt es, habe bestätigt, dass er wahr geredet, so dass der Abt, aus Furcht von der Menge erdrückt zu werden, auf seiner Rückkehr diese Gegend nicht zu betreten wagte.[98]

Bernhards ehrfurchtgebietende Persönlichkeit, der Ruf seiner Heiligkeit, das Zeugnis der durch ihn gewirkten Heilungen, alles dies bewirkte, dass auch in den Städten, in denen die Häresie am weitesten um sich gegriffen hatte, fast alles sich vor ihm beugte, und selbst die Hartnäckigsten ihm nicht offen entgegenzutreten wagten, sondern, wie auch Heinrich tat, noch vor seiner Ankunft entwichen. In Albi hatten die Einwohner den Legaten Alberich mit Spott empfangen, sie waren ihm höhnend mit Eseln und Pauken entgegengezogen; als drei Tage darauf Bernhard dahin kam, brachte eine einzige Predigt von ihm eine vollständige, freilich nicht sehr dauerhafte Umwandlung hervor.[99] In Toulouse erregte seine Ankunft eine solche Begeisterung, dass Gaufrid die Ausbrüche derselben als übertrieben bezeichnet, wohl darum, weil eben diese maßlose, aufbrausende Heftigkeit bei einer noch vor kurzem der Häresie ergebenen oder doch gleichgültig gegen

[98] Gaufridi Vita S. Bernardi, Opp. II, 1124.

[99] Gaufridi Epist. ib. p. 1194.

dieselbe sich verhaltenden Bevölkerung, ziemlich verdächtig aussah und einen baldigen Rückfall besorgen ließ.

Gaufrid unterscheidet zwischen den persönlichen Anhängern Heinrichs, deren in Toulouse nur wenige waren, und den Anhängern der Häresie, zu denen die Mehrzahl der Einwohner von Toulouse und gerade die reichsten und mächtigsten gehörten.[100] Dies bestätigt die Tatsache, dass hier schon längst eine Sekte sich eingenistet hatte, welcher Heinrich sich dann anschloss und deren tätigster Prediger er wurde, jene Sekte, die vor mehr als hundert Jahren sich hier schon gezeigt hatte und seitdem um so weniger erloschen war, als noch durchaus keine ernstlichen Maßregeln zu ihrer Vertilgung ergriffen worden waren. Deshalb sagen auch gleichzeitige Berichterstatter geradezu, Bernhard sei mit dem Legaten zur Bekämpfung der manichäischen Häresie nach Languedoc gegangen.[101] Da diese Manichäer unter den Webern zu Toulouse und in der Umgegend, die in der dortigen Volkssprache Arriens hießen, ihren stärksten Anhang hatten, so gab man auch der Sekte selbst diesen Namen, wie es auch im nördlichen Frankreich geschah, wo die Katharer in diesem Jahrhundert gewöhnlich Tixerands (Tisserands) genannt wurden.[102] Daher sagt Gaufrid, Heinrich und die „Arrianer" seien bei Bernhards Ankunft entwichen, ihre bisherigen Gönner hätten sich von ihnen losgesagt und das Volk habe versprochen, sie nicht mehr aufzunehmen.[103] Auch die Synode zu Reims vom Jahr 1157 bemerkte, dass die manichäische Sekte sich besonders herumziehender Weber zur Verführung der Frauen bediene,[104] und noch achtzig Jahre später nennt Kaiser Friedrich II. in einer seiner Verordnungen gegen die Häretiker, neben mehreren Namen der Katharer, auch die Arrionisten. Der Name Arrianer wurde nun öfter zur Bezeichnung der Katharer oder Albigenser gebraucht,[105] und der Gleichlaut des Namens gab denen, die mit der ursprüngli-

---

[100] Paucos quidem habebat civitas illa (Tolosa), qui haeretico faverent, de textoribus, quos Arrianos ipsi nominant, nonnullos. Ex his vero, qui favebant haeresi illi, plurimi erant et maximi civitatis illius. Gaufridi Epist. 1. c. p. 1193.

[101] So das Exordium Cisterciense und daraus die Vita S. Bernardi, Opp. II, 1205.

[102] Ecberti Sermo I: Hos nostra Germania Catharos, Flandria Piphles, Galli Tixerant ab usu texendi appellant.

[103] Fugas Henrici et Arrianorum latibula longum est enarrare, Fugerunt siquidem qui in civitate erant Arriani etc. Gaufridi Epist. 1. c. p. 1193.

[104] Martene, Ampliss. Coll. VII, 74.

[105] Z. B. von Roger de Hoveden, Annales (Savile, Rerum angl. scriptores, Lond. 1596) f. 327 : Interim Arriana haeresis, quae, ut supra pictum est, damnata erat, in provincia Tolosana jam revixerat: f. 317: Eodem anno damnata est Arriana haeresis, quae fere totam provinciam Tolosanam foedaverat. Auch später noch werden die Katharer öfter Arriani genannt, z. B. bei Ebrardus Bethun., ed. Gretser (Opp. XII, p. 2) p. 64: Si enim malignus spiritus esset (Deus Veteris Testamenti), ut asserunt Arriani, quomodo dixisset etc. Besse führt in seiner Histoire des comtes de Carcassone p. 138 folgende alte Verse auf den Bischof von Carcassone an, der das Kreuzheer bei der Belagerung der Stadt mit Geld unterstützt hatte: Le

chen Bedeutung desselben unbekannt waren, Veranlassung, dabei an die alten Arianer des vierten Jahrhunderts zu denken und sich die neue Irrlehre als Wiedererstehung des Arianismus vorzustellen.[106] Übrigens ist hier nicht zu übersehen, dass das damalige Zunftwesen mit seiner engen und organischen Verbindung der Verbreitung einer Irrlehre, die sich einmal in eine solche Handwerksinnung eingeschlichen hatte, ungemein günstig sein musste.

Bei allem Enthusiasmus, den Bernhards Anwesenheit entzündet hatte, ließ sich wohl erkennen, dass die Häresie in Languedoc schon viel zu feste Wurzeln hatte, um durch eine vorübergehende Aufwallung erstickt werden zu können. Ein großer Teil des Adels begünstigte die Häretiker und gewährte ihnen sichere Zuflucht auf seinen Schlössern, teils aus Vorliebe für ihre Lehre, teils aus Hass gegen den Klerus oder weil die Beute des Kirchenguts lockte. Vielen gefielen die mit Spott und witzigen Ausfällen auf die Geistlichen gewürzten Reden Heinrichs, und Bernhard selbst begegnete doch auch hartnäckigen Widerständen. Ein Hauptsitz der Häretiker war das Schloss Verfeuil in der Nähe von Toulouse,[107] und man hatte ihm gesagt, dass, wenn es ihm gelänge, dort die Irrlehre zu ersticken, er dann im übrigen Lande geringere Mühe haben würde. Als er aber dahin kam und zu predigen begann, entfernte sich die Vornehmeren und ihnen folgend das ganze Volk aus der Kirche. Bernhard ging ihnen nach und wollte nun auf der Straße predigen; jene aber machten ein solches Geräusch, dass niemand seine Worte verstehen konnte.[108] Der Fluch, den Bernhard damals über Verfeuil aussprach soll im Laufe eines Jahrhunderts durch die Verarmung und das Erlöschen der zahlreichen Adelsfamilien dieses Ortes sichtlich in Erfüllung gegangen sein. Sicher ist, dass die manichäische Häresie in Verfeuil seitdem herrschend blieb, so dass der Bischof von Osma, der im Anfange des folgenden Jahrhunderts mit Dominicus und anderen als Glaubensprediger nach Languedoc kam, dort noch immer einen Sammelplatz der Katharer fand, weshalb auch eine der ersten Disputationen zwischen den Missionären und den Häretikern in Verfeuil gehalten wurde.[109] Unter den größeren Städten fand Bernhard Albi, mehr als alle übrigen von der Irrlehre angesteckt, und obgleich seine Predigt dort bei den Anwesenden – die Mehrzahl der eigentlichen Häretiker kam wohl nicht in die Kirche – einen mo-

---

sainct eveque de ce lieu Du zele qu'il eut envers Dieu, En tira la gent Arrienne, Et pour avoir secours des rois, Employa les biens de la croix Avec ceux-lä de son domaine.

106 So der Abt Heinrich von Clairvaux (bei Tissier, Biblioth. PP. Cisterc. III, 256): Inter cetera mala, quibus in partibus Gallicanis antiquus ecclesiae decor obsorduit, pudicitiae lapsum et fidei deploramus excidium. Surrexit enim de cineribus Sodomorum antiquae libidinis vermis ... Revixit et Arrius in partibus Occidentis, qui ab orientali judicio in propria persona damnatus, nunc in successoribus suis fines ultimos occupavit.

107 In castro quod dicitur Viridefolium, albi sedes est Satanae, sagt Gaufrid, Epist. 1. c. p. 1194.

108 Guilelmus de Podio Laurentii c. 1, im Recueil des hist, de Fr. XIX, 196.

109 Guilelmus de Podio Laurentii 1. c. p. 200.

mentanen Aufschwung zu Gunsten des katholischen Glaubens bewirkte, so reichte dies doch noch lange nicht hin, eine Lehre, die so viel Verführerisches hatte und die durch den Zustand des Landes so sehr begünstigt wurde, aus den Mauern von Albi zu verbannen; vielmehr findet sich, dass auch in späteren Zeiten die Häresie hier noch eine Menge von Anhängern zählte.

Da sich in Bernhards Geschichte keine Spuren oder Angaben finden von ferneren Berührungen, die zwischen ihm und den Häretikern seiner Zeit eingetreten wären, so sind wir zu dem Schluss genötigt, dass er die Kenntnis der Häresie, die er in seinen Schriften darlegt, auf jener Missionsreise in Languedoc erworben, und dass die Sekte, die er schildert, eben jene sei, welche er auch mündlich mit aller Anstrengung bekämpfte, nämlich die der Henrikianer, Arrianer oder Manichäer. Eine solche Schilderung enthalten zwei Reden Bernhards über das Hohe Lied[110]; doch hat er hier nicht ausschließlich das Ergebnis seiner eigenen Erfahrungen mitgeteilt, er hat auch die Züge benutzt, die ihm der Propst Everwin von Steinfeld in einer Beschreibung derselben Sekte, wie sie in der Kölner Diözese damals zum Vorschein gekommen, darbot. Man hat behauptet, Bernhard habe jene beiden Reden nur auf diesen Brief Everwins hin und ohne eigene Kenntnis verfasst; aber eine Vergleichung derselben mit dem Briefe zeigt sogleich, dass er die Häretiker, die Everwin ihm beschrieb, genauer kannte als dieser selbst, und daher manchen Zug in das Bild, das er von ihnen entwarf, aufnahm, den man in Everwins Schilderung vergeblich suchen würde.

Die bei Köln entdeckten Häretiker behaupteten, als echte Nachfolger Christi und der apostolischen Armut, die, auf jedes Eigentum verzichtend, ein unstetes, der Verfolgung preisgegebenes Leben führten, im Alleinbesitz der wahren Kirche zu sein, während unter den Katholischen keine wahre Armut sei, und auch jene, welche für die vollkommensten gälten, die Mönche und Kanoniker, doch wenigstens gemeinschaftlich besaßen. Sie enthielten sich jeder animalischen Nahrung, hatten das Consolamentum, verrichteten täglich die eucharistische Brotsegnung und verdammten die Ehe. Everwin drückt sich so aus, als ob sie bei ihrer täglichen Feier des Brotbrechens eine wirkliche Verwandlung des Brotes in den Leib Christi zustande zu bringen geglaubt hätten. Dies widerspricht jedoch der Konsequenz der neumanichäischen Lehre und der Ansicht aller Katharer in dieser und der unmittelbar danach folgenden Zeit, und beruht auf einem von den Häretikern selbst absichtlich veranlassten Missverständnisse, dessen Grund zwanzig Jahre später Ekbert, welcher mit denselben am Niederrhein wohnenden Manichäern verkehrte, aufgedeckt hat. Er bemerkt nämlich,[111] dass die Katharer allerdings zu

110 Serm. 65, 66, Opp. 1, 1490. Die Reden über das Hohe Lied sind zu sehr verschiedenen Zeiten verfasst worden. Die ersten 24 waren schon im Jahr. 1137 vollendet, wogegen die 80., in welcher von der Verurteilung der Lehre Gilberts de la Porree die Rede ist, nicht vor dem Jahr 1148 geschrieben sein kann. In dieses oder eines der beiden vorhergehenden Jahre dürften auch die beiden Reden gegen die Henricianer fallen.

111 Sermo adv. Catharos in der Biblioth. max. PP. XXIII, 602.

sagen pflegten, sie machten bei ihren Mahlzeiten den Leib des Herrn; aber unter diesem Leib verstünden sie sich selber, und dass sie sich mit den Speisen auf ihren Tischen nährten, das hießen sie den Leib Christi machen.
In Bernhards Darstellung finden sich die von Everwin erwähnten Punkte, mit Ausnahme der Handauflegung, wieder; er führt aber auch an, – und davon schweigt der Propst von Steinfeld –, dass diese Häretiker das Alte Testament und den Eid verwürfen, dass sie den Reinigungszustand nach dem Tod leugneten, die Kindertaufe, das Gebet für die Verstorbenen und die Anrufung der Heiligen verhöhnten. Er schildert ihre Bemühungen, ihre Lehre möglichst geheim zu halten, die gleichwohl nichts Neues, sondern nur das von den alten Häretikern (Gnostikern und Manichäern) längst schon Vorgebrachte enthalte, ihre heuchlerische Teilnahme am Gottesdienste und den Sakramenten der Kirche. Bernhard gedenkt ferner ihrer Behauptung, dass die Prälaten und Priester Sünder und deshalb gleich unfähig seien, die Sakramente zu geben und zu empfangen. Er hebt hervor, dass diese Sekte, in welcher abtrünnige Geistliche unter einem Haufen von Webern gefunden würden,[112] ungleich den älteren, keinen Stifter aufzuweisen habe. Petrus de Bruys und Heinrich konnten ihm nämlich nicht als solche gelten, weil sie ihre Lehre nicht ersonnen, sondern bereits vorgefunden und einer schon länger bestehenden Sekte sich angeschlossen hatten.
Bernhard macht den Gliedern der von ihm geschilderten Sekte noch zwei, ihre moralischen Grundsätze betreffende Vorwürfe: den einen, dass sie, die das Schwören überhaupt für Sünde erklärten, doch kein Bedenken trügen, falsch zu schwören, wenn es sich um Verheimlichung ihrer Lehre handle, und dann, dass, während sie auf ihre völlige Enthaltsamkeit pochten und das eheliche Leben für etwas Unreines und Schändliches hielten,[113] sie dennoch Frauen, auch solche, die ihren Männern entlaufen, mit sich herumführten und sich mit ihnen einschlössen, so dass keiner unter ihnen sei, der nicht im vertrautesten Umgang mit Personen des anderen Geschlechts lebe.
So stellt es sich immer klarer heraus, dass die Sekte der Petrobrusianer oder Henrikianer und die der neuen Manichäer eine und dieselbe war. Bernhard verbindet die Lehren des de Bruys mit den gnostisch-manichäischen Dogmen, er weiß nur von einer zu allen diesen Lehrpunkten sich bekennenden Partei, wie denn auch in den Nachrichten über seine Tätigkeit in Languedoc durchaus nur einer Sekte, mit welcher er in Berührung gekommen, gedacht wird. Dreißig Jahre später war bereits ganz Languedoc mit Katharern angefüllt. Von einer eigenen getrennt bestehenden Gemeinde von Henrikianern findet sich nicht die geringste Spur. Diese müsste demnach, wenn sie wirklich früher vorhanden gewesen, in der kurzen Zeit von zwanzig oder dreißig Jahren und ohne dass zur Unterdrückung

[112] Clerici et sacerdotes, populis ecclesiisque relictis, intonsi et barbati apud eos inter textores et textrices plerumque inventi sunt. L. c. p. 1492.
[113] Turpitudinem in solis existimant reputandam uxoribus. L. c. p. 1492.

derselben ernste und nachhaltige Vorkehrungen getroffen worden wären, auf unbegreifliche Weise verschwunden sein. Denn von nun an kannte man im südlichen Frankreich neben den Katharern nur noch die Verbrüderung der Waldenser. Die Namen Arrianer und Henrikianer werden zwar zuweilen noch gebraucht, aber als Bezeichnungen der Katharer. So werden in einer Eidesformel, welche die Konsuln von Arles dem dortigen Erzbischofe im Jahre 1236 schworen und in der sie sich zur Austreibung und Bestrafung der Häretiker verpflichteten, die Waldenser und die Henrikianer genannt[114]; ohne Zweifel aber sind unter den letzteren die damals noch so zahlreichen Katharer gemeint, die sonst gewiss eigens erwähnt worden wären. Darum nennt auch die Chronik Alberichs Heinrichs Irrlehre die Häresie der Poplikaner, d. h. der Katharer. Dieselbe Chronik berichtet übrigens über Heinrichs spätere Schicksale. Gaufrid sagt, er sei zuletzt gefangen und gefesselt einem Prälaten übergeben worden; dies ergänzt Alberich durch den Zusatz, dass dieser Prälat ihn nach Reims (zur Synode im Jahr 1148) vor den Papst Eugenius geführt habe. Ob er wieder frei geworden oder in der Haft gestorben sei, ist nicht bekannt. Seine Lehre, d. h. die neumanichäische, zählte aber nicht nur in Languedoc und der Provence, sondern auch in der Gascogne Scharen von Anhängern. In der letzteren Provinz wurden um das Jahr 1151 viele durch die Ermahnungen eines ekstatischen Mädchens, welches drei Tage in jeder Woche in todesähnlichem Schlafe liegend, in diesem Zustande Offenbarungen vom heiligen Petrus zu erhalten glaubte, zum katholischen Glauben zurückgebracht.[115]

VII. Kapitel: Die Apostoliker. Eon de l'Etoile

Die von Bernhard und Everwin geschilderten Irrgläubigen rühmten sich, die Lebensweise der Apostel zu führen und nannten sich die *Apostoliker*. Mit denselben Ansprüchen und unter demselben Namen traten damals auch in Perigueux Irrlehrer auf, an deren Spitze ein gewisser *Poncius* stand. Diese wussten sich mit dem ganzen Gepränge einer unerschütterlich strengen Enthaltsamkeit und einer durch Wunder beglaubigten Heiligkeit zu umgeben. Nach der Sitte der Bogomilen verrichteten sie jeden Tag eine bestimmte Zahl von Kniebeugungen; sie gingen barfuß einher, predigten ohne Unterlass, verabscheuten den Genuss des Fleisches und des Weines und trieben das Prinzip der völligen Armut und Entblößung so weit, dass sie auch das Almosengeben verwarfen, weil niemand etwas besitzen solle, wovon er geben könne. Hinsichtlich der Eucharistie hegten sie die

---

[114] Papon, Histoire generale de Provence. II. Preuves p. LXXVIII: Exterminare et punire ad mandatum vestrum et ecclesiae Waldenses et Henricos, credentes et fautores, receptatores, defensores, quibuscunque nominibus censeantur.

[115] Robertus de Monte, App. ad Chron. Sigeberti Gemblac. in Guiberti Novigentini Opp. ed. d'Achery, Par. 1651, p. 769.

allgemeine Ansicht der jüngeren Manichäer, dass es sich darin nicht um eine Mitteilung des Leibes Christi, sondern bloß um das Essen von gesegnetem Brot handle. Statt der kirchlichen, die Dreieinigkeit bekennenden Doxologie bedienten sie sich einer eigenen, wahrscheinlich aus einem apokryphen Evangelium entnommenen: „Denn Dein ist das Reich, und Du herrschest über alle Kreatur von Ewigkeit zu Ewigkeit, Amen.“ Auffallend war hier, dass eine so bedeutende Zahl von Geistlichen, Mönchen und Edelleuten, selbst mit Verlassung ihrer Besitzungen, sich der Sekte angeschlossen hatten. Um besser zu täuschen, lasen manche der abtrünnigen Priester Messe, unterließen aber die Verwandlung des Leibes Christi und Kommunion und warfen dann die Hostie heimlich weg. Man bemerkte, dass auch der einfältigste Bauer, sobald er nur acht Tage unter ihnen geweilt, eine außerordentliche Fertigkeit im Disputieren und eine unerschütterliche Anhänglichkeit an die Partei und ihre Lehren zeige. Ihr heftiges Verlangen, für ihren Glauben den Tod zu leiden, scheint mit der gleichen Gesinnung der Häretiker von Monteforte aus einer Quelle geflossen zu sein. Das Volk suchten sie durch vermeintliche Wunder zu blenden; sie verwandelten Wasser in Wein, füllten ein leeres Gefäß bloß durch Eingießung einiger Tropfen von ihrem Weine, sie verbreiteten den Ruf, dass Blinden durch sie das Gesicht, Tauben das Gehör wiedergegeben worden sei; auch wussten sie sich plötzlich wieder frei zu machen, so sorgfältig man sie auch in Kerkern und durch Fesseln verwahrt zu halten wähnte.[116]

Der Hauptsitz der Sekte im nördlichen Frankreich war schon damals das den Grafen von Champagne gehörige Schloss oder Städtchen *Montwimer* in der Diözese Chalons. Von dort aus verbreitete sich die manichäische Lehre schon um das Jahr 1144 über die benachbarten Provinzen[117]. Dort hatte sich die Tradition

---

116 Das Schreiben des Mönches Heribert, das diesen Bericht liefert, steht bei Tissier Biblioth. PP. Cisterc. VI, 136, bei Mabillon Analect. p. 483 und bei Martene Thes. Anecd. I, 453. Die Annales de Margan bei Gale Hist. Anglicanae Scriptores II, 7 setzen noch einige Züge dazu. In dem Schreiben heißt es, die Häretiker beugten hundertmal am Tag die Knie; beim Annalisten de Margan aber wird angegeben, sie täten dies siebenmal am Tag und ebenso oft in der Nacht. Hier ist kein Widerspruch; wahrscheinlich folgten diese Manichäer der Sitte, die sie von den Bogomilen im Orient überkommen hatten, welche nach Euthymius das Vaterunser siebenmal des Tags und fünfmal zur Nachtzeit, jedesmal mit mehreren Kniebeugungen, beteten. In der ersten Angabe sind diese Kniebeugen überhaupt, in der zweiten die Gebete, die von solchen Kniebeugen begleitet waren, gezählt. - Mabillon sagt, er habe nicht herausbringen können, wer jener Heribert, der das Schreiben verfasst, gewesen sei; ihm war die Notiz von Tissier entgangen, dass es der Zisterziensermönch und nachmalige Erzbischof von Torre in Sardinien gewesen, der auch das Werk De miraculis Ordinis Cisterc. et Congregationis Claraevall. geschrieben hat.

117 A Monte Guimari ... quaedam haeresis per diversas terrarum partes defluxisse cognoscitur, quae adeo varia et multiplex est, ut sub unius certo vocabulo minime comprehendi posse videatur. Epist. eccl. Leod. ad Lucium P. bei Martene, Ampliss. Coll. I, 777. Die letzte Bemerkung bezieht sich auf die Menge der abweichenden Lehren und Riten. — Während der

erhalten, dass der Manichäer Fortunatus aus Afrika dahin gekommen sei und seine Lehre daselbst gepflanzt habe, und dort wurden noch im Jahr 1239 nicht weniger als hundertdreiundachtzig getröstete Katharer gefunden. Auch in das Gebiet von *Lüttich* hatte die Häresie von dort aus sich verbreitet. Der Klerus von Lüttich meldete nun dem Papste Lucius II., diese Sekte habe bereits eine geordnete Verfassung und bestehe aus den drei Klassen oder Abstufungen der Hörenden oder Schüler, der Glaubenden und der Christen oder Eingeweihten; auch eine der katholischen ähnliche Hierarchie besitze sie. Übrigens waren es nur die bekannten, damals am meisten auffallenden, am wenigsten geheim zu haltenden praktischen Punkte, welche zur Kenntnis der Lütticher Geistlichen gekommen waren: Entwürdigung und Verachtung aller Sakramente, Verdammung der Ehe und des Eides. Auch hier hatte man aber die Erfahrung gemacht, dass die Häretiker aus Heuchelei, um leichter verborgen zu bleiben, sich die Sakramente reichen ließen.
Die Aussage dieser Lütticher Häretiker, dass bereits alle bedeutenderen Städte Frankreichs und Belgiens von der Irrlehre angesteckt seien, scheint nicht übertrieben gewesen zu sein; denn die Bekenner derselben kamen nun immer häufiger und in schnell wachsenden Scharen zum Vorschein. Hugo Metel, Kanonikus in der Abtei des Hl. Leon zu Toul, schrieb dem Bischof, in dessen Diözese damals die ärgste Verwilderung herrschte: Es trieben sich in seinem Sprengel gefährliche Menschen herum, die man mit Recht Bestien nennen könne, weil sie ein viehisches Leben führten; sie verabscheuten die Ehe und die Taufe und verhöhnten die Sakramente der Kirche.[118] Im Trierischen waren Glieder der Sekte, unter ihnen zwei Geistliche, schon im Anfange dieses Jahrhunderts entdeckt worden.[119] Der Chronist führt von diesen nur an, dass sie die Taufe der Kinder verworfen und die Verwandlung des Brotes in den Leib Christi geleugnet hätten, bemerkt aber, dass er ihre übrigen anstößigen Lehren zu verschweigen für besser erachte.
Dieselbe manichäische Sekte, die sich selber den Namen der Apostolischen beilegte, brach um das Jahr 1145 auch in der *Bretagne* hervor. Wir kennen sie aus der Schrift, welche Hugo d'Amiens, vom Jahr 1130 bis 1164 Erzbischof von Rouen, gegen sie gerichtet hat.[120] Es war wieder die Taufe der Kinder, welche von

---

Ort hier Mons Guimari genannt wird, heißt er Mons Hismerus oder Mons Ismeri bei Stephan de Borbone (bei Echard, S. Thomae Summa vindicata p. 561), Montwimer, qui ab antiquo Mons Wodemari dicitur, bei Albericus, Chron. p. 569, später Montaime (Schmidt, Hist. des Cathares I, 32). Martene, der dieses Montwimer nicht kannte, riet irrigerweise auf das Städtchen Montlimar in der Dauphine. — Über Fortunatus (s. S. 44ff).

118 Bei Hugo, Sacrae antiquitatis monumenta II, 747. Die Histoire literaire de France XII, 500 nimmt an, der Brief sei schon vor dem Jahr 1130 geschrieben worden. Den elenden Zustand des Sprengels von Toul schildert Metel in einem Schreiben an den Erzbischof Adalbero von Trier (1. c. p. 324), wo die Worte: Multi Christiani perambulant portantes caracterem bestiae, quos bestia impotionavit suo venenato calice, wohl von den neuen Ketzern zu verstehen sind.

119 Historia Trevir. bei d'Achery, Spicil. III, 221.

120 Im Anhang von Guiberti Novigentini Opera, ed. d'Achery, p. 690.

den dortigen Irrlehrern zum ersten Gegenstand ihrer Angriffe gemacht wurde. Ein Sakrament, sagten sie, nütze nur Erwachsenen, nicht Kindern, nur Wissenden, nicht Unwissenden, und die Taufe sollte erst im Alter von dreißig Jahren empfangen werden, wie sie Christus erst in diesem Alter sich habe erteilen lassen. Gegen die Auferstehung wandten sie ein, es geschehe häufig, dass menschliche Leiber zerstückt, von wilden Tieren verzehrt, in Staub verwandelt und von den Winden verweht würden. Nun sei es unmöglich, dass diese also zerstreuten oder in andere Substanzen verwandelten Teile sich wieder zu ihrer vorigen Gestalt vereinigen könnten, demnach sei auch an eine Auferstehung der Leiber nicht zu denken. Dass sie auch die Ehe verwarfen, ist aus der Mühe ersichtlich, die Hugo sich gibt, die göttliche Einsetzung, die Heiligkeit und höhere Bedeutung der Ehe zu erweisen. Gleich den von dem Hl. Bernhard bekämpften Häretikern lebten auch die bretagnischen in vertrautem Umgang mit Frauen, mit denen sie weder durch Ehe, noch durch Blutsverwandtschaft verbunden waren, gleich jenen sich auf die Worte des Apostel Paulus im N.T. 1. Kor. 9,5 berufend. Wenn nun dieselben Irrlehrer das Keuschheitsgelübde der Mönche und Kanoniker tadelten und sich dabei auf die Stelle N.T. 1. Kor. 7,2 beriefen, so waren dies wohl nur abtrünnige Priester und Mönche, die damals häufig in der manichäischen Sekte eine Zuflucht und einen Stützpunkt suchten, nicht gerade aus Vorliebe für ihre eigentümlichen Lehren, sondern mehr aus Hass gegen die Kirche und ihren Orden und aus Neigung zu einem ungebundenen, nach Willkür umherschweifenden Leben. Diese bedienten sich dann praktisch jener Freiheit, die den bloßen Glaubenden in dieser Sekte in so vollem Maß eingeräumt wurde, und bestritten die Gelübde, die sie nicht mehr beobachteten. Aus dieser Gesinnung sowohl als aus dem Geiste des neuen Manichäismus ging auch der Hohn gegen die Kirche hervor, mit welchem nach Hugos Bericht die Mitglieder der Sekte den Katholischen zusetzten: „Sagt uns doch, was ist denn die Kirche und wo ist sie, und warum existiert sie?“

Es erhebt sich hier die Frage, ob denn diese bretagnischen Häretiker Anhänger jenes *Eudo* oder *Eon de l'Etoile* gewesen, der kurz vor der Abfassung von Hugos Schrift, in den Jahren 1143-1148, als religiöser Demagog jene Provinz in Verwirrung stürzte? Eon scheint einer jener Menschen gewesen zu sein, in denen bewusste Täuschung und trügerisches Gaukelwesen mit schwärmerischer Verblendung so gemischt sind, dass die Grenzlinie nicht mehr sichtbar ist, die Mischung aber gerade hinreicht, einen höchst gefährlichen Volksverführer zu bilden. Was Wilhelm von Newbridge[121] von den Gaukeleien erzählt, durch die er seinen Anhang an sich fesselte, ist offenbar ins Fabelhafte ausgemalt. Tatsache aber ist, dass er sich selbst für den Sohn Gottes, den Richter der Lebenden und Toten, den Herrn aller Dinge ausgab[122] und von seinem obersten Eigentumsrecht durch die

[121] Guil. Neubrig. de rebus anglicis (ed. Picard, Par. 1610) I, 19.

[122] Da er in der Kirche in den Worten des Exorzismus: per eum qui venturus est judicare vivos et mortuos, das eum wie Eon aussprechen hörte, sagte er zu seinen Anhängern, er sei es, der

Plünderung von Kirchen und Klöstern, die seine Anhänger auf sein Geheiß vollbrachten, praktischen Gebrauch machte. Als neue Inkarnation der Gottheit ernannte er Engel und Apostel, ordinierte Bischöfe und Erzbischöfe, wurde aber endlich in der Diözese Reims festgenommen, dann im Jahr 1148 auf die dortige Synode und von da auf Befehl des Regenten Suger in ein Gefängnis gebracht, in welchem er nach einiger Zeit starb. Aber eine Sekte von Eoniten erhielt sich noch einige Zeit und in dem Bistum Alet wurden mehrere wegen beharrlicher Anhänglichkeit an Eons Irrtümer hingerichtet.[123]

Die Annahme liegt demnach sehr nahe, dass dies eben die von Hugo bestrittene Sekte sei, und Mabillon[124] hat dies auch behauptet. In der Tat redet Hugo in der seiner Schrift vorangesetzten Widmung an den Kardinal Alberich von der Häresie, die damals in Annorica (der Bretagne) verbreitet gewesen, und von dem Stifter oder Anführer der Sekte, der sich nicht in die Nähe des Kardinallegaten gewagt habe; dass aber eine andere als die eonitische Sekte damals in der Bretagne bestanden, davon findet sich bei keinem Chronisten eine Spur.

Doch bleibt es immer zweifelhaft, ob Hugo die Eoniten bestritten habe, denn einmal wäre es doch seltsam, wenn er in seiner Schrift gerade das, was so allgemeines Aufsehen erregte, die göttliche Würde, die Eon sich beilegte, übergangen hätte, und anderseits erwähnt keiner der Geschichtsschreiber, die von Eon reden, dass derselbe auch die von Hugo bekämpften Lehren vorgetragen habe. Eher möchte man annehmen, dass die damals so rührigen Sendboten der manichäischen Sekte sich die durch den bretagnischen Schwärmer zusammengebrachten und nach dessen Gefangennehmung ihres Haltes beraubten Eoniten, als ein empfängliches Erdreich für die Einpflanzung ihrer Lehren ersahen. Wenn sie dann in der kurzen Frist von ein paar Jahren, in den Gemütern der Verführten, das Andenken an den angeblichen Sohn Gottes und Weltenrichter, dessen Herrlichkeit in einem Kerker ein klägliches Ende genommen, so völlig auslöschten, dass Hugo der verrückten Anmaßung weiter zu gedenken keine Veranlassung mehr hatte, so kann dies nicht befremden.

---

hier genannt werde. Guil. Neubrig. 1. c.; Otto Frising. De gestis Frid. I, 54. Eine bretagnische Chronik (im Recueil des hist. de la Fr. XII, 558) gibt an, dass namentlich viele Einsiedlerwohnungen auf sein Geheiß verbrannt wurden.

123 Chron. Britann, im Recueil XII, 558.

124 Annales Ord. S. Bened. VI, 420.

VIII. KAPITEL: TANCHELM

Bisher sind wir, die bald erloschenen oder in Manichäer umgewandelten Eoniten abgerechnet, überall nur Verzweigungen der einen großen neu-manichäischen Sektenfamilie begegnet, welche, wenn auch in einzelnen Meinungen von einander abweichend, doch in den Hauptpunkten, der Verwerfung des Alten Testaments, dem Dualismus, der Leugnung der Auferstehung, der Verachtung der Sakramente und anderen, übereinstimmten. Wie jedoch gegen Ende des Jahrhunderts die dem gnostisch-manichäischen Geiste ursprünglich ganz fremden Waldenser auftraten, so zeigt sich schon vor der Mitte desselben Jahrhunderts am Niederrhein eine kleine, wenig bemerkte Sekte, die, gleichfalls von gnostischen Elementen unberührt, als die Vorläuferin der Waldenser zu betrachten ist. Der Urheber derselben war jener *Tanchelm*, der die Grundsätze der Donatisten und die wilde, zerstörende Schwärmerei der Zircumzellionen mit dem tollkühnen Übermut und den frechen Blasphemien eines Eon verband.

Tanchelm, ein unwissender Laie, dem aber eine mächtige, volkstümliche Beredsamkeit zu Gebote stand, war in Begleitung eines Priesters Everwacher, der ihm auch in der Folge anhing, in unbekannter Absicht nach Rom gegangen. Nach seiner Rückkehr trat er in Flandern und Seeland, auf der Insel Walchern und in der Umgegend als Prediger einer neuen Religion auf. Dieser war die alte donatistische Lehre zugrunde gelegt, dass der Wert und die Kraft der Sakramente ganz abhängig seien von der moralischen Beschaffenheit des Ausspenders, jene Lehre, die, sooft sie dem Volke in der einen oder anderen Gestalt gepredigt worden ist, sich als eine so furchtbare Waffe religiöser Demagogie und als ein mächtiger Hebel des Abfalls von der Kirche erwiesen hat. Tanchelm behauptete nun, der Klerus sei maßlos ausgeartet und lasterhaft, seiner ursprünglichen Bestimmung und der apostolischen Lebensweise entfremdet; daher sei die Gewalt der Kirchenvorsteher erloschen, die Sukzession des Priestertums unterbrochen. In den Händen solcher Unwürdigen seien die Sakramente unrein, gotteslästerische Zeremonien, die den Empfänger nicht heiligen, nur beflecken könnten; auch die Eucharistie, von solchen Geistlichen geweiht, sei zu verachten.

Der Zustand der Gegenden am Niederrhein war seinem Unternehmen günstig. In den dortigen, sehr großen Diözesen war für die religiösen Bedürfnisse des Volkes wenig gesorgt. In dem großen, volkreichen Antwerpen befand sich ein einziger, noch dazu mit seiner Nichte in Ehe oder im Konkubinat lebender Priester. Zudem war, seitdem der große Kampf gegen unrechtsmäßige Erwerbung eines Kirchenamtes und wilden Ehen der Geistlichen begonnen hatte, das Volk häufig selbst im Namen und im Auftrag der Päpste aufgefordert worden, dem Gottesdienst der von diesen Lastern angesteckten Priester nicht beizuwohnen und die Sakramente nicht von ihnen zu empfangen. Manche Prediger hatten sich dabei von ihrem Eifer bis zu Behauptungen fortreißen lassen, welche leicht bei dem Volke den Glauben erzeugen konnten, als ob wirklich die Sakramente durch die Sündhaftigkeit des weihenden oder austeilenden Priesters selbst entweiht und entkräftet würden. Umso leichteren Eingang fand nun Tanchelms Lehre; auch seine Nutzanwendung, dass das Volk den Geistlichen den Zehnten nicht mehr entrichten solle, klang vielen Ohren willkommen.

Sobald er einen starken Anhang um sich gesammelt hatte, begann er auch mit äußerem Glanz aufzutreten. Er schmückte seine Kleider mit Gold, seine Haare mit Juwelen, umgab sich mit einer Leibwache von dreitausend Bewaffneten, ließ eine Fahne und ein bloßes Schwert vor sich hertragen, predigte auf freiem Felde und machte sich so furchtbar, dass niemand vor ihm erscheinen durfte, der nicht sofort seine Lehre annahm, und selbst die dortigen Fürsten sich ihm nicht zu widersetzen wagten. Widerstrebende wurden auf sein Geheiß ohne weiteres niedergehauen. So verblendet, so ganz mit Leib und Seele ihm hingegeben waren seine zahlreichen Anhänger, dass er sich die gröbsten Ausschweifungen erlauben durfte. Er soll Frauen in Gegenwart ihrer Männer, Töchter vor den Augen ihrer Mütter, missbraucht haben. Es sei dies sagte er, das Werk des Geistes, und beklagenswert seien jene Frauen, die nicht durch die fleischliche Vermischung mit ihm des Geistes teilhaft würden. Berauscht von seinen Erfolgen, trug er kein Bedenken, selbst göttliche Ehre für sich in Anspruch zu nehmen. Christus, verkündete er dem Volke, sei insofern göttlicher Würde gewesen, als die Fülle des Heiligen Geistes auf ihn herabgekommen sei; er, Tanchelm, habe denselben Geist empfangen und sei demnach nicht geringer als Christus. Man glaubte ihm; schon der Boden, den er betrat, wurde für heilig geachtet, das Wasser, in dem er sich gebadet hatte, als kostbare Reliquie aufbewahrt oder von Kranken als Heilmittel getrunken; selbst eine Kirche soll ihm zu Ehren errichtet worden sein. Da er seine Anhänger prächtig bewirtete und dadurch immer mehrere anlockte, bedurfte er reichlicher Zuflüsse; er verlobte sich daher öffentlich mit der Jungfrau Maria, deren Bild zu dem Ende in die Versammlung gebracht wurde, und ließ sich darauf von Männern und Frauen, was sie Wertvolles besaßen, als Hochzeitsgeschenk darbringen. Einer seiner Anhänger, der Schlosser Manasses, errichtete, dem Beispiel des Meisters folgend, eine Gilde oder Brüderschaft, in der zwölf Männer die Apostel vorstellten, eine Frau die heilige Jungfrau, und man erzählte, dass, um das Band der neuen Innung recht fest zu knüpfen, jeder der so genannten Apostel nach der Reihenfolge mit dieser Frau sich verbinde.[125]

Tanchelm fiel endlich in die Gewalt des Erzbischofs von Köln, kam wieder los und wurde im Jahr 1115 von einem Geistlichen erschlagen. Der Hl. Norbert bemühte sich, in Antwerpen die Verführten wieder mit der Kirche zu versöhnen, aber die Sekte der Tanchelmiten erhielt sich noch länger, und wenn auch der Glaube, dass Tanchelm ein Träger des Heiligen Geistes gewesen, mit seinem

---

[125] Epistola Traject. eccl. ad Trid. Episc. bei Tengnagel, Vet. monum. p. 368. Vita S. Norberti in den Acta SS. Bolland. 6. Jun. p. 843. Roberti de Monte App. ad Sigeb. im Recueil des hist. de la Fr. XIII, 328.

Tode zerfloss, so pflanzte sich doch die Lehre von der Unwürdigkeit und Unfähigkeit des Priestertums der Kirche zur Verwaltung der Sakramente in jener Sekte fort. Es zeigt sich dies deutlich an jenen Häretikern, welche dreißig Jahre nach Tanchelms Tode neben den Manichäern und von diesen völlig getrennt in der Kölner Diözese, die damals einen großen Teil der niederrheinischen Länder und zum Teil auch den Schauplatz von Tanchelms Wirksamkeit begriff, entdeckt wurden und deren Grundsätze Everwin in seinem Briefe an den Hl. Bernhard beschreibt. Sie gingen von der Behauptung aus, dass die Geistlichen der Kirche, da der ganze Stand von der zum Priestertume wesentlich notwendigen Heiligkeit abgefallen sei und in weltliche Angelegenheiten sich verwickelt habe, auch jeder priesterlichen Gewalt verlustig geworden seien und nunmehr weder die Heilige Messe feiern noch irgend ein Sakrament verwalten könnten. Der Papst, sagten sie, diene nicht Gott, wie Petrus, und darum sei die dem Petrus gegebene Gewalt der Weihe ihm wieder entzogen worden; eben so stehe es mit den Bischöfen, die ein weltliches Leben führten und deshalb keine Macht, Priester zu weihen, besaßen. Dabei beriefen sie sich seltsamerweise auf die Worte Christi von den Schriftgelehrten und Pharisäern, die auf Moses Stuhle sitzen. Die Ermahnung des Herrn: „Was sie euch sagen, das tut", deuteten sie nämlich, mit Anwendung auf die Hierarchie und das Priestertum der Kirche, so, als ob die Gewalt zu lehren und zu ermahnen die einzige demselben gebliebene, aber die Vollmacht die Heilige Messe zu feiern und die Sakramente zu spenden von ihm gewichen sei. Sie selber aber scheinen sich diese Vollmacht nicht beigelegt, vielmehr auf die Sakramente überhaupt völlig verzichtet zu haben; denn nach Everwins Angabe ließen sie nur die Taufe gelten, weil bei dieser die Person des Ausspenders gleichgültig sei und jeder eben durch Christus selbst getauft werde. Zugleich verwarfen sie aber, gleich allen Zweigen der manichäischen Sekte und wohl unter dem Einflusse derselben, die Kindertaufe.

Der ganze Kreis kirchlicher Symbole und gottesdienstlicher Feier war in ihren Augen leerer Aberglauben. Fasten und andere Werke der Buße erklärten sie für überflüssig, nicht nur für den Gerechten, sondern auch für den Sünder. Sie leugneten den Reinigungszustand nach dem Tode, verwarfen die Anrufung der Heiligen und hielten jede Ehe für Unzucht, die nicht zwischen jungfräulichen Personen geschlossen werde; denn nur eine solche Ehe gleiche der des ersten Menschenpaars und werde wie diese von Gott selbst geknüpft. Höchstwahrscheinlich war dies dieselbe Sekte, welche Ekbert, zwanzig Jahre später als Everwin, gleichfalls am Niederrhein vorfand und als die Anhänger eines gewissen *Hartwin* bezeichnet[126]; denn auch diese lehrten, dass die Ehe nur erlaubt sei, wenn sie von einem jungfräulichen Mann und einer Jungfrau eingegangen werde, fügten aber bei, dass die Beiwohnung nur zum Zweck der Kinderzeugung geschehen, und sobald dieser Zweck erreicht sei, beide Gatten einander ferner nicht berühren dürften.

---

[126] Ecberti Sermo adv. Catharos in der Biblioth. max. PP. XXIII, 608.

Wahrscheinlich kamen die Tanchelmiten erst durch ihren Verkehr mit den Katharern auf mehrere der erwähnten Ansichten und Lehren; denn dass ein solcher Verkehr eingetreten, dass zwischen beiden Sekten Reibungen und Streitigkeiten stattgefunden, bezeugt Everwin mit der Bemerkung, dass eben durch diese Streitigkeiten die Katholischen erst auf sie aufmerksam geworden seien. Die ursprüngliche Unterscheidungslehre der Tanchelmiten war, dass die Kraft der Sakramente bedingt sei durch den moralischen Zustand des Priesters, und wie verführerisch damals dieser Glauben gewesen sei, dazu liefert, unter anderen, auch um dieselbe Zeit der Pfarrer Albero in Merken bei Düren ein Beispiel. Dieser Mann, der wegen seines fleckenlosen Wandels und seines Eifers für Frömmigkeit beim Volke hoch angesehen und verehrt war, lehrte, dass ein sündhafter Priester den Leib des Herrn nicht verwandeln könne, behauptete, dass bei dem Messopfer stets Dämonen, nur selten aber heilige Engel zugegen seien, berief sich auf Visionen, in denen ihm dies geoffenbart worden, und versicherte, für seine Lehre die Feuerprobe bestehen zu wollen.[127]

[127] Anonymi libellus adv. errores Alberonis bei Martene, Ampliss. Coll. IX, 1252.

DIE KATHARER

IX. KAPITEL: DIE GESCHICHTE DER KATHARER

Die Tanchelmiten am Niederrhein standen als Sekte vereinzelt. Überall sonst waren die häretischen Gemeinden, die sich bildeten oder nach längerer Verborgenheit zum Vorschein kamen, Zweige des manichäischen Stammes. Auch erkannte man immer deutlicher die große Gefahr, mit welcher die furchtbar sich mehrende und mit den wirksamsten Mitteln der Verführung reichlich ausgerüstete Partei die ganze Kirche bedrohte. Nach dem Ausdruck des Wilhelm von Newbridge waren sie bereits in Frankreich, Spanien, Italien, Deutschland zahlreich wie der Sand am Meere.[128] Die Heilige Hildegard rief um das Jahr 1150 die Könige und Fürsten und alle Christen auf, jene Ketzer und Sadduzäer aus der Kirche zu vertreiben, welche den ganzen Erdboden befleckten, welche das göttliche Gebot, dass die Menschen wachsen und sich mehren sollten, verachteten, die sich durch Fasten abmagerten aber zugleich blutschänderischer Lust frönten, die alle Gebote, wie sie Gott durch Moses und die Propheten dann durch seinen Sohn gegeben, verachteten. Man möge sie, erklärte Hildegard, mit Gütereinziehung, doch nicht mit dem Tode bestrafen, weil sie doch noch Gottes Bild an sich trügen.[129]

Auch die Könige wurden nun aufmerksam. Der Erzbischof Heinrich von Reims hatte in dem zu seiner Provinz gehörigen Flandern im Jahr 1162 eine Anzahl Katharer gefunden, welche ihm, wenn er sie dulden wolle, die Summe von 600 Silbermark angeboten. Da der Prälat dies ausgeschlagen hatte, appellierten sie an den Papst. An diesen wandte sich nun König Ludwig VII. von Frankreich und stellte ihm vor, es sei durchaus nötig, dass eine solche Pest der Gesellschaft ausgerottet werde; würde der Papst unzeitige Schonung eintreten lassen, so würde

---

[128] Quippe in latissimis Galliae, Hispaniae, Italiae Germaniaeque provinciis tam multi hac peste infecti esse dicuntur, ut secundum prophetam multiplicati esse super numerum arenae videantur. Guil. Neubrig. im Recueil des hist. XIII, 108.

[129] S. Hildegardis Epistolae, Colon. 1566, p. 138.

dies ihm und der römischen Kirche scharfe Vorwürfe zuziehen und das Murren der Gläubigen nicht leicht beschwichtigt werden können.[130]
Als im Jahr 1167 eine Gesellschaft von Katharern zu *Vezelay* in Burgund entdeckt wurde, zeigte sich wieder, wie bedächtig und vorsichtig die Lehrer dieser Sekte in Mitteilung ihrer Dogmen zu Werke gingen und wie sorgfältig sie dieselben vor den Katholischen zu verheimlichen suchten. Der Abt von Vezelay hatte die Angeklagten bis zur Ankunft mehrerer Bischöfe einschließen lassen. Sechzig Tage lang wurden sie nun unablässig über ihre Lehre befragt, und so beharrlich sie auch dieselbe zu verhüllen suchten, so brachte das Verhör doch endlich einige Hauptpunkte an den Tag. Zwei von ihnen erboten sich zur Kirche zurückzukehren, und blieben fest dabei, dass ihnen nichts anderes als bloß die Nutzlosigkeit und Nichtigkeit der Sakramente mitgeteilt worden sei. Dies wird allerdings glaublich durch die Angabe Ekberts, dass die Katharer damals noch diejenigen, welche sich ihnen zuwandten, fünfzehn Jahre lang prüften und während dieser ganzen Zeit ihre eigentlichen positiven Lehren vor ihnen geheim hielten. Ihre Zeit, offen aufzutreten, sagten sie, sei noch nicht gekommen, doch fingen sie jetzt schon an, zur Welt zu reden, und der Tag werde erscheinen, an welchem Gott seine Kirche erhöhen und an ihnen sich erfüllen werde, dass die Stadt auf dem Berge nicht verborgen bleiben könne.[131]
Ekberts zu derselben Zeit verfasste Schrift, enthält den ersten etwas vollständigeren Bericht über die Lehren der Sekte, die damals am Niederrhein großes Aufsehen erregte. In Köln war eben erst ein Vorsteher der Sekte, Arnold, mit einigen Anhängern, in Bonn Theodorich und seine Gefährten hingerichtet worden. Ein Fundamentaldogma des neuen Manichäismus, dass die Seelen der zum Heil berufenen Menschen jene Engel seien, die einst im Himmel gesündigt, wurde durch Ekberts Bericht zum erstenmale bekanntgemacht. Auch die Lehre, dass die Geschlechtsvermischung die verbotene Frucht des Paradieses gewesen, war bisher nicht bemerkt worden. Für ihre Behauptung, dass das Priestertum in der katholischen Kirche erloschen sei und es nur noch bei ihnen wahre Priester gebe, wussten auch diese Häretiker, nach Ekberts Darstellung, keinen anderen Grund als den anzugeben, dass die Nachfolger der Apostel und älteren Kirchenvorsteher ein schlechtes Leben geführt hätten. Übrigens trugen auch diese kein Bedenken, durch die gröbste Heuchelei sich gegen Entdeckung sicher zu stellen. Während sie, wie Ekbert sagt, in den Werkstätten der Weber, bei denen die Häresie sich hier wie in Toulouse vorzüglich eingenistet hatte, alles was die Priester in den Kirchen vornahmen, verhöhnten, eilten sie am Osterfeste mit den übrigen Katholischen zur Kirche, beugten ihre Knie tiefer als andere vor dem Altare und trugen,

[130] Das Schreiben bei Marlot, Hist. Remensis II, 396.
[131] Ecbertus l. c. p. 603.

indem sie den Mund möglichst weit öffneten, die sehnlichste Begierde nach dem Empfange der Kommunion zur Schau.[132]

Über den früheren Zustand und die allmählige Entwicklung und Spaltung der Sekte in *Italien*, welches immer der Hauptsitz und die Pflanzschule des neuen Manichäismus für das ganze Abendland blieb, verbreitet die Nachricht eines gleichzeitigen Ungenannten[133] einiges Licht. Zum Verständnis derselben muss nur erinnert werden, dass die beiden gnostischen Hauptsekten des Orients, die Paulikianer und die Bogomilen, schon im elften Jahrhundert in Bulgarien und besonders in Thrakien ansässig waren, dass sie namentlich einen Hauptsitz in der Stadt Philippopolis und deren Umgegend hatten.[134] Die Paulikianer waren schon seit den Zeiten des Kaisers Johann Tzimiskes dort angesiedelt und die Bogomilen oder Euchiten lernte Psellus bereits um das Jahr 1050 dort kennen. Dass beide Sekten von dort aus auch nach dem Abendlande, zunächst nach Italien sich verpflanzten, war ein umso natürlicheres Ereignis, als der lebhafteste Verkehr damals und schon vor dem Beginn der Kreuzzüge den byzantinischen Orient mit dem Okzident verknüpfte. Hierbei ist noch zu erwähnen, dass die griechischen Kaiser abendländische Söldner in ihrem Dienste hatten,[135] welche durch die Sprache und die Differenz des Ritus den griechischen Priestern entfernt gehalten und meistens ohne Kontakt zu den Geistlichen ihres Volkes, um so empfänglicher für die häretischen Lehren der Paulikianer und Bogomilen waren. Diese Söldlinge kehrten häufig nach dem Okzident zurück oder traten im Falle eines Krieges zwischen den griechischen Kaisern und abendländischen Fürsten, z. B. den Normannen in Unteritalien, in die Dienste der letzteren über. Engländer, Dänen, Franzosen, Deutsche bildeten den Kern dieser Söldnertruppen, die von den Kaisern gewöhnlich nach Thrakien in die Winterquartiere verlegt wurden,[136] und hier notwendig mit den Paulikianern und Bogomilen in Berührung kamen.

Die Ähnlichkeit der Lehre der monarchischen Katharer in Italien mit dem der Bogomilen ist so auffallend, dass die direkte Abstammung der ersteren von den letzteren als unzweifelhaft gewiss betrachtet werden kann. Doch darf die Übertragung der bogomilischen Lehre aus dem Orient nach Italien nicht erst von der Zeit,

---

132 Ecbertus l. c. p. 628.

133 Bei Vignier, Recueil de l'hist. de l'egl., Leyde 1601, p. 268 und aus ihm bei Usserius, De christ. ecclesiarum successione (hinter den Antiquitates eccl. britann., Lond. 1687) p. 226.

134 Anna Comnena, Alexias l. XIV, p. 450.

135 Von den Warangern, insbesondere von den Engländern unter ihnen, die, um der normannischen Herrschaft zu entgehen, in die Dienste der byzantinischen Kaiser traten, redet ausführlich Ordericus Vitalis p. 508, 641. Der deutschen Leibwache gedenken die griechischen Geschichtschreiber öfter, z. B. Nicetas Choniata (ed. Bonn. p. 323). Dass auch Franzosen in byzantinischen Diensten standen, zeigt unter anderem die Stelle des Albert von Aix (Hist. Hierosol. bei Bongars p. 253): Is (imperator Graecorum) Turcopolos, Pincenarios, Comanitas, Bulgaros, Danaosque (Danosque) ... Gallos exules, exercitum simul conductitium ... ad quadraginta millia contraxit.

136 Mich. Glycae Annales, ed. Bonn. p. 586.

wo Kaiser Alexius gegen sie und ihren Meister Basilius in Konstantinopel einschritt, berechnet werden, sondern ist wohl schon um die Mitte des elften Jahrhunderts erfolgt. Durch Basilius aber hatte das System der Bogomilen eine weitere Ausbildung, in einigen Punkten wohl auch eine Modifikation erhalten, und wir werden nicht irren, wenn wir die Verschiedenheiten, die sich zwischen der bogomilischen Lehre, wie sie Euthymius geschildert, und der Lehre der Concorezzaner und Bagnoleser ergibt, teils auf Rechnung des Basilius setzen, teils auch von dem den gnostischen Sekten von Anfang an innewohnenden Prinzip der dogmatischen Beweglichkeit ableiten. Diese stete Fluktuation der Lehre erklärt auch die größere Verschiedenheit, welche, bei sonstiger Übereinstimmung in den Grundlagen, zwischen dem System der älteren Paulikianer und dem der abendländischen dualistischen Katharer wahrgenommen wird. Die Paulikianer scheinen früher weder die Ehe, noch den Genuss der Fleischspeisen verworfen zu haben, und anderseits war den Dualisten des Okzidents die Verachtung des Apostels Petrus und seiner kanonischen Briefe unbekannt. Allein wir kennen die paulikianische Doktrin nur aus Photius und Petrus von Sizilien, also in ihrer Entwicklung bis in die Mitte des neunten Jahrhunderts; dass sie in dem Verlaufe der zwei nächsten Jahrhunderte bedeutende Zusätze oder Veränderungen in einzelnen Punkten erfahren habe, lässt sich um so weniger bezweifeln, als die Übersiedelung eines Teils der Paulikianer nach Thrakien in diesen Zeitraum fällt, und hier im Zusammenstoß mit anderen verwandten Sekten, namentlich den Bogomilen, notwendig eine geistige Gärung entstand, welche die Quelle neuer, von den thrakischen Paulikianem angenommener Lehrbestimmungen und ethischer Grundsätze wurde. Dass diese Paulikianer dogmatisch stationär geworden seien und ihre aus Asien mitgebrachte Lehre völlig unverändert beibehalten hätten, lässt sich schon darum nicht vermuten, weil sie in Thrakien und den angrenzenden Ländern große Tätigkeit in der Verbreitung ihrer Lehren entwickelten. Die zahlreichen Manichäer in Bosnien, welche sich dort bis ins fünfzehnte Jahrhundert erhielten, waren offenbar Neubekehrte der Paulikianer. Sie bekannten sich zum reinen Dualismus von zwei Göttern, aber sie verwarfen auch Ehe und Fleischgenuss, und ihre Lehre war genau jene der dualistischen Katharer im Okzident.[137]

Nach dem Bericht des oben erwähnten Ungenannten gab es anfänglich, als der neue Gnostizismus oder Manichäismus sich in der *Lombardei* ernstlich auszubreiten begann, dort nur eine Partei von Katharern, welche zu der bulgarischen Schule, d. h. zu der mit den Bogomilen zusammenhängenden und von diesen abstammenden Schule von Monarchianern gehörten. Unter ihrem Bischof Markus standen alle Bischöfe der Lombardei, Tuskiens und der Trevisaner Mark. Da kam

[137] Morelli, Codices inss. biblioth. Nanianae, Ven. 1726, p. 12.

aber ein häretischer Papst, *Niketas*,[138] von der dualistischen Sekte, aus Konstantinopel nach Oberitalien und bestritt die Lehre der bulgarischen oder bogomilischen Schule. Markus ließ sich durch ihn bewegen, derselben zu entsagen, und nahm mit seinen Anhängern das System der drugurischen Schule, d. h. das dualistische der Paulikianer an. Unter seinem Nachfolger Johannes Judäus kam ein gewisser Petrakus aus den Ländern jenseits des Meeres und beschuldigte wieder den Niketas und den Bischof Simon, von welchem Niketas seine Einsetzung und seine Lehre empfangen hatte, des Irrtums. Dadurch entstand eine Spaltung unter den italienischen Katharern, von denen ein Teil auf der Seite des Johannes blieb, ein anderer einem gewissen Petrus von Florenz sich anschloss. Allmählig gestalteten sich drei Sekten, deren jede ihr eigenes Oberhaupt oder ihren Bischof hatte. Was der Ungenannte über dieselben beibringt, wird durch die Notizen des genau unterrichteten Rainer Sacchoni[139] bestätigt und vervollständigt. Die eine dieser Sekten war die *Drugurische*, die ihren Namen von der zum Exarchat von Philippopolis gehörigen Provinz Druguria[140] in Thrakien hatte. Sacchoni, der diese Sekten oder Kirchen nach ihren Hauptsitzen in Oberitalien bezeichnet, nennt die drugurische, d. h. die dualistische, von den Paulikianern abstammende, die der *albanesischen* Katharer, wahrscheinlich von der Stadt Alba im Piemontesischen, die zweite Sekte war die *bulgarische*, d. h. die von den Bogomilen abstammende monarchisch gesinnte Schule. Die Bogomilen waren nämlich besonders zahlreich in dem Teil von Thrakien, der, zwischen der Donau und dem *Hämus* (Balkan) liegend, Bulgarien hieß. Sacchoni nennt diese Sekte die von *Concoreggio*, weil sie in diesem lombardischen, nahe bei Monza gelegenen

138 Papst wird er sowohl von dem Ungenannten bei Vignier, als in dem Berichte über die unter seinem Vorsitz zu S. Felix de Caraman bei Toulouse gehaltene Synode genannt; er war also wahrscheinlich das Oberhaupt der Paulikianer.

139 Seine Summa de Catharis et Leonistis hat, wie Gieseler in der Commentatio critica de Rainerii Sacchoni Summa, Gött. 1834, gezeigt hat, später manche Zusätze erhalten. Namentlich enthält die Ausgabe von Gretser (Liber contra Waldenses, Ingolst. 1613) und in der Biblioth. max. PP. XXV, 262 nur im 6. Kapitel die echte Schrift Rainers; die übrigen neun sind von einem oder mehreren deutschen Inquisitoren hinzugefügt. Ohne fremde Zusätze steht Rainers Summa bei Martene et Durand, Thes. novus anecd. V, 1759 und bei d'Argentre, Collectio I, 48.

140 Druguria heisst durch Verunstaltung in dem Bericht der Synode zu S. Felix de Caraman Dragometia, bei Bonacorsi (Manifestatio haeresis Catharorum bei Baluzius, Miscell. ed. Mansi II, 581) Dugrutia, bei Rainer Sacchoni (bei Martene), Dugunthia und (bei d'Argentre) Ducranicia. Schon Plinius, Hist. nat. 4, 11, erwähnt ein thracisches Volk Drugeri. Bei den Byzantinern hieß es Drugubitia; es hatte ein gleichnamiges Bistum. Dass es unter den Exarchen von Philippopolis gestanden hat, wo die Paulikianer sehr zahlreich waren, ist aus der Notitia Codini ersichtlich. S. Lequien, Oriens Christ. II, 94. — C. Schmidt, Hist. des Cathares I, 15, denkt an die in Dalmatien am Adriatischen Meere liegende Stadt Tragurium, slawisch Trogir, später Trau. Schaffarik korrigiert die oben erwähnte Form Dragometia in Drogowetia und verlegt das Bistum unter die Dragowitschen am Fluss Dragowiza. Real-Enc. f. prot. Theol. VII, 616. Vgl. Revue des qu. hist. 1870, 493.

Städtchen ihre vornehmste Schule hatte. Zu diesen beiden Hauptparteien kam nun noch eine dritte, eine Art von Mischung oder Vermittlung zwischen beiden, die *slawonische*, bei Sacchoni die *Bagnoleser* Sekte, die diese Namen führte, weil sie jenseits des Adriatischen Meeres besonders in Slawonien oder vielmehr in Dalmatien verbreitet war und diesseits ihren Hauptsitz in dem lombardischen im Gebiete von Lodi gelegenen Flecken Bagnolo hatte.[141]
Diese Sekte verdankt ihr Dasein entweder einem Versuch, die Bogomilen mit den Paulikianern oder die bulgarischen Katharer mit den drugurischen zu vereinigen, oder sie bildete sich infolge einer durch die Berührungen der beiden Parteien entstandenen Verschmelzung der Lehre: während nämlich die Bagnoleser, gleich den Bulgaren oder Concorezzanern, Monarchianer waren, und mit diesen in den meisten Lehren übereinstimmten, hatten sie zwei Hauptdogmen von den Dualisten oder albanesischen Katharern angenommen. Das eine war die Präexistenz der menschlichen Seelen vor der Bildung dieser Welt und der Fall derselben oder die Begehung einer Ursünde im Himmel; das andere die Lehre, dass die Jungfrau Maria ein doketisch auf Erden erschienener Engel gewesen sei und Christus einen himmlischen Leib gehabt habe.[142] So bestätigt sich nun auch Rainers Angabe, dass alle Parteien und Gemeinden der Katharer ihren Ursprung von zweien der drugurischen (paulikianischen) und der bulgarischen (bogomilischen), genommen hätten.
Jener Ungenannte berichtet weiter, die bulgarische Kirche der Katharer habe zu seiner Zeit einen Bischof Garatus in der Lombardei und zwei Vorsteher, den „älteren Sohn" zu Brescia und den „jüngeren" zu Concoreggio gehabt. Von der slawonischen Kirche habe ein Bischof Cascianus zu Mantevila,[143] der „ältere

141 Dass der Sitz dieser Sekte nicht in Bagnols in der Provence, wie Muratori meinte, sondern in der Lombardei zu suchen sei, hat schon Giulini, Memorie di Milano VIII, 95 bemerkt. — In der in den Doc. p. 52 abgedruckten, 1235 von einem Salvus Burce zu Piacenza verfassten Schrift Supra Stella werden Albanenses et Concorricii als inter se valde discrepantes geschildert; p. 61 werden quidam eorum (Concorriciorum), qui appellantur Sclavi (Doc. p. 267 Sclavoni) erwähnt, p. 82 Albanenses, Concorricii und Bagnolenses angeredet. Auch Doc. p. 319 werden Albanenses und Concorrezenses unterschieden.

142 Martene 1. c. V, 1774. Sacchoni sagt nicht ausdrücklich, dass die Concorezzaner dieselbe Sekte seien, die von anderen die bulgarische genannt wird, und dass die Bagnoleser mit den slavonischen Katharern eins seien; aber aus seiner Beschreibung ihrer Lehren und aus der Vergleichung Monetas ergibt sich dieses mit Evidenz. Moneta unterscheidet nämlich auch die bulgarischen Katharer und die slavonischen. Von den Bulgaren sagt er (p. 248), ein Teil derselben glaube, dass Maria ein wahres Weib gewesen sei und Christus einen gewöhnlichen menschlichen Leib von ihr angenommen habe; von den slavonischen Katharern aber führt er (p. 233, 260) an, sie behaupteten, dass Gott, der Vater der Gerechten, drei Engel in diese Welt gesandt, von denen einer sich in einen weiblichen Körper gehüllt habe, die beiden anderen Christus und Johannes der Evangelist gewesen seien. Ebenso erklärt sich Sacchoni über die Lehren der Concorezzaner und Bagnoleser.

143 Wahrscheinlich das heutige Mandello, ein Städtchen in der lombardischen Provinz Como. Rampoldi, Corografia II, 565.

Sohn" Alderich zu Mailand, der „jüngere" Otho zu Bagnolo seinen Sitz gehabt. Von der drugurischen Sekte sei ein Bischof Marchisio zu Soraggio,[144] ein anderer Nikolaus zu Vicenza gewesen, zwei „Söhne", der eine von Marchisio, der andere von Nikolaus eingesetzt, hätten sich in anderen Städten befunden. Denselben Marchisio von Soraggio bezeichnet Bonacorsi, der früher selbst Katharer gewesen, als das Haupt der drugurischen, dualistischen Partei in Italien, sagt aber, er sei zu seiner Zeit Bischof von Segnano[145] gewesen, und nennt einen gewissen Amigo als dessen „älteren Sohn". Die Lehren, welche er von ihnen anführt, stimmen völlig mit den von Rainer aufgezählten Dogmen der albanesischen Katharer überein.

Rainer zählt und nennt in allem sechszehn Kirchen der Katharer, wahrscheinlich so viele, als zu seiner Zeit im Jahre 1250, noch mit eigenen Bischöfen bestanden. In dieser Aufzählung werden daher die Schulen oder Kirchen, die in der Lombardei bestanden und die zugleich ebenso viele unter sich verschiedene Sekten bildeten, die albanesische Kirche,[146] die Kirche von Concoreggio und die von Bagnolo, und neben diesen die drugurische, bulgarische und slavonische Kirche besonders genannt, dann in Italien noch die Kirchen zu Vicenza oder die der Trevisaner Mark, die zu Florenz und die zu Spolcto in der Romagna. Zu der bagnolesischen Kirche und deren Bischof gehörten die Katharer zu Mantua, Brescia, Bergamo, deren Lehre die bagnolesische oder slavonische war, und einige wenige der im Mailändischen befindlichen.

Die meisten lombardischen Katharer gehörten zu der albanesischen Kirche, deren Bischof damals zu Verona gewohnt zu haben scheint, oder zu der von Concoreggio. In Languedoc gab es zu Rainers Zeit noch drei selbständige Kirchen, die zu Toulouse, Carcassonne und Albi; eine vierte, die von Agen, hatte sich ganz aufgelöst. Alle diese Kirchen hatten die dualistische oder albanesische Lehre. Dagegen bekannte sich die nordfranzösische Kirche, d. h. die Katharer, die in den nördlich von der Loire gelegenen Provinzen wohnten oder gewohnt hatten, zu der monarchischen Lehre der Bagnoleser. Nach Rainers Angabe hatten sich diese nordfranzösischen Katharer damals in Verona und in der Lombardei niedergelassen, ohne Zweifel weil sie infolge der strengen, auf Befehl der französischen Könige gegen sie ergriffenen Maßregeln, und besonders nach dem großen Schlag, der sie im Jahr 1237 zu Montwimer in der Champagne getroffen, sich dort nicht mehr halten konnten und daher nach jenen Orten in Oberitalien, wo sie sich größere Sicherheit versprachen, auswanderten. Endlich führt Rainer noch zwei

144 Nicht zu Rom in der Terra di Lavoro, wie man nach Vignier meinen könnte, sondern wohl zu Soraggio in der Provinz Garfagnana. in Oberitalien.

145 Marchisius de Soratio, Episcopus illorum de Seneano. Dies ist wahrscheinlich die Ortschaft Segnano nahe bei Mailand. Rampoldi 1. c. III, 961.

146 Ecclesia Albanensium sivo de Donzenacho. Eine Ortschaft dieses Namens ist mir nicht bekannt; doch finde ich einen Petrus cognomento de Donzenaco im 11. Jahrhundert in der Historia monasterii Useriensis bei Baluze, Hist. Tutelens, p. 828.

Kirchen der Katharer in Konstantinopel auf, eine unter den dortigen Lateinern und eine unter den Griechen, dann eine Kirche zu Philadelphia in Romania, d. h. in dem noch zum byzantinischen Reiche gehörigen Vorderasien. Von diesen bemerkt er, dass sie fast durchaus die albanesische oder dualistische Lehre bekannten, also Paulikianer seien.

Dreiundachtzig Jahre früher hatte der Papst Niketas vor den zu St. Felix de Caraman versammelten Katharern fünf überseeische Kirchen aufgezählt, nämlich die Kirche von Romania in Vorderasien, die drugurische, die bulgarische, die von Dalmatien und die von Melanguia. Melangia war eine Stadt in der Nähe von Konstantinopel;[147] wahrscheinlich hatte das Oberhaupt der in Konstantinopel und in der Umgegend befindlichen Dualisten, welches eben Niketas selbst gewesen zu sein scheint, dort seinen Sitz. Die Kirche, welche er die dalmatische nannte, ist aber ohne Zweifel, die sonst als die slavonische oder bagnolesische bezeichnete, da die Byzantiner die Namen Dalmatien und Slawonien damals zu verwechseln oder Dalmatien auch unter der Benennung Slawonien zu begreifen pflegten.[148] Nach der Behauptung des Niketas war jede dieser fünf Kirchen selbständig und unabhängig von den übrigen, d. h. jede hatte ihr eigenes Oberhaupt. Alle aber hielten, wie er hinzusetzt, Frieden und Gemeinschaft miteinander, also auch die Dualisten oder Paulikianer mit den Monarchianern oder Bogomilen. War diese Angabe des griechischen Sektenhauptes wahr und nicht bloß ersonnen, um durch die Darstellung einer großen weit verbreiteten kirchlichen Gemeinschaft günstigeren Eindruck zu machen, so änderte sich das Verhältnis in der folgenden Zeit, da Rainer ausdrücklich bemerkt, dass zwar die Kirchen der Katharer im Allgemeinen die Gemeinschaftsverhältnisse untereinander zu bewahren pflegten und die Anhänger der einen Sekte von der anderen zugelassen würden, dass dies aber nicht von den Albanessen und Concorezzanern gelte, welche beide Hauptparteien einander feindlich ausschlössen.[149]

Einen Blick in die frühere Lage und Verbreitung des neuen Manichäismus in Frankreich gewährt der uns erhaltene Bericht über die eben erwähnte Synode, welche im Jahr 1167 unter eben jenem häretischen Papst Niketas zu St. *Felix de Caraman* in der Nähe von Toulouse gehalten wurde. Niketas war nämlich aus Italien in Begleitung des lombardischen Bischofs Markus nach Languedoc gekommen, wo mehrere manichäische Kirchen schon eine feste Gestaltung gewonnen hatten und zum Teil mit Bischöfen schon versehen waren. Neben den Bischöfen erschienen hier von den einzelnen Kirchen die Gemeindevorsteher oder das

---

147 Le Quien, Oriens Christ. II, 325.

148 Apud Graecos Dalmatiae partem, ab eisdem cum Croatia et Servia possessam, tanquam accessorium Slavicarum regionum Sclavoni nuncupatam, ex Emanuelis rescripto apparet, in quo Rogerium non Croatiae et Dalmatiae Ducis nominibus, sed unico Sclavoniae appellat: Ligiae imperii mei Rogerii Sclavoni. Lucius, De regno Dalmat, bei Schwandtner, Script, rer. Hungar. III, 254.

149 Vgl. Doc. p. 53.

Konsilium, wie sie in dem Synodalberichte genannt werden. Wahrscheinlich hatte dieses dieselbe Stellung, wie die Notarien bei den Paulikianern. Diese hatten nach dem Tod des Sergius im Jahr 835 gleichberechtigte Vorsteher unter dem Namen Synekdemen an die Spitze ihres Kirchenwesens gestellt;[150] es scheint aber, dass sie in späterer Zeit wieder zu der bischöflichen Verfassung zurückgekehrt waren, da Niketas, der ohne Zweifel ein Oberhaupt der Paulikianer war, im Okzident überall Bischöfe einsetzte.

Auffallend ist, dass Niketas allen denen, die er hier zu Bischöfen ernannte, vorher erst das Consolamentum erteilte, da man erwarten sollte, dass die zu Bischöfen Gewählten schon getröstet gewesen seien. Doch ergibt sich aus der Nachricht des Ungenannten bei Vignier, dass wenigstens einer der eingesetzten, der lombardische Bischof Markus, durch Niketas zum Übertritt von der bulgarischen oder bogomilischen Sekte zu der drugurischen oder paulikianischen bewogen worden war, und ohne Zweifel wurde nun das Consolamentum, welches er in der vorigen Gemeinschaft empfangen hatte, ebenso wie seine Ernennung für nichtig angesehen. Wahrscheinlich befanden sich die übrigen in derselben Lage. Robert de Sperone war bereits Bischof der nordfranzösischen Kirche und Sicard Cellerier Bischof der Kirche von Albi, als sie zu der Synode kamen, und doch ließen sie von Niketas nicht nur die bischöfliche Ordination, sondern auch die Taufe oder das Consolamentum sich erteilen. Dies zeigt, dass auch sie, wie der lombardische Bischof, bisher zu einer anderen Sekte gehört hatten und nun zu der des Niketas übertraten. Außerdem wurden hier Bernard Raimund zum Bischof von Toulouse, Guiraud Mercier für Carcassonne und Raimund de Casalis für Val d'Aran (in der Diözese Comminges) gewählt und eingesetzt.

Die französischen Gemeinden sollten nach dem Muster der orientalischen Stammkirchen eingerichtet werden,[151] und Niketas scheint sich auch hier des Mittels bedient zu haben, das überhaupt von den Sendboten der Häresie mit bestem Erfolge angewandt wurde: da nämlich die gnostisch-manichäischen Gemeinden in den Ländern bestanden, in denen die Apostel die ersten Kirchen gepflanzt hatten, und den Okzidentalen die Namen dieser apostolischen Urkirchen aus dem Neuen Testamente bekannt und geläufig waren, so nahmen sie den Ursprung und die ununterbrochene Sukzession der Lehre und der Vorsteher für ihre Kirchen in Anspruch. So hatte man auch den Katharern am Niederrhein den Glauben beigebracht, dass ihre Lehre in Griechenland seit den Zeiten der Apostel insgeheim sich fortgepflanzt habe. In diesem Sinne nun berief sich Niketas auf das Vorbild der sieben asiatischen Kirchen, deren die Apokalypse gedenkt; wie diese untereinander geteilt und abgeschlossen gewesen seien und keine der ande-

---

150 s. o. S. 22.

151 Vos dixistis mihi, ut ego dicam vobis consuetudines primitivarum ecclesiarum, sint leves an graves, sagt Niketas oder Niquinta, wie ihn der Bericht (im Recueil des hist. de la Fr. XIV, 448), den griechischen Namen in die okzitanische Form umbildend, nennt.

ren widerstrebt oder in das Gebiet der anderen eingegriffen habe, so stünden auch jetzt die überseeischen Kirchen zueinander, und die des Abendlands möchten es ebenso halten. Darauf wurde zur Erwählung von Kommissären, welche die Grenzen der einzelnen Diözesen bestimmen sollten, geschritten.

Nach einer alten Nachricht[152] kam im Jahr 1201 wieder ein Oberhaupt der manichäischen Sekte, Julian Palmier, nach langem Aufenthalt in den Donauländern nach Albi. Er brachte es dahin, dass fast ganz Albi seine Lehren annahm, und sandte Sendboten nach anderen Städten aus.

Nach dem Zeugnis des gleichzeitigen Cäsarius von Heisterbach[153] hatte der neue Manichäismus bis zum Schluß des zwölften Jahrhunderts mit so reißender Schnelligkeit um sich gegriffen, dass er bereits in nahe an tausend Städten Anhänger zählte und, wäre er nicht mit dem Schwerte bekämpft worden, ganz Europa überzogen haben würde. Nicht mit Unrecht erblickte daher der Abt Joachim[154] in den „Paterinern" die furchtbarsten Feinde der Kirche für die damalige und die nächstfolgende Zeit. Er zählt sie mit den Juden, Heiden, Arianern, Muhammedanern und den deutschen Kaisern zu den sechs Hauptverfolgern der Kirche, die um so gefährlicher seien, als sie ihre geheimen Sendboten wie die Heuschrecken zur Verführung des Volkes nach allen Seiten hin aussendeten. Er vergleicht den durch ihre lügenhafte Lehre im Abendlande bewirkten Abfall mit dem Abfall der griechischen Kirche, ihrer Mutter. Nach ihm hat diese Sekte, der Bodensatz aller früheren Häresien, welche für die lateinische Kirche das ist, was die Arianer und Sabellianer ehemals für die griechische waren, von Oberitalien aus die umliegenden Länder angesteckt, so dass die ganze Kirche an einer schwerer Krankheit litt; besonders aber werden, so verkündet er, in Italien und in Südfrankreich die Pateriner, die sich mit den falschen Christen gegen die Lehrer der Kirche verschworen haben, eine schwere Verfolgung der Kirche auslösen. Sie sind die Tochter der Herodias, die durch ihre verführerischen Künste den Herodes (den künftigen Kaiser) zur Enthauptung des Johannes, d. h. zur Verfolgung der Prälaten verleiten wird; aber durch einen neuen Orden von Predigern wird dieses Ungeheuer mit dem Schwerte des Geistes erlegt werden.[155]

Da gleichzeitig mit dem Auftreten der neuen gnostischen Sekten im christlichen Orient und Okzident die verwandten und von ähnlichen Prinzipien ausgehenden Sekten der Zendiks, der Karmaten, Batenis und Ismaelis in dem Gebiet des Islam furchtbare Fortschritte machten und eine Reihe der blutigsten Religionskriege

---

[152] Im Cod. Biblioth. reg. Paris. No. 1389: Julian Palmier, alias de Palerme, lequel avait demeure long-tems en Albania, qualifie du titre de Major Haereticorum.

[153] Caes. Heist. Dialogi, Antw. 1604, p. 289.

[154] Das heißt der joachimitisch gesinnte Minorit, der unter Joachims Namen die Kommentare über Jesaias und Jeremias verfasst hat.

[155] Joachim super Esaiam f. 7,35, 36. Interpret, in Jerem. ed. Colon. p. 207, 209, 326, 332. Expos, in Apoc. f. 131-134. Nach seiner Angabe hätten sich die Pateriner im Abendlande zuerst in Cremona eingenistet.

hervorriefen, so liegt die Vermutung sehr nahe, dass engere Verbindungen und Einwirkungen zwischen den Manichäern der christlichen und denen der mohammedanischen Welt stattgefunden. In der Tat ist die Übereinstimmung in wichtigen Punkten der Lehre und der Praxis auffallend: Hier und dort dasselbe Verfahren in Aussendung geheimer Emissäre zur Bearbeitung des Volkes, dieselbe Einteilung in Eingeweihte und Glaubende, dieselbe stufenweise und allmählig vorbereitende Einführung in die Geheimlehre der Sekte, die gleiche hierarchische Organisation, das Verbergen und Verleugnen des Glaubens, wo das Bekenntnis mit Gefahr verknüpft war, die Verwerfung der von Christen und Mohammedanern geglaubten Schöpfung, sowie der Auferstehung, die Lehre von der Präexistenz der Seelen und manches andere. Dass die Katharer, wahrscheinlich mittels der geheimen Anhänger der ihnen verwandten Sekten, in Verbindung mit den Mohammedanern gestanden und diese zu ihrem Schutz und ihrer Verstärkung zu benutzen getrachtet haben, dafür sprechen bestimmte Zeugnisse. Schon um das Jahr 718 bemerkt der Patriarch Johannes Ozniensis,[156] dass die Paulikianer in Armenien mit den Sarazenen sich verbündet hätten. Der Abt Joachim vernahm im Jahr 1195 zu Messina von einem glaubwürdigen, aus Alexandrien zurückgekehrten Manne, dass die Pateriner Gesandte an die moslemischen Fürsten zur Abschließung eines Friedens- und Gemeinschaftsbündnisses geschickt und dass diese sich darauf eingelassen hätten.[157] Auch Cäsarius berichtet, dass die Albigenser, als das Kreuzheer gegen sie anrückte, den Emir-al-Mumenin, Beherrscher von Marokko, zu Hilfe gerufen hätten, der auch nach Spanien herübergekommen sei, dessen weitere Pläne aber die Niederlage bei Naves de Tolosa vereitelt habe.

Der Name, den die Häretiker dieser Zeit sich selber beilegten und den sie aus dem griechischen Reiche mit herüberbrachten, *Katharer*, die Reinen, bezog sich zunächst auf die Reinheit, welche sie in der Enthaltung von allem nach ihrer Lehre Befleckenden (Ehe, Fleischgenuss u. dgl.) suchten und welcher sie demnach ausschließend sich rühmen zu können meinten. In Deutschland ist aus diesem Wort die nachmals allgemein gewordene Bezeichnung *Ketzer* entstanden. Der Name Katharer war dort, nach Ekberts Zeugnis, im zwölften Jahrhundert der gewöhnlich gebrauchte und war auch bereits eine Bezeichnung zur Beschimpfung geworden; denn Ekbert setzt bei, durch ein gerechtes Gericht Gottes sei eben der Name, den sie sich zur Verherrlichung beigelegt hätten, im Volksausdruck zur Schmach für sie gewendet worden.[158] Der Name, der in der Sekte den Auserwähl-

[156] Opp. ed. Aucher, Ven. 1834, p. 79.

[157] Joachim in Apoc. f. 134.

[158] Ecbertus adv. Catharos, Colon. 1530, fol. c. Der Name wurde auch in Italien viel gebraucht, regelmäßig von Rainer Sacchoni und Moneta, seltener in Frankreich. Cazari und Gazari sind Korruptionen von Cathari. Vergl. Schmidt, Hist. des Cath. II, 276. Eine wunderliche Erklärung des Namens Cathari s. Doc. p. 293.

ten oder Geweihten gegeben wurde, bons hommes, bonomini,[159] ist wohl eine Übersetzung der Benennung cathari. *Manichäer* nannte man sie gleich bei ihrem ersten Erscheinen, wie man im Orient die Paulikianer so nannte, weil ihre Lehre in vielen und wichtigen Punkten mit dem manichäischen, den man im Abendlande besonders durch die Schriften des Hl. Augustin kannte, übereinstimmte, während von den hier längst verschollenen Gnostikern nicht einmal der Name mehr erwähnt wurde, wohl auch darum, weil wirklich ein Zusammenhang zwischen den neuen Sektierern und den alten Manichäern stattfand.

In *Italien* hießen sie gewöhnlich *Pateriner*. Diesen Namen hatten die Schismatiker zu Mailand, die Anhänger der dortigen verheirateten und simonistischen Kleriker den eifrigen Katholiken beigelegt, welche sich unter Anführung der Heiligen Ariald und Herlembald zur Beschirmung kirchlicher Zucht und Reinheit verbündet hatten; er bedeutete Lumpengesindel[160] und ihre Verbindung hieß die Pataria. Um nun die Mitglieder derselben verhasst zu machen und als Feinde der Kirche darzustellen, beschuldigten die Schismatiker sie des Einverständnisses mit den kürzlich im Castell Monteforte entdeckten Katharern. Den Vorwand dazu lieh der Umstand, dass diese die Berührung einer Frau überhaupt für eine schwere Sünde hielten, jene aber, die Anhänger Arialds, den Geistlichen die Verbindung mit Frauen wehren wollten. So behauptet der mailändische Geschichtsschreiber Landulf der Ältere geradezu, die Laien von der Partei Arialds hätten die Meinungen des Gerhard von Monteforte, des Hauptes der dortigen Katharer, gehegt. Er lässt dem Hl. Ariald den Vorwurf machen, er habe seine Lehre von der Notwendigkeit des Zölibats aus dem Umgang mit denen zu Monteforte geschöpft, und er nennt sogar die Männer dieser Partei ein paar Mal Katharer.[161] Als nun die echten Katharer immer zahlreicher im Mailändischen zum Vorschein kamen und eine ähnliche äußere Strenge und Enthaltsamkeit zur Schau trugen, wohl auch zuerst unter der Decke der Pataria sich festsetzten, fiel ihnen der dem Volke schon geläufige Name Pateriner wie von selbst zu, und allmählig wurde derselbe in Italien, wie in Deutschland der Name Katharer, die gewöhnliche Bezeichnung

[159] Boni homines, Doc. p. 22, 27, 38 und oft, auch boni Christiani Doc. p. 4, 17, 25 u. o., bonae mulieres Doc. p. 165.

[160] Nach einigen sollen die Anhänger Arialds in dem verrufenen Quartier Pataria 1058 ihre Versammlungen gehalten haben. Patari hießen in Mailand Trödler, Lumpenhändler, und Pataria heißt dort noch jetzt ein Platz, der ehemals ein Trödelmarkt war. Giulini, Memorie di Milano IV, 199.

[161] Landulphus Sen., Hist. Mediolan. 1. III, c. 18, 20, 28, bei Muratori, Script, rer. ital. tom. IV. Dass hiernach die Erklärung in der Konstitution des Kaisers Friedrich II. vom Jahr 1224, die Katharer nannten sich Patarenos, velut expositos passioni (Ducange V, 137), eine aus Unkenntniss willkürlich erfundene sei, ist von selbst klar. In den früheren Zeiten der Verbreitung der Sekte aus Italien nach Frankreich bediente man sich auch in diesem Land der Bezeichnung Pateriner; schon der Bischof Marbod von Rennes gedenkt des novus error eorum, qui Patarini vocantur. Hildeberti et Marbodi opera ed. Beaugendre, p. 1395. — In den Doc. kommt der Name Paterino u. a. p. 293, 301, 322, 324 vor.

eines Irrgläubigen und ein Schmähwort im Mund des Volkes, so dass, als die Katharer bereits verschwunden waren, häufig die verschiedensten Personen als Pateriner bezeichnet wurden, entweder weil sie gerade dem Pöbel verhasst oder verdächtig waren, oder weil man überhaupt eine feindliche Gesinnung gegen die Kirche bei ihnen voraussetzte. So wurde auch im Jahr 1350 der Kardinallegat Annibaldo da Ceccano von den im Aufstand begriffenen Römern Pateriner genannt, und als derselbe den Volkstribun Rienzo bannte, geschah es mit der gleichen Bezeichnung.[162]
Der Name, welcher den Katharern im 12. und 13. Jahrhundert in Frankreich häufig gegeben wurde, *Publikaner* oder *Popelikaner*,[163] ist durch Korruption des Wortes Paulikianer entstanden und zeigt, dass mit der Lehre der in Thrakien angesiedelten Sekte auch der Name derselben nach dem Abendlande hinüber wanderte. So erzählt Villehardouin,[164] wie die Paulikianer in Thrakien, die er Popelikaner nennt, sich dem Bulgarenkönig Johannicius unterworfen und ihm die Stadt Philippopolis zu übergeben versprochen hätten, worauf der französische Befehlshaber Rainer de Trit das Quartier der Paulikianer in Philippopolis angezündet habe, und als die Kreuzfahrer das Gebiet der alten Paulikianer in Kilikien, Kleinarmenien und dem nördlichen Syrien betraten, fanden sie die Nachkommen derselben dort in festen Schlössern, als einen von allen anderen Völkern abgesonderten Stamm, der gegen die Christen des Abendlandes sich ebenso feindselig erwies, wie seine Vorfahren die unversöhnlichen Feinde des byzantinischen Reiches gewesen waren.[165]

---

162 Jettavano prete (pietre) suso allo palazzo, gridavano come se fao, ha, ha, ha, a lo Patarino. Bei Muratori, Antiq. Ital. III, 483. Derselbe Chronist der Stadt Rom nennt den Francesco Ordelaffi, Herrn von Forli, un pervierzo heretico Patarino, uno perfido cane Patarino, rebello de la santa chiesa. Ebenda III, 507. Als ein Heer der Spoletaner gegen die Einwohner von Foligno zog, riefen sie: Moriantur Patareni Gibellini. Ebenda III, 143. Der Kardinal-Legat Ceccano maldisse et scomunicao Cola di Rienzo, appellandolo Patarino e fantastico. Ebenda III, 487. Das letzte Wort meint einen Doketen, der die Realität der Menschwerdung, die Leiblichkeit Christi leugnet.

163 Auch Populicani, Poplicani. Schon der Kompilator der Historia miscella (bei Muratori, Script, rer. Ital. I, 158) sagt, wo er aus dem Theophanes die durch Constantin Kopronymos im Jahr 755 bewirkte Übersiedelung syrischer und armenischer Paulikianer nach Thrakien berichtet: Ex quibus Publicanorum haeresis est dilatata. In einigen Handschriften oder Ausgaben steht Paulicianorum, und so hat auch die Historia eccles. Anastasii (Theophanes ed. Bonn. II, 230). In der Chronol. Roberti Altissiod. ad a. 1181 (im Recueil des hist. XVIII, 249) heisst es: Illorum, quos Publicanos vel Catharos vel Paterinos Populicanos vocant, haeresis execranda, und bei Radulphus Coggeshale (Recueil XVIII, 59): A. 1175 oritur haeresis perniciosa Publicanorum in Francia.

164 Recueil des hist. XVIII, 479: Une partie des gens qui estoient Popelican, s'en alerent a Johanisse etc.

165 So heißt es bei Robert. Monach. Hist. Hieros. bei Bongars I, 44: Perrexerunt (Christiani) usque ad castellum Publicanorum eoque subiugato etc. Und weiter erzählt er, dass die dortigen Armenier über die Besiegung dieser Publicani große Freude gezeigt hätten. Vgl. p. 56

Nicht minder deutet der andere Name, der in Frankreich den Katharern beigelegt wurde und der sich als Schmähwort bis heute dort erhalten hat, der Name *Bulgaren*, auf den östlichen Ursprung der Sekte. Wir haben bereits gesehen, dass die bulgarischen Häretiker von der monarchianisch gesinnten Sekte der Bogomilen waren und so könnte man erwarten, dass die südfranzösischen Katharer, welche Dualisten und Abkömmlinge der Paulikianer waren, vorzugsweise Popelikaner, die nordfranzösischen dagegen als Monarchianer regelmäßig Bulgaren genannt würden. Aber dieser Unterschied ist von den damaligen Chronisten nicht genau beobachtet worden und es findet sich, dass auch den Katharern in Languedoc der Name Bulgaren gegeben wird.[166]

In einigen Gegenden hießen die Katharer Texerands, Textores, weil viele von ihnen der Weberzunft angehörten. Der Name *Piphili*, Piphles, den man ihnen in Nordfrankreich und Flandern gab und unter welchem sie die Synode von Reims im Jahre 1157 verdammten, soll ein Ausdruck der Verachtung gewesen sein.[167] Von den Provinzen, in welchen sie besonders zahlreich waren, erhielten sie die Namen: Provenzalen, Agennenser, Tolosates und namentlich *Albigenser*, von der Stadt Albi und der Provinz Albigeois in Languedoc. Doch bezeichnet dieser Name, der erst seit dem Anfange des 13. Jahrhunderts gebräuchlich wurde, nicht bloß gnostische Sektierer, sondern überhaupt alle in jenen Gegenden wohnenden Personen, die der herrschenden Kirche entfremdet waren, namentlich auch die Armen von Lyon oder Waldenser.

X. Kapitel: Die Lehre der Katharer

1. Die Lehre der Dualisten

Da die Lehre der dualistischen Katharer, d. h. der Albaneser in Italien und der Albigenser in Südfrankreich, sich von dem der Monarchianer, nämlich der Concorrezzaner und Bagnoleser und ihrer Glaubensgenossen im nördlichen

---

u. Gesta Francorum, ib. p. 9. — Oppidum illud (Arche) ... munitum erat Arabum et Publicanorum frequentiis. Baldric. ib. p. 128.

166 Der Chronist Robert von Auxerre (im Recueil XVIII) hat beide Namen, z. B. p. 262: Haeresis Populicana omnium haereseon feculentissima; p. 273: Haereticos, quos Bulgaros vocant, vehementer studuit insectari; p. 274: Bulgarorum haeresis execranda ... invaluerat maxime in terra comitis Tolosani. Die Bulgarei heißt bei Villehardouin (bei Buchon, Collection des chroniques III, 172) Bougrie. So wurde Bougres der Name für die Katharer, dann für Ketzer überhaupt. So redet die Chronique de S. Denys (im Recueil XVII, 416) von den Bogres d'Albijois und von der dortigen Boguerrie, und p. 396 wird die Irrlehre Amalrichs bougrerie, d. i. Ketzerei überhaupt, genannt. Auch borquezie ist daraus geworden, so in der Chronique de S. Denys p. 314: Quant li evesque ot la borquezie entendu.

167 Einige haben den Namen mit dem deutschen Wort Pöbel in Verbindung gebracht; C. Schmidt II, 281 hält ihn für eine Korruption von Poblicans.

Frankreich, in wesentlichen Punkten unterschied, so erfordern die beiden Systeme eine gesonderte Darstellung. Die Lehre der Dualisten war folgende:
Von Ewigkeit an stehen zwei Grundwesen einander entgegen: der gute Gott des Lichtes, der Urheber der unsichtbaren Dinge oder der höheren Weltordnung, der Vater aller guten Wesen, der, da er nie sich unmittelbar geoffenbart hat, in der Schrift vorzugsweise, zum Unterschiede von dem anderen, öfter sichtbar gewordenen, der Unsichtbare heißt,[168] – und der Gott der Finsternis, der den Sinn der Ungläubigen verblendet, der Urheber aller sichtbaren Dinge und bösen Wesen, überhaupt das Prinzip alles Bösen; denn das Böse ist nicht etwas Gewordenes, sondern wie sein Gegenteil, das Gute, etwas von Natur Vorhandenes und hat also gleich jenem ein ewiges Prinzip. Dieses böse Urwesen, von Christus der Fürst, von Paulus der Gott dieser Welt genannt, hat die vergängliche, sichtbare Ordnung der Dinge, die Elemente und den niederen Himmel mit seinen Gestirnen, alles, was auf dieser Erde, in diesem Wasser, dieser Luft ist, geschaffen, d. h. aus der von Ewigkeit existierenden Materie gebildet, während der gute Gott nur Bleibendes und Ewiges hervorgebracht hat; denn die Ursache ist wie die Wirkung, und Gott, der Urgute, der wesentlich selbst unveränderlich ist, kann nicht der Urheber einer dem Wechsel und der steten Veränderung unterworfenen Welt sein. Demnach ist die sichtbare Welt, in welcher alles eitel und vergänglich ist, ein dem Lichtgotte völlig fremdes Reich; sie gehört dem bösen Gotte, der sie ins Dasein gerufen,[169] und der daher auch als Versucher Christus alle Reiche der Welt anbot, was er nicht gekonnt hätte, wenn sie nicht sein Eigentum wären. Darum spricht auch Christus von dem unvereinbaren Dienst zweier Herren, von dem guten und dem bösen Baume und ihren Früchten, von einer Pflanzung, die nicht der himmlische Vater gepflanzt habe, von einem ihm fremden Reich dieser Welt, in welchem er nichts hatte, wo er sein Haupt hinlegen konnte; darum wird den Gläubigen untersagt, die Welt und was in ihr ist zu lieben.[170] Wenn es aber heißt, der Vater im Himmel lasse seine Sonne aufgehen über Böse und Gute und regnen über Gerechte und Ungerechte,[171] so ist hier die Geistersonne, die Sonne der Gerechtigkeit, Christus, und der Regen des göttlichen Wortes gemeint. Wären die Dinge dieser Welt vom guten Gotte, so würde Paulus sie nicht wie Kot achten.[172] Der gute Gott dagegen, der Vater der Gerechten, hat sich seine eigene, bleibende und unvergängliche Welt geschaffen, die gleichfalls aus vier, aber höheren Ele-

---

[168] N.T. Kol. 1,15.

[169] Belege für die Annahme eines guten und eines bösen Gottes in den Doc. p. 18. 23. 31. 40. 58. 218. 231. 273. 321. 374 u. a.

[170] N.T. 1. Joh. 2,15.

[171] N.T. Matth. 5,45.

[172] N.T. Phil. 3,8. Moneta adv. Catharos et Wald. ed. Ricchini, 1743, p. 3. 7-24. 81. Bonacursius, Manifestatio haeresis Catharorum bei Baluze, Miscellanea ed. Mansi II, 581. Vergl. die Aussagen der Katharer im Liber inquis. Tolosan. hinter Limborchs Hist. inquis. p. 5. 37. 92.

menten besteht und mit einer anderen Sonne, mit einem eigenen Monde und anderen Sternen geschmückt ist. In dieser seiner himmlischen Welt hatte er neben sich ein Volk von Geistern oder Engeln, welche er nicht etwa durch einen Akt seines Willens aus dem Nichts ins Dasein gerufen, sondern welche er vor aller Zeit aus einem von Ewigkeit existierenden Stoff gebildet hatte.

Wenn die dualistischen Katharer, gleich den älteren Gnostikern, nach dem Zeugnis des Moneta[173] so entschieden den Begriff einer Schöpfung aus dem Nichts verwarfen und nur eine Bildung aus einer schon vorhandenen Materie gelten lassen wollten, so liegt die Annahme sehr nahe, dass sie, indem sie sich zur Emanationslehre bekannten, die Geister des Himmels als aus der Substanz der Gottheit selbst hervorgegangen sich dachten. Dieser Annahme könnte auch Moneta günstig zu sein scheinen; denn er sagt: „Vielleicht wird der Häretiker sagen, dass die präexistierende Materie die göttliche Wesenheit selbst ist, welche im Buch der Weisheit (A.T. 11,18) die unsichtbare Materie genannt wird", worauf er dann dartut, dass daraus eine Wesensgleichheit der Geschöpfe mit Gott folgen würde. Doch zeigt schon die Art, wie er diesen Einwurf vorführt, dass er denselben nicht wirklich von den Katharern vernommen hatte, und in der Tat konnte, wenn die Katharer die Emanationstheorie bis in ihre notwendigen Konsequenzen verfolgten, jene Ansicht nicht die ihrige sein, da sie, im Widerspruch gegen die katholische Lehre von der Zeugung des Sohnes aus dem Wesen des Vaters, Christus für ein bloßes, von dem göttlichen Wesen durch eine weite Kluft getrenntes Geschöpf erklärten und sich dabei völlig die ehemals von den Arianern vorgebrachten Gründe aneigneten.[174]

Man müsste demnach annehmen, dass sie sich begnügten, die Schöpfung materieller Wesen aus Nichts zu leugnen, dass sie daher auch eine Bildung der den Engeln beigelegten himmlischen Leiber aus einem von Ewigkeit neben und außer Gott existierenden Stoffe, dabei aber eine ewige Schöpfung der Geister lehrten. Erwägen wir aber die genaue Verwandtschaft ihrer Lehren mit den altgnostischen, mit Hilfe der Emanationstheorie erbauten Systemen, erwägen wir, dass die Gnostiker mit dem Begriffe der Emanation zugleich den einer Verringerung der göttlichen Vollkommenheit, eines stufenweise eintretenden Mangels, also doch einer Wesensdifferenz verbanden: so bleibt es das wahrscheinlichste, dass die Katharer die Geister, wie die alten Gnostiker ihre Äonen, durch Emanation aus Gott hervorgehen ließen. Dass aber diese Geister gleich ewig mit Gott, wie die Sonnenstrahlen gleichzeitig mit der Sonne existierten, das sollte die Stelle dartun: „Das Leben des Menschen hat seine bestimmte Zeit, Israels Tage aber sind unzählig".[175]

---

173 Moneta 1. c. p. 70.
174 Moneta 1. c. p. 234 ff.
175 A.T. Sirach 37,28.

Unter den „Menschen“ nämlich seien hier die der bösen Schöpfung, unter Israel aber die der guten, oder die Geister des Pleroma zu verstehen. Desgleichen beriefen sie sich auf die Worte des Predigers, dass nichts Neues unter der Sonne und alles schon in früheren Zeiten dagewesen sei,[176] auf Jeremias: „Mein Volk hat meine unzähligen Tage vergessen“,[177] und auf die Worte des Psalmisten: „Gedenke an deine Gemeinde, die du von Anfang an besessen hast“.[178] Dabei waren sie jedoch hinsichtlich der Frage, ob diese Engel einen Anfang ihres Daseins gehabt oder von Ewigkeit her existiert hätten, geteilt. Ein Teil der Dualisten nahm an, dass die Engel zwar eine überaus lange Zeit vor ihrem Falle, aber nicht von Ewigkeit her mit Gott in seiner Herrlichkeit zusammen gelebt hätten.

Die Katharer wussten manche Schriftstellen für ihre Annahme der zwei Urwesen und ihrer zwei entgegengesetzten Welten anzuführen.

Luzifer, lehrten sie, der Sohn des Gottes der Finsternis, von Neid erfüllt, entzündete, als einer der Lichtengel gestaltet, durch den Glanz seiner Schönheit die Himmelsbewohner zu heftiger Liebe und spielte seine Rolle so gut, dass er auf ihre Verwendung vom guten Gott zum Verwalter über sie bestellt wurde. Auf dieses Hinaufsteigen Luzifers und der ihn begleitenden Dämonen beziehen sich die Worte Christi von dem bis zum Himmel erhobenen und bis zur Hölle hinab zu stürzenden Kapharnaum,[179] die Stelle des Jesaias: „Du gedenkst in deinem Herzen, ich will in den Himmel steigen und meinen Stuhl über die Sterne Gottes erhöhen“,[180] und was von den zum Himmel aufsteigenden Sünden Babels gesagt ist.[181] Gott aber ließ dies zu, damit er seine Macht an ihm zeigte[182] und damit sein Name auch in der fremden Schöpfung verkündigt würde. Der ungerechte Haushalter im Evangelium ist Luzifer als Verwalter im Himmel; der gute Gott begehrte Rechenschaft von ihm, nämlich über die Gebete und Lobgesänge, welche die ihm untergebenen Engel zu entrichten hatten; er aber rief die Schuldner, d. h. die Engel, zusammen und lehrte sie, Gott zu hintergehen.[183] Ein Teil der Engel unterlag der Versuchung, denn Gott hatte nur einige in solcher Vollkommenheit, Kraft und Weisheit erschaffen, dass die verführerischen Künste Luzifers keine Hinneigung zum Bösen bei ihnen bewirken konnten; die übrigen waren minder vollkommen und wegen ihres geringeren Maßes an Kraft und Erkenntnis der Lockung zugänglich. Nur auf diese Weise, durch die Verführung des bösen Urwesens oder seiner Geschöpfe lässt sich die Entstehung der Sünde bei den ursprünglich guten Geis-

---

176 A.T. Pred. 1,9.

177 A.T. Jerem. 2,32. Eigentlich: "Vergißt auch eine Jungfrau ihres Schmuckes, eine Braut ihres Gürtels? *aber mein Volk hat meiner vergessen Tage ohne Zahl.*"

178 A.T. Ps. 73,2.

179 N.T. Luk. 10,15.

180 A.T. Jes. 14,13.

181 N.T. Apok. 18,5.

182 nach N.T. Röm. 9,17.

183 Doc. p. 86.

tern erklären. Sich selbst überlassen und aus ihrem eigenen Innern hätten sie, als Geschöpfe des guten Gottes, von welchem nur Gutes kommen kann, die Sünde niemals erzeugt. Denn die Sünde ging bei ihnen nicht aus freier Entscheidung ihres Wahlvermögens hervor, welches sie vielmehr gar nicht hatten, da ein solches Vermögen, als vom guten Gotte gegeben, auch nur gut sein und demnach auch nur für das Gute sich hätte entscheiden können, sondern sie war die Frucht eines äußerlichen Verführungszwanges, welcher, ungeachtet ihres widerstrebenden guten Willens, diese Geister überwältigte, weil ihre minder vollkommene Natur demselben nicht zu widerstehen vermochte.[184]

Als Satan die Engel verführt hatte, kam es zwischen ihm und dem Erzengel Michael zu dem in der Apokalypse beschriebenen Kampfe; das vergossene Blut schwoll empor bis zu den Zäumen der Pferde und ergoss sich sechzehnhundert Stadien weit; Satan aber wurde besiegt und die Opfer seiner List wurden mit ihm aus dem Himmel ausgestoßen, oder, wie die Apokalypse sagt, der Drache, die alte Schlange, zog den dritten Teil der Sterne, d. h. der Engel, mit sich herab.[185] Die Engel bestehen aber aus drei Teilen oder Substanzen, dem himmlischen Körper, der Seele und dem Geiste, so dass die Seele innerhalb des Leibes ist, der Geist aber, als Wächter und Lenker der Seele, außerhalb desselben. Von den gefallenen Engeln blieben nun die seelenlosen Körper, welche deshalb bei Ezechiel (A.T. 37,1) verdorrte Gebeine heißen, zusammen mit den Geistern, die an der Versündigung nicht Teil genommen hatten, im Himmel zurück;[186] auch ihre Gewänder, Kronen und Sitze sind noch dort und sie werden diese einst wieder erhalten, weshalb Paulus sagt, die Krone der Gerechtigkeit sei ihm aufbewahrt;[187] die Seelen aber folgten dem Verführer.[188] Dass der Drache nur ein Drittel der Sterne, d. h. des Volkes Gottes, nach sich gezogen habe, das bezieht sich eben auf dieses Zurückbleiben der beiden anderen Bestandteile, nämlich der Geister und der himmlischen Leiber.

Satan schloss die Seelen in die von ihm gebildeten, grobirdischen Körper ein,[189] welche die Schrift irdene Gefäße nennt; denn von ihnen heißt es in den Klagelie-

---

[184] Moneta 1. c. p. 38-44. Disputatio inter Catholicum et Paterinum bei Martene et Durand, Novus thes. anecd. V, 1719.

[185] N.T. Apok. 12,7-9; 14,20. Vgl. Doc. p. 79. 294.

[186] Doc p. 58.

[187] N.T. 2. Tim. 4,8.

[188] Moneta 1. c. p. 105. 107. Bonacursius 1. c. p. 581. Rainerius bei d'Argentre', Collectio I, p. 52. 55. Sie beriefen sich vorzüglich auf N.T. 1. Thess. 5,23, wo Geist, Seele und Leib unterschieden werden, dann aber überhaupt auf jene zahlreichen Stellen, in denen bald vom spiritus, bald von der anima die Rede ist.

[189] Im südlichen Frankreich herrschte eine viel volkstümlichere Ansicht über den Fall der Engel, wie die übereinstimmenden Aussagen zahlreicher Zeugen aus jener Gegend (Doc. p. 149. 173. 176. 186. 200. 204. 213) beweisen. Der gute Gott lebte mit den Geistern, die er sich geschaffen, in vollster Harmonie. Diese zu stören, stieg der Satan, das böse Prinzip, zum Himmel empor und suchte dort Eingang. 32 Jahre lang harrte er an der Pforte, bis end-

dern des Jeremias (A.T. 4,2): „Die edeln Kinder Zions, mit dem ersten Golde bekleidet, wie sind sie nun irdenen Töpfen gleich geachtet, die ein Töpfer macht!“ Diese Seelen sind es die in der Schrift das Volk Gottes, die Schafe des Hauses Israel genannt werden;[190] nur um ihretwillen ist Christus herabgekommen und sie allein werden gerettet werden. Dass Christus in der Tat nur zur Erlösung jener alten Himmelsbewohner herabgestiegen, zeigt das Wort des Herrn bei Ezechiel: „Ich will das Verlorene suchen und das Verirrte wiederbringen“, und was er selber sagt: „Ich bin nur gesandt zu den verlorenen Schafen des Hauses Israel“.[191] Wenn Paulus von einer Erwählung vor Grundlegung der Welt redet, wenn er einer Wiederherstellung in Christus und einer durch ihn geschehenen Wiederaussöhnung gedenkt[192], so deutet er damit auf das ursprüngliche Verhältnis, in welchem die gefallenen Himmelsseelen vor ihrer Verführung zu Gott standen. Und wenn der Engel von Ephesus an die erhabene Stelle, von welcher er herabgefallen, erinnert und zur Buße gemahnt wird,[193] so liegt darin ein Zeugnis, wie für den Fall, so auch für die Erlösbarkeit der Engel.

Wo die Schrift des Hauses Israel gedenkt, versteht sie darunter das himmlische Vaterland, wo die Gerechtigkeit wohnt; denn Israel heißt der Gott Schauende, und das Haus Israel ist demnach die Heimat der Gott Schauenden, d. h. der Himmelsbewohner. Israel aber ist der Name eines Himmelsfürsten, dessen Volk durch Satans List verloren gegangen; zur Rettung dieser Seelen ist Christus vorzugswei-

---

lich der Pförtner ihn einließ. Im Himmel verhielt er sich ein Jahr lang ruhig; dann aber versuchte er die guten Geister mit der Frage, ob sie denn sonst keine Seligkeit und Freude hätten als die, welche er mit ihnen genieße. Als sie gestanden, dass dieses allerdings ihre ganze Seligkeit sei, schilderte er ihnen in bezaubernden Worten die viel größeren Freuden und Güter, die ihrer in seinem Eigentum, in der unteren Welt, harrten. Er sprach ihnen von Fürstentümern und Grafschaften, von herrlichen Gefilden und Weinbergen, von Gold und Silber, vor allem aber von der Schönheit der Weiber und den Genüssen, welche der Umgang mit ihnen biete. Auf ihr Verlangen, ein solches Weib zu sehen, führte er aus seinem Reich eine bildschöne Frau herauf, bei deren Anblick alle die heftigste Begierde ergriff, eine solche zu besitzen. Als der Satan dieses merkte, eilte er mit dem Weib aus dem Himmel herab in sein Reich. Unzählige Engel stürzten in brennender Begierde ihm nach. Neun Tage und neun Nächte fielen in dichten Massen Scharen von Engeln auf die Erde nieder, bis endlich der gute Gott den Riss des Himmels, durch welchen sie herabstürzten, schloss und keinen Engel mehr fortließ. Der Satan erbaute für die gefallenen Engel einen gläsernen Himmel (Doc. p. 32. 214); der gute Gott aber zertrümmerte diesen, und so sahen sich die Engel, ihrer Herrlichkeit entblößt, hilflos auf der Erde, vom Satan schmählich getäuscht. Sie bereuten ihren Fehltritt, riefen zum Himmel um Verzeihung und stimmten die Lieder Sions an (cantica de canticis Sion, Ps. 136,3, Doc. p. 32). Um ihnen jede Erinnerung an die Vergangenheit zu benehmen, schloss sie der Satan in menschliche Körper ein (tunicae, A.T. 1. Mos. 3,21).

190 N.T. Matth. 1,21; 10,6.

191 A.T. Ezech. 34,16. N.T. Matth. 15,24.

192 N.T. Eph. 1,4. 7. 10.

193 N.T. Apok. 2,5.

se gekommen, dann aber auch um der Schafe anderer Fürsten willen, welche gleichfalls ihrer Sünde wegen aus dem Himmel gestürzt wurden und in der Schrift das Volk der Heiden heißen.

Diese gefallenen Engelsseelen, und nur sie allein, werden einst in den Himmel eingehen, denn „Niemand steigt auf in den Himmel, als der vom Himmel herabgekommen ist",[194] und nur auf sie beziehen sich jene Parabeln, welche Gottes Erbarmung gegen die Sünder aussprechen. Sie sind das verirrte Lamm, welches der Hirt, mit Zurücklassung der neunundneunzig anderen (d. h. der Engel, welche nicht gesündigt haben), aufsucht; sie sind der verlorene Sohn, der, aus der Fremde zurückkehrend, sich vor seinem Vater anklagt, dass er im Himmel (seiner ersten Heimat) und vor ihm gesündigt habe. Paulus, eine dieser himmlischen Seelen, war sich seiner früheren Existenz in der höheren Welt wohl bewusst; daher behauptet er von sich, er habe bereits vor dem Gesetz gelebt;[195] er spricht von einem göttlichen Segen, welchen er mit anderen Schafen ehemals in den himmlischen Wohnungen genossen habe;[196] er nennt das himmlische Jerusalem „unsere Mutter"[197] und er verheißt sich und den verwandten Naturen, nach Auflösung des irdischen Leibes, eine ewige, nicht mit Händen gemachte Wohnung in den Himmeln,[198] worunter er die dort zurückgelassenen entseelten Leiber versteht.[199] Diese Leiber waren vorher schön im Himmel, blieben aber, nach der Entweichung ihrer Seelen, entstellt dort zurück.[200] Darauf beziehen sich die Worte des Apostels von einer Umbildung des Leibes unserer Niedrigkeit, der doch (ursprünglich) gleich gestaltet ist dem herrlichen Leibe Christi.[201]

Wie sich zwei Schöpfungen entgegenstehen, so stehen auch zwei diesen Schöpfungen angehörige, ihrer Natur nach völlig verschiedene Gattungen von Menschen einander entgegen.[202] Der böse Gott hat die Seinigen, welche, gleich ihrem Urheber, von Natur böse und daher unerlösbar sind; das Volk des guten Gottes aber, d. h. jene gefallenen Engelsseelen, die, ohne sich durch Zeugung oder Fortpflanzung zu vermehren, bis zu ihrer vollständigen Reinigung nur von einem Körper in den anderen wanderen, kann nicht verloren gehen. Alle werden früher oder später in ihre himmlische Heimat zum Genusse der ursprünglichen Seligkeit zurückkehren.[203] Über sie hat die Sünde keine Gewalt, sie kann nur, weil sie eine Befleckung der Seele ist, ihre Heimkehr und Seligkeit bis zur geschehenen Reini-

---

194 N.T. Joh. 3,13.
195 N.T. Röm. 7,9.
196 N.T. Eph. 1,3.
197 N.T. Gal. 4,26.
198 N.T. 2. Kor. 5,1.
199 Moneta p. 45-53.
200 Doc. p. 31. 58. 86.
201 N.T. Phil. 3,21.
202 Doc. p. 40. 215. Die guten Geister sind unter den bösen wie Schafe unter den Wölfen.
203 Doc. p. 31. 36. 174. 179. 215.

gung verzögern; denn sie ist nicht etwas aus dem Willen des zur guten Schöpfung gehörigen Menschen Hervorgegangenes; vielmehr tut ein solcher das Böse nur wider Willen, wie auch Paulus von sich sagt,[204] und es kann ihm daher nicht zugerechnet werden.[205]

Die Katharer leugneten demnach den freien Willen oder die sittliche Wahlfähigkeit;[206] denn, meinten sie, bei den vom guten Gotte stammenden Wesen dürfe keine Anlage zum Bösen, keine Möglichkeit, sich auch frei für dasselbe zu entscheiden, angenommen werden, weil Gott sonst, durch die Verleihung einer solchen Anlage oder Habilität, als das Böse, wenn auch nur bedingt, wollend und veranlassend erscheinen würde, und weil ferner er, der selbst keine solche Wahlfähigkeit besitze, sie auch nicht auf andere habe übertragen können, oder weil die mit Gott gleich ewigen, aus ihm hervorgegangenen Geister ihm in der wahren, bloß auf das Gute gerichteten und eine Möglichkeit der Entscheidung für das Böse nicht kennenden Freiheit gleich sein müssten, und weil überhaupt das Böse nicht aus dem Guten kommen könne. Wie sie nun dennoch die Möglichkeit und Wirklichkeit des Sündenfalles im Himmel statuierten und dieselbe erklärten, ist nicht ganz klar; wahrscheinlich nahmen sie an, dass die Verführung der Geister durch Luzifer in einer Art Wesensmitteilung oder Einpflanzung der ihnen fremdartigen bösen Substanz bestanden habe, einer Mitteilung, welcher die minder vollkommene Natur dieser Geister sich zu erwehren nicht vermochte. Daher beriefen sie sich auch, zur Bestätigung ihrer Lehre, auf die Worte des Apostels, dass nicht er, nämlich der innere, der guten Schöpfung angehörige Mensch, es sei, welcher das Böse wirke, sondern die als ein fremdes Wesen in ihm wohnende Sünde. Auch die Worte des Jakobus (N.T. 3,11): „Kann wohl eine Quelle aus derselben Öffnung süßes und bitteres Wasser ausströmen?“ sollten ihnen als Beweis dienen, dass in den vom guten Gott hervorgebrachten Wesen nicht auch die Möglichkeit des Bösen habe liegen können.

Es werden demnach keine neuen Seelen geschaffen oder gezeugt;[207] alle sind von den beiden Göttern vor dem Beginn der Zeit hervorgebracht worden; darum heißt es: „Ich denke der alten Zeit, der Jahre der Vorwelt“,[208] und wird von Gott gesagt, er habe alle, die seinen Namen anrufen, in der Herrlichkeit des Himmels geschaffen.[209] Entscheidend für die stete Wanderung der Seelen aus einem Körper in den anderen ist aber das Zeugnis von Petrus, welcher von den im Kerker, d. h. im Körper, gefangen gehaltenen Geistern sagt, dass ihnen, die in den Tagen Noahs ungläubig gewesen, Christus gepredigt habe.[210] Überhaupt muss sehr vieles in der

---

[204] N.T. Röm. 7,15.

[205] Moneta l. c. p. 65. Doc. p. 207.

[206] Doc. p. 205. 208.

[207] Doc. p. 36. 273. 276.

[208] A.T. Ps. 77,6.

[209] A.T. Jes. 43,7.

[210] N.T. 1. Petri 3,19.

Schrift, was von den Gliedern der römischen Kirche auf die sichtbare Welt und die irdische Existenz bezogen wird, von der höheren Welt und einem früheren Dasein verstanden werden, namentlich die Parabel von dem Säemann, in welcher unter dem Acker die Welt des guten Gottes gemeint ist, in der zuerst der gute Same, dann durch das Eindringen Luzifers der schlechte gesät wurde.[211] Da sie hiernach auch das Gebot, dass das Unkraut bis zur Ernte bleiben solle, vom Himmel verstanden, so folgte daraus, dass noch jetzt der Same des Bösen dort sei; deshalb sagten einige, die Dämonen hätten noch befestigte Burgen im Himmelreiche inne, während andere meinten, der gute Gott halte sie als Geiseln gefangen, bis der Satan die ihm entführten Seelen alle zurückgegeben habe.

In einem so phantastischen Lehrgebäude konnte es natürlich an einzelnen Abweichungen, willkürlichen Zusätzen und Ausschmückungen um so weniger fehlen,[212] als die zum Teil sehr fühlbaren Lücken und durch den biblischen Anstrich, der dem Ganzen gegeben werden musste, herbeigeführten Widersprüche die Einbildungskraft fortwährend zu Bemühungen, jene auszufüllen und diese zu lösen, anregten. Die Parabel vom Säemann mussten sie darum auf die obere Welt deuten, weil sie sonst hätten zugeben müssen, dass der Acker, in welchen Christus gesät hat, diese niedere Welt sei.

Der Gott, von welchem in den historischen Schriften des Alten Testamentes die Rede ist, ist durchweg der böse;[213] als solcher zeigt er sich in allen seinen Werken. Die von ihm gebildete Erde war anfangs wüst und leer, wie er. Mit der Finsternis begann er seine Schöpfung, er, der selber finster ist, während der Gott des Neuen Testamentes lauteres Licht und keine Finsternis in ihm ist;[214] er ist es auch, der den Unterschied der Geschlechter hervorgebracht hat, wogegen es im Neuen Testament heißt, in Christo sei weder Mann noch Frau.[215] Im ganzen Verlaufe der Geschichte des Alten Testamentes und in allen seinen Manifestationen an die Menschen erscheint er als veränderlich, grausam und lügenhaft. Zwischen seinen Handlungen und Geboten und denen des im Neuen Testament geoffenbarten Gottes waltet daher der schroffste Gegensatz und ein unausgleichbarer Widerspruch.[216] Er ist ein Stifter der Zwietracht und Feindschaft,[217] während der Gott des N. T. ein Geber des Friedens und Stifter der Versöhnung ist; er wehrt den Menschen den Genuss vom Baume des Lebens, wogegen der gute Gott den Sieger von

---

211 Moneta p. 86.

212 Vgl. Doc. p. 86. 231.

213 Doc. p. 66. 89. 196. 231. 267. 275. 375.

214 N.T. 1. Joh. 1,5.

215 N.T. Gal. 3,28. Vgl. Doc. p. 219.

216 Dies suchten sie ganz in der Weise Markions zu zeigen. Moneta 1. c. 144-57. Alanus adv. haereticos, ed. J. Masson, Paris 1612, p. 74. Ebrardus, Liber antihaeresis, bei Gretser, Opera t. XII, p. II, p. 61.

217 A.T. nach 1. Mos. 3,15.

diesem Baume kosten zu lassen verheisst.[218] Auch darin zeigt sich der Gegensatz beider, dass der eine zur Vermischung der Geschlechter und zur Fortpflanzung ermahnt,[219] der andere aber durch Christus die Unfruchtbaren selig preisen und schon das bloße begehrliche Anschauen einer Frau verbieten lässt, dass ferner der eine seinen Propheten sich in Visionen zu zeigen verspricht,[220] der andere aber von niemandem je gesehen worden ist,[221] dass der eine endlich die Erde, der andere den Himmel verheißt.

Der böse Gott hat die Juden bei ihrem Auszuge aus Ägypten aufgefordert, die Ägypter zu betrügen und zu berauben. Er ist es ferner, der ein Gebot des Hasses gegeben hat, denn auf ihn müssen sich die Worte Christi beziehen: „Ihr habt gehört, dass zu den Alten gesagt worden ist: Du sollst deinen Nächsten lieben und deinen Feind hassen".[222] Er war es auch, der dem ersten Menschen verbot, vom Baum der Erkenntnis zu essen, d. h. der Frau beizuwohnen,[223] ein Verbot, das, an sich zwar gut, von ihm doch nur gegeben wurde, weil er voraus wusste, dass es übertreten werden würde.[224] Von ihm steht geschrieben, dass er den Abraham versucht habe, während der Gott des Neuen Testamentes niemanden versucht.[225] Der eine hat die Beschneidung unter Todesstrafe geboten, der andere aber hat sie durch seinen Apostel, unter Androhung der Verstoßung von Christus, verboten.[226] Der eine hat seine Erde verflucht,[227] der andere aber die seinige gesegnet.[228] Mit vollem Recht und mit Wahrheit hat jener daher auch, als Adam ein Sünder und böse geworden war, gesagt: „Sieh, Adam ist geworden, wie unser einer."[229] Der eine bereut es, den Menschen gemacht zu haben,[230] und zeigt sich damit als veränderlich; von dem anderen aber heißt es, dass bei ihm keine Wandlung, noch Schatten der Veränderung sei.[231] Der eine mahnt zur Rache: Auge um Auge, Zahn um Zahn, der andere gebietet, dem, der dich auf die rechte Wange schlägt, die linke hinzuhalten. Der eine fordert Tieropfer und ergötzt sich an ihrem Wohlgeruche, der andere verwirft sie. Der eine hat durch seinen Gesetzgeber den Juden die

---

218 N.T. Apok. 2,17.
219 A.T. 1. Mos. 1,23.;
220 A.T. 4. Mos. 12,6.
221 N.T. 1. Tim. 6,16.
222 N.T. Matth. 5,43.
223 Doc. p. 34. 88. 275. Nach p. 88 Note 9 erschien der Versucher der Eva nicht in der Gestalt einer Schlange, sondern in der eines schönen Jünglings.
224 Moneta l. c. p. 144.
225 N.T. Jak. 1,13.
226 N.T. Gal. 5,2.
227 A.T. 1. Mos. 3,17.
228 nach A.T. Ps. 84,2.
229 A.T. 1. Mos. 3,22. Doc. p. 275. 374
230 A.T. 1. Mos. 6,7.
231 N.T. Jak. 1,17.

Herrschaft über viele Völker verheißen lassen,[232] der andere dagegen hat den Seinigen jede Herrschaft verboten.[233] Der eine hat den Juden den Wucher gestattet[234] der andere aber hat ihn untersagt.[235] Der eine lässt erklären, dass durch die Tieropfer die Sünden getilgt würden, der andere versichert, es sei unmöglich, dass durch das Blut der Stiere und Böcke die Sünden hinweggenommen würden.[236] J Jener verheißt, in die Finsternis einer Wolke gehüllt zu kommen,[237] dieser aber „wohnt in unzugänglichem Lichte".[238] Jener will die Menschen sich nicht nahen lassen und strafte schon das bloße Ausstrecken der Hand nach der Bundeslade mit dem Tode;[239] von diesem dagegen heißt es: „Nahet euch Gott und er wird sich euch nahen".[240] Der Gott des Alten Bundes hat, indem er über jeden, der am Holz hängen würde, den Fluch ausgesprochen,[241] Christus im Voraus verflucht. Darum hat Paulus mit Berufung auf diese Verfluchung behauptet, dass Christus für uns zum Fluch geworden sei.[242] Dagegen hat der Gott des Neuen Testamentes seinem Sohne Christus keineswegs geflucht. Jener hat gedroht: „Verflucht sei, wer nicht hält alle Worte des Gesetzes, dass er darnach tue",[243] weshalb Petrus dieses ein Joch nennt, welches weder unsere Väter noch wir tragen konnten.[244] Er begehrt also das Unmögliche und legt ein unerträgliches Joch auf. Christus dagegen sagt: „Mein Joch ist süß und meine Bürde ist leicht".

Wie diese Welt und ihr Herrscher böse ist, so hat auch bis auf die Ankunft Christi das Böse in ihr fast ausschließend gewaltet. Auch die in irdische Leiber eingeschlossenen Engelseelen wussten weder von ihrem höheren Ursprung noch von dem guten Gott, waren daher ungläubig und dem drückenden Joch des bösen Gottes unterworfen. Deshalb sagt Christus, alle, die vor ihm gekommen, seien Diebe und Räuber gewesen. Noah berauschte sich, Loth beging Blutschande mit seinen Töchtern, Abraham log und trieb Unzucht mit seiner Magd, David war ein Mörder und Ehebrecher, und nicht besser waren die übrigen, deren im Alten Testament gedacht wird. Melchisedek, von dem der Apostel sagt, dass er vater- und mutterlos gewesen, war der böse Gott selber. Das Hauptwerkzeug Satans war aber Moses,[245] der Mittler zwischen ihm und dem jüdischen Volk, dem er sich

---

232 A.T. 5. Mos. 15,9.
233 N.T. Matth. 20,25.
234 A.T. 5. Mos. 15,6.
235 N.T. Luk. 6,35.
236 N.T. Hebr. 10,4.
237 A.T. 2. Mos. 19,9.
238 N.T. 1. Tim. 6,16.
239 A.T. 2. Mos. 3,5; A.T. 2. Sam. 6,6.
240 N.T. Jak. 4,8.
241 A.T. 5. Mos. 21,23.
242 N.T. Gal. 3,13.
243 A.T. 5. Mos. 27,26.
244 N.T. Apg. 15,10.
245 Doc. p. 34. 89. 267.

auch sichtbar zeigte. Wie der Herr, so der Diener; und darum sah auch Moses bloß auf zeitlichen Lohn und auf Befriedigung seines Ehrgeizes durch absolute Beherrschung des jüdischen Volkes.[246] Das Gesetz, welches er verkündigte, war eine Eingebung Satans, der absichtlich einiges Gute, z. B. das Verbot zu töten, einmischte, um dadurch auch die Menschen höherer Abkunft für das in demselben überwiegende Böse zu gewinnen.[247] Darum nennt Paulus das mosaische Gesetz ein Gesetz des Todes und der Sünde, welches nicht rechtfertige, vielmehr nur gegeben sei, damit die Sünde zunehme, welches nur Zorn hervorrufe, und einen Fluch auf die Menschen gelegt habe, von welchem erst Christus befreit habe.[248] Die Worte Christi, er sei nicht gekommen, das Gesetz aufzulösen, kein Jota solle vom Gesetze vergehen,[249] sind demnach nicht von dem mosaischen, sondern von einem älteren und höheren, in der Welt des guten Gottes verkündigten Gesetze zu verstehen.[250]

Die Bücher der Propheten zusammen mit Job, den Psalmen, Salomos Schriften und dem Buche der Weisheit sind der gute, unter Eingebung des Vaters der Gerechten geschriebene Teil der alttestamentlichen Bücher.[251] Doch ist ein großer Teil der in den Büchern der Propheten enthaltenen Lehren und Visionen von diesen bereits vor der Bildung der niederen Welt in dem Pleroma verkündet worden, und daher muss auch ein himmlisches Jerusalem von dem irdischen unterschieden werden, welches letztere, da es unter der Herrschaft des bösen Gottes gestanden, nicht die heilige Stadt sein kann, von der die Propheten so häufig reden. Desgleichen gedenken die Propheten häufig solcher Ereignisse, welche nicht in den jüdischen Städten, deren Namen sie nennen, sondern in den gleichnamigen himmlischen vorgefallen sind. Als Beweis wurde angeführt die Stelle: Mein Volk vergisst meiner unzähligen Tage.[252] Dies könne nicht von Tagen dieser Welt, welche zählbar seien, gesagt sein, müsse also von dem, was im Pleroma vorgegangen, verstanden werden. Damit verbanden sie die Behauptung, dass die Äußerungen der Propheten immer nach dem Wortlaut, dass also ihre Zeitbestimmungen immer ganz buchstäblich zu nehmen, ihre Gegenwartsform von eben damals gegenwärtigen, ihre Vergangenheitsform von vergangenen und ihre Zukunftsform von wirklich zukünftigen Dingen und Ereignissen zu verstehen

---

246 Moneta p. 176. Da jedoch die Propheten und das N. T. sich häufig über Moses lobpreisend äußern und ihn als einen Diener des wahren Gottes bezeichnen, so wurden zwei Moses unterschieden, mit Berufung auf Paulus, der N.T. Röm. 10,19 von einem ersten Moses geredet habe, einem Moses der guten Schöpfung, der also, wie die Propheten, ein Organ Gottes in der höheren Welt gewesen. Doc. p. 59.

247 Moneta p. 180.

248 N.T. Röm. 7,6 ff.; 8,2.

249 N.T. Matth. 5,17. 18.

250 Moneta p. 209.

251 Rainer Sacchoni bei Martene et Durand, Thes. novus anecd. V, 1769.

252 A.T. Jerem. 2,32. Vgl. auch Fußnote 177.

seien. Eine Behauptung, zu der sie wohl hauptsächlich durch den prophetischen Gebrauch der Vergangenheitsform veranlasst wurden; die Stellen dieser Art sollten von den ehemals im Himmel geschehenen Ereignissen reden, während die Katholiken die vergangene Zeit in die zukünftige umdeuteten. Die Lehre von den Propheten und ihren Büchern ist übrigens einer der Punkte, in welchen die dualistischen Katharer sich nicht gleich blieben; denn früher verwarfen sie die Propheten und ihre Bücher durchaus.[253] Als einziger galt ihnen Jesaias als inspiriert vom guten Gotte, aber nicht wegen seiner im Kanon enthaltenen Weissagungen, sondern wegen des von ihnen hochgeschätzten apokryphischen Buches, der Vision des Jesaia.[254]

Es scheint fast, dass die dualistischen Katharer nur darum den genannten Büchern des Alten Testamentes göttliche Autorität beilegten, weil ihnen mehrere Stellen derselben zur scheinbaren Begründung ihrer Lehren von den früheren Ereignissen in der oberen Welt, von der Präexistenz der Menschenseelen und ihrem Falle sehr erwünscht waren. Die oben erwähnte Regel über die Deutung der Zeiten bei den Propheten anwendend, bezogen sie viele Stellen, in welchen die Vergangenheitsform steht, auf jene dem Pleroma angehörigen Begebenheiten. Besonders jene zahlreichen Stellen der Propheten, in denen von Jerusalem und von den Feinden, die diese Stadt bedrohten oder gegen sie zogen, die Rede ist, sollten nach ihrer Ansicht alle auf das himmlische Jerusalem und auf das Eindringen der Dämonen in dieses Reich sich beziehen. Nach Monetas Angabe war es vorzüglich die ihnen dogmatisch überaus wichtige Stelle A.T. Ezech. 34,16, welche sie zu dieser Behauptung bestimmte. Denn die Worte: „Ich will das Verlorene suchen und das Verirrte wiederbringen“, enthielten, wie sie meinten, den klaren Beweis, dass Gott keine neuen Seelen schaffe und sie beseele, sondern alles nur für jene von Anfang an existierenden, in diese niedere Welt herabgesunkenen und verirrten Engelseelen tue. Infolge dieser buchstäblichen Deutung der prophetischen Bücher behauptete auch der Katharer Tetricus in einem von ihm verfassten Werk: Wenn in der Apokalypse und in dem Hymnus bei Daniel alle Geschöpfe als das Lob Gottes aussprechend dargestellt würden,[255] so sei dies ganz allgemein und im eigentlichen Sinn, auch von den Tieren und Pflanzen zu verstehen, – eine Annahme, welche sich mit der dualistischen Ansicht, dass diese Wesen zur Schöp-

---

253 Nach Moneta l. c. p. 218. Vgl. Doc. p. 89. 267. 283. Einige glaubten, der Hl. Geist habe die Propheten manchmal gezwungen, von der Ankunft Christi zu prophezeien, davon hätten sie aber so wenig verstanden wie die unvernünftigen Tiere. Doc. p. 275.

254 Doc. p. 276: Habent quendam libellum Isaiae, in quo continetur, quod spiritus Isaiae a corpore raptus usque ad septem coelos deductus est, — also die Visio Isaiae (nach der venetianischen Ausgabe von 1522 abgedruckt in Engelhardts Kirchenhistor. Abhandlungen S. 210-250), die zweite Hälfte des (Ascensio Isaiae); vgl. Real-Enc. für prot. Theol. XII, 359. — Vgl. Doc. 208. Weissagungen aus dem kanonischen Buche Jesaja werden Doc. p. 160, 161 angeführt.

255 N.T. Apok. 5,13. A.T. Dan. 3,57 Vulg.

fung des bösen Gottes gehören, wohl nur dann vereinigen lässt, wenn er damit die Lehre verband, dass auch in Tieren und Pflanzen ein höheres, dem Pleroma entstammtes Leben gefangen gehalten werde.

Um die gefangenen Engelseelen zur Erkenntnis ihrer höheren Abkunft zu bringen und ihnen die Mittel der Befreiung aus der Gewalt des Bösen und der Rückkehr in ihre himmlische Heimat zu offenbaren, stieg endlich das vollkommenste Geschöpf des gerechten Vaters, der Engel Christus, mit einem ätherischen, aus dem Himmel herabgebrachten Leib auf die Erde herab.[256] Auch er hatte einen himmlischen Geist, den Lenker seiner Seele, von welchem Geist Christi, Petrus redet.[257] Maria war gleich ihm ein Engel, welcher nur in Gestalt einer Frau erschien,[258] weshalb auch die Schrift nirgends ihrer Eltern gedenkt. Auch Joseph und der Apostel Johannes[259] waren solche in scheinbar irdischen Leibern verhüllte Engel. Wie aber der Engel Joseph für den Vater Christi galt, so wurde Maria irriger Weise für dessen Mutter gehalten, wiewohl er nur durch das eine Ohr in sie ein- und durch das andere von ihr ausgegangen ist und nichts von ihr angenommen hat;[260] daher er sie auch nicht Mutter, sondern Frau nannte und nichts mit ihr gemein zu haben versicherte. Dass sein Leib ein himmlischer, von dem grobirdischen völlig verschiedener gewesen, gab er selbst zu erkennen, indem er sich das lebendige, vom Himmel herabgestiegene Brot nannte, wie auch Paulus ihn, als den zweiten Menschen vom Himmel, der himmlisch sei, bezeichnete.

Die Geschlechtsregister Christi bei den Evangelisten beziehen sich nicht auf irdische Zeugungen, sondern auf Verhältnisse, die zwischen den Bürgern der höheren Welt stattfinden, und dass Christus aus dem Samen Davids nach dem Fleische sei, ist von einem anderen himmlischen David und von himmlischem Fleisch zu verstehen. Seiner höheren Natur gemäß konnte Christus weder Hunger noch Durst empfinden; die Jünger, welche meinten, er esse und trinke, täuschten sich, er nahm nie Nahrung zu sich und sein vierzigtägiges Fasten war eine Enthaltung von geistiger Speise.[261] Von dem bösen Gotte verfolgt, litt und starb Christus ohne Schmerzen,[262] und ohne dass dieses Leiden und dieser Tod eine erlösende und genugtuende Bedeutung für uns gehabt hätte. Er starb, indem Seele und Geist sich von seinem Leibe trennten; doch vereinigten sich beide nach drei Tagen

256 Doc. p. 155. 221. 224. 322. 375.
257 N.T. 1. Petr. 1,11.
258 Doc. p. 34. 58. 67. 155. 322.
259 Doc. p. 34. 277.
260 Doc. p. 90.
261 Alanus 1. c. p. 70. Peregrinus Priscianus bei Muratori Antiq. med. aev. V, 94. Moneta 1. c. p. 250-257. Nach der Angabe des Alanus (p. 39) beriefen sie sich zur Bestätigung ihres Doketismus auf den Hilarius von Poitiers, welcher gelehrt, dass Christus keine Schmerzen empfunden und folglich nicht wirklich gelitten habe. Dies zeigt, dass einzelne ihrer Lehrer, neben genauer Kenntniss der Heiligen Schrift auch theologische Bildung besaßen.
262 Doc. p. 162. 222.

wieder mit demselben, d. h. er erstand wieder von den Toten und zeigte sich während der vierzig Tage den Jüngern,[263] aber so, dass sein Leib nur durch göttliche Kraft und göttlichen Willen betastet und gesehen werden konnte; er kehrte hierauf in den Himmel mit diesem ätherischen Leibe zurück und sitzt nun als glorreicher Überwinder des Satan zur Rechten des Vaters.[264]
Christus predigte „den Geistern, die im Verwahrsam waren, den einst Ungläubigen, als sie harrten der Langmut Gottes in den Tagen des Noah".[265] Seine Predigt galt nämlich nur dem Volk Gottes, den himmlischen Seelen, welche in Noahs Zeit ungläubig waren. Seit seiner Erscheinung hat bei ihnen die Buße begonnen; sie büßen jedoch nur für jene in der höhern Welt begangene Sünde. Die Buße beginnt bei ihnen, wenn sie den wahren Glauben (der Katharer) annehmen und in der wahren Kirche die Händeauflegung empfangen. Durch diesen Akt wird jeder der himmlischen Seelen der Geist, mit welchem sie im Himmel verbunden war, zurückgegeben, auf dass er sie lenke und bewache. Solang die Buße nicht vollendet ist, wandern sie von einem Körper in den anderen.[266]
In der ihm fremden und feindlichen Schöpfung des bösen Gottes konnte Christus kein materielles Wunder vollbringen, und alle Wundererzählungen des Neuen Testamentes müssen daher geistig und allegorisch gedeutet werden. Wenn es heißt, dass Blinde sehend geworden, dass Kranke geheilt, Tote erweckt wurden, so ist dies alles von der Erleuchtung des Geistes, von geistigen Zuständen und Wirkungen zu verstehen. Wenn es heißt, dass Christus Aussätzige gereinigt habe, so ist mit dem Aussatze die Sünde gemeint. So wurde Lazarus nicht als ein leiblich Toter, sondern als ein in Sünden Erstorbener durch Bekehrung zum Leben erweckt. Hier gilt also das Wort des Herrn: Der Buchstabe tötet, der Geist aber belebt.[267]
Das vornehmste Werkzeug, dessen sich der böse Gott bediente, die Sendung Christi zu vereiteln, war Johannes der Täufer.[268] Schon der Engel, der seine Geburt ankündigte, war ein Bote Satans, seine Eltern waren vom bösen Samen und er selbst war böse vom Mutterleib an. Seine Taufe war eine Erfindung Satans, die Taufe Christi zu verdrängen.[269] Was er hier und da Gutes von Christus sagte, das

---

263 Doc. p. 163. 193.

264 Peregrinus Priscianus p. 94. Moneta p. 256. Nach der von einem Wohlunterrichteten geschriebenen Disputatio inter Catholicum et Paterinum (bei Martene et Durand, Novus thes. anecd. V, p. 1748) ließ Christus einen Dämon, welchem er seine Gestalt gab, statt seiner kreuzigen, und dieser sagte zum Schächer: Heute wirst du mit mir im Paradiese sein. Wenn daher Paulus sagt, Christus sei für uns zum Fluch geworden, so meint er dieses Scheinbild, den in Christi Gestalt verhüllten Dämon. Vgl. Doc. p. 81.

265 N.T. 1. Petri 3,19. Vgl. Doc. p. 193. 194.

266 Moneta 1. c. p. 371. Bonacursius bei Baluze, Miscell. ed Mansi t. II.

267 Disput, inter Cath. et Pat. p. 1750. Doc. p. 40. 55. 247.

268 Doc. p. 34. 65. 90. 283. 375.

269 Doc. p. 21. 90.

sprach er ohne seinen Willen, als das unbewusste Organ eines guten Geistes; sobald dieser sich ihm entzog, musste er in seiner Unwissenheit schweigen. Darum folgte er auch Christus nicht, gleich den Aposteln und darum heißt es von ihm, er sei das Licht nicht gewesen und der kleinste im Himmelreiche sei größer als er.[270] Dagegen war der Evangelist Johannes ein vom Himmel herabgestiegener Engel und weilt noch jetzt in der von ihm angenommenen Gestalt auf Erden, weshalb Christus von ihm sagte: „Ich will, dass er bleibe, bis ich komme".[271]
Der Heilige Geist, welchem mit dem Vater und dem Sohn Anbetung gebührt, ist, wie der Sohn, ein Geschöpf des Vaters, aber größer als alle übrigen Geister und von so unaussprechlicher Schönheit, dass es die Engel gelüstet, ihn anzuschauen.[272] Die Katharer nannten ihn auch den obersten Geist (spiritus principalis, nach A.T. Ps. 50,14). Aber auch die Geister, welche Gott den Seelen als Wächter und Führer gegeben hat, heißen, nach ihrer Lehre, heilige Geister, weil sie im Himmel der Versuchung des Satan, der ihrer stärkeren und vollkommeneren Natur wegen keine Macht über sie ausübte, unzugänglich und Gott treu blieben. Diese Geister bilden den dritten Bestandteil der Menschen, nämlich den aus der höhern Welt stammenden; doch wohnt der Geist nicht in dem Körper des Menschen, sondern befindet sich außerhalb desselben, als der Lenker und Führer der Seele. Auf diese Geister beziehen sich die Worte von Paulus: „Ihr befleißiget euch der Geister".[273] Solange der Mensch diesen seinen ihm bestimmten Geist nicht empfangen hat, ist er geistig genommen tot und wird zu den Bösen gerechnet, und da niemand vor der Auferstehung Christi einen solchen Geist empfangen konnte, so war die ganze Welt vor Christus böse, und die Apostel selbst waren es, bis Christus hinauf in den Himmel gefahren war. Bis dahin gab es also auch keine Kirche, die nur die Gemeinsschaft[274] von Heiligen ist.
Von diesen beschützenden und lenkenden Geistern unterschieden aber die Katharer die Parakleten, deren sie sieben annahmen, weil sie die Worte der Offenbarung Johannis (N.T. 1,4) von den sieben Geistern, die da sind vor dem Thron Gottes, auf sie bezogen. Paraklet, der Tröster, heißt ein solcher Geist, wenn er durch das Consolamentum wieder mit der Seele, welcher er ehemals in der höhern Welt zugeordnet gewesen, vereinigt wird. Diese Wiedervereinigung der Seele mit ihrem Geiste geschieht also schon auf Erden. Hingegen wird die Seele mit ihrem himmlischen, in der oberen Welt zurückgelassenen Leibe erst dort

270 N.T. Joh. 1,8; N.T. Matth. 11,11. Doc. p. 155.

271 N.T. Joh. 21,22. Doc. p. 277. Moneta p. 225-231. Disput, p. 1723. Wenn Johannes der Täufer gerufen: „Seht das Lamm Gottes!", so habe er damit sagen wollen: Den greift und nicht mich. Einige waren übrigens der Meinung, der Geist des Elias sei auf Johannes übergegangen, da Christus (N.T. Matth. 11,14) gesagt habe: Er ist Elias; Elias aber gehörte auch zu dem bösen Samen. Moneta p. 231.

272 Nach N.T. 1. Petri 1,12. Moneta p. 5. Peregr. Prisc, p. 95.

273 N.T. 1. Kor. 14,12.

274 Doc. p. 65. 83. 197. 267.

wieder verbunden werden, und das ist die einzig wahre Auferstehung; denn der irdische Leib, das Erzeugnis des bösen Gottes, fällt für immer der Verwesung anheim, und wird nicht wieder belebt werden.[275] Darum heißt es auch im A.T. Psalm (1,5), der Gottlose werde nicht auferstehen, und ist nach Paulus das, was wir säen, nicht der Körper, der werden soll, — also etwas anderes; vielmehr bezeichnet er den künftigen Leib, als das ewige, nicht von Menschenhänden gemachte Haus, welches wir im Himmel erhalten werden.[276] Die Wiedervereinigung der Seele mit diesem Leibe schildert Ezechiel in der Vision, die er im Himmel sah, als ein mit Totengebeinen übersätes Feld und die Belebung derselben durch das Wort des Herrn. Es bedarf aber zur Sonderung der Guten von den Bösen und zur Vergeltung keines allgemeinen Gerichtes mehr; denn dieses Gericht ist eigentlich schon damals erfolgt, als die verführten Seelen aus dem Himmel gestoßen und zur Buße in diese Unterwelt gebannt wurden. Seitdem gibt es nur ein von der Erscheinung Christi an fortlaufendes Gericht der Unterscheidung, wodurch das Volk Gottes sich allmählig von den Bösen, mit welchen es hier vermischt erscheint, aussondert, bis endlich der Tag kommt, an welchem der Herr die Seinigen in die himmlische Heimat aufnimmt. Jener Fall der Engel war auch die einzige wahre Sünde, wogegen die Vergehen dieser irdischen Existenz nur Unterbrechungen der Buße und unfreiwillige Befleckungen sind, welche, da sie nicht aus einer freien Willensbestimmung hervorgegangen, nicht bereut werden können, auch keine eigentliche Strafe verdienen, sondern nur eine Reinigung nötig machen.[277] So wird denn jeder im Himmel zu seiner vorigen Stellung und Würde zurückkehren, und, wie vormals, werden dort die einen wieder größer und herrlicher als die anderen sein. Die ganze Geschichte ist demnach ein Kreislauf, ohne einen anderen Zweck, als den, die ehemals in der höhern Welt gestörte Harmonie wieder herzustellen und jedes Wesen auf den Punkt zurückzuführen, von welchem es ausgegangen. Was aber die aus dem bösen Samen Entsprossenen betrifft, so bleiben sie ohnehin in der Gewalt ihres Gottes und Schöpfers, des Satan, und darum gibt es auch keine Hölle als besonderen Ort der Verdammten, sondern diese ganze niedere Welt, das Reich des Bösen, ist die wahre Hölle.[278]

---

275 N.T. 2. Kor. 5,1.

276 Moneta p. 379. Peregrin. Priscian. p. 94. Doc. p. 277.

277 Moneta p. 381. Doc. p. 31. 36. 152. 210. 213. 215. 247. 327.

278 Doc p. 60.

2. Die Lehre der Monarchianer

Den Dualismus verwarfen die Concorezzaner und Bagnoleser, welche in Italien zahlreicher waren als die dualistischen Albaneser, wogegen diese außerhalb Italiens das Übergewicht behaupteten. Der Lehre jener beiden Sekten liegt das System der Bogomilen zugrunde, doch erscheint dasselbe hier regelmäßiger ausgebildet, konsequenter, der Heiligen Schrift wenigstens scheinbar mehr entsprechend und überhaupt bedeutend modifiziert. Ein Gott ist der Schöpfer des Universum, der höhern geistigen Welt, des Pleroma mit den Engeln und der materiellen Elemente. Da er selbst wesentlich gut und heilig, so war auch alles von ihm Geschaffene gut. Aber Luzifer, eines der vornehmsten Geschöpfe, erzeugte zuerst durch einen freien Akt seines Willens das Böse; denn als er hinabgestiegen, die von Gott geschaffene Materie zu sehen, ergriff ihn die Begierde, darüber zu herrschen und diese Begierde ist die Wurzel alles Bösen.[279] Nach seiner Rückkehr in die obere Welt verführte er die Gestirne des Himmels, d. h. eine große Anzahl von Engeln, denn sie sind die Gestirne, von denen, nach Paulus,[280] eines das andere an Herrlichkeit übertrifft. Er wurde hierauf mit diesen seinen Engeln aus dem Himmel gestoßen und begann nun, unter Gottes Zulassung, sein Reich einzurichten, nämlich die von Gott hervorgebrachte Materie zu bilden und zu gliedern. In den Geschöpfen dieser niedern Welt ist demnach der Stoff, aus dem sie gebildet sind, von Gott, die Form aber, das Gewand, mit welchem die Materie überkleidet ist, gehört dem Satan.[281] Demnach ist in den Stellen des Neuen Testamentes, in welchen gesagt wird, Gott habe Himmel und Erde gemacht, nicht der sichtbare Himmel und die sichtbare Erde, sondern der neue Himmel und die neue Erde gemeint, deren Petrus und die Apokalypse gedenken, d. h. die Welt der Geister und der Seelen. Die Gestirne des sichtbaren Himmels aber, Sonne und Mond, sind Dämonen, welche nur mit dem Geist Adams geraubten Lichtglanz leuchten und allmonatlich Unzucht miteinander treiben, wovon die Ausgießung des Taues auf die Erde herrührt.

Als Luzifer sein Werk vollbracht hatte, da kam von Gott gesandt ein Engel, der Geist Adams herab, zu sehen, wie er alles geordnet habe. Luzifer aber ergriff ihn und schloss ihn in einen fleischernen Körper ein. Dieses Ereignis ist dargestellt in der Parabel vom unbarmherzigen Knechte.[282] Luzifer ist dieser Knecht, der seinem Herrn viel schuldig war, d. h. Gott schwer beleidigt hatte. Der Herr befahl, ihn zu verkaufen und seine Frau (die Weisheit), und seine Söhne (die ihm unterworfenen

279 Nach N.T. 1. Tim. 6,10.

280 N.T. 1. Kor. 15,41.

281 Doc. p. 84. 274.

282 Doc. p. 274.

Engel) und alles, was er hatte (seine natürlichen Vorzüge). Der Knecht fiel nieder und flehte: „Habe Geduld mit mir, ich will dir alles bezahlen", d. h. ich will die Menschen bilden, aus denen du die Zahl der von mir zum Abfall verführten Engel ersetzen kannst. Da entließ ihn der Herr und erlaubte ihm, sechs Tage lang aus der Materie zu bilden, was er wollte. Der Geist Adams ist der Mitknecht, den Luzifer in den Kerker des Leibes einschloss, indem er zu ihm sprach: „Gib, was du schuldig bist", d. h. unterwirf dich dem Fleische; dieser aber fiel nieder und flehte: „Habe Geduld mit mir", d. h. entlasse mich und schließe mich nicht in diesen von Lehm geformten Körper ein; „ich will dir alles erstatten", d. h. dir dienen. Satan aber schloss ihn dennoch ein, auf dass er seine Schuld abtrüge, d. h. die fleischliche Wollust mit der Frau befriedigte.[283]

In dem apokryphischen Evangelium des Johannes[284] ist dies alles weiter ausgeführt und mythisch ausgeschmückt. Nur die Sendung der beiden Engel von Gott wird hier nicht erwähnt. Diese wird in der Disputation inter Catholicum et Paterinum[285] in folgender, der bogomilischen Lehre mehr entsprechenden Weise dargestellt: Der Satan, wegen seines Betruges aus dem Himmel gestoßen und dort durch Michael ersetzt, bildete die niedere Welt, indem er die Oberfläche der Erde vom Wasser frei machte, und gestaltete zwei menschliche Körper, bemühte sich aber dreißig Jahre lang vergeblich, ihnen den Lebenshauch einzublasen; da flehte er den Höchsten an, ihm zwei Engel zu überlassen; zwei von diesen, von heimlicher Neigung zum Satan geleitet, boten sich an und verhießen, schnell zurückzukehren. Gott warnte sie, wachsam zu sein; denn wenn sie einschlummerten, würden sie nicht mehr zurückzukehren imstande sein, doch wolle er dann nach 6.000 oder 7.000 Jahren zu ihnen kommen. Sie stiegen hinab, schliefen ein und

---

283 Bonacursius bei d'Achery I, 208. Rainer 1. c. p. 1773. Moneta p. 109. 110. Doc. p. 87. 274.

284 Bei Thilo, Codex apocryphus N.T. I, 884 und Doc. p. 85. Über die Ursache des Falles Luzifers (vgl. Doc. p. 85 ff.), sowie über die Art und Weise der Belebung Adams durch Einhauchung einer Seele waren die Concorezzaner sehr verschiedener Ansicht. Sie waren nur darin einig, dass der Satan den Leib Adams gebildet habe (Nec tamen certum de vivificatione et inspiratione corporis Adae valemus dicere, quia fere, quot sunt haeretici, tot fabulationes de hoc ad libitum suum apponunt. In hoc vero omnes consentiunt, quod diabolus corpus formaverit. Doc. p. 274). Eine eigentümliche Lehre über den Fall Luzifers und die Schöpfung des Menschen hatte die Sekte der Slavonier, welche die Mitte hielt zwischen den Dualisten und den Monarchianern. In der untern Welt war ein ungeschaffener Geist (spiritus sine principio) mit einem vierfachen Antlitz, dem eines Menschen, eines Vogels, eines Fisches und eines vierfüßigen Tieres. Als Luzifer vom Himmel herabstieg und dieses Wesen sah, bewunderte er es und liess sich von ihm verführen. Luzifer kehrt zum Himmel zurück und verführt andere, die sämtlich aus dem Himmel vertrieben wurden. Luzifer und jener Geist wollten die Elemente teilen und Menschen bilden, aber es gelang ihnen nicht. Luzifer flehte darum zu Gott und dieser sandte ihm einen andern Engel zu Hilfe, mit welchem er in sechs Tagen die Elemente zerteilte und die Welt so schuf, wie es in der Genesis erzählt wird. In Adams Leib schloss Luzifer den ihm zu Hilfe gesandten guten Engel ein. Doc. p. 612, vgl. p. 60.

285 Bei Martene 1. c. p. 1719.

wurden in die beiden Körper eingeschlossen, in denen sie die himmlische Heimat vergaßen. Sie sind die Geister Adams und Evas, welche durch die Leiber Henochs, Noahs, Abrahams und anderer gewandert sind, und endlich in Simeon und Anna bei Christi Ankunft erlöst wurden. — Auch Rainer gibt an, dass nach der Lehre der Concorezzaner der in den Leib Adams eingeschlossene Engel bereits nicht mehr ganz rein von Sünde gewesen sei. Andere dagegen, bemerkt Moneta, meinten, er sei damals noch völlig schuldlos gewesen.

Auf dasselbe Ereignis und den Ursprung des menschlichen Geschlechtes bezieht sich die Parabel vom Samariter. „Ein Mensch ging von Jerusalem hinab nach Jericho" — Adams Geist stieg auf das Gebot Gottes aus dem himmlischen Jerusalem hinab in die niedere Welt „und fiel unter Räuber, die ihn auszogen" unter die bösen Engel, die Geister der Gestirne, der Sonne, des Mondes und der Sterne, welche vorher finster waren, nun aber mit dem Lichte, das sie dem Adam entrissen, leuchteten, — „ihn schlugen und halbtot liegen ließen". Die Schläge sind die Sünden; „halbtot" wird er genannt, weil sein jetziges fleischliches Leben im Vergleich zu dem früheren zwar dem Tod vergleichbar ist, weil sie ihm aber doch den Glauben nicht nehmen konnten, obgleich sie ihn in andere Sünden stürzten. — „Ein Priester und ein Levit" Melchisedek und Aaron, „kamen denselben Weg" d. h. durch dieselben Sünden, und konnten ihm nicht helfen. „Aber ein Samariter", Christus, „näherte sich ihm", d. h. nahm menschliche Gestalt an, „und verband seine Wunden", d. h. er beschwichtigte die Heftigkeit seiner Begierden und erließ ihm seine Sünden; „er goss Öl und Wein", — Buße und den Hl. Geist, „hinein, hob ihn auf sein Lasttier", d. h. erlöste ihn durch seinen eigenen Leib, „und führte ihn in eine Herberge", in die Kirche. „Am anderen Tage", — nach seiner Auferstehung, „zog er zwei Groschenstücke hervor", — das Evangelium und die Gaben des Hl. Geistes, „gab sie dem Wirt", d. h. den Vorstehern der Kirche, und sprach: „verwahre sie", d. h. weide meine Schafe; „was du noch darüber aufwendest", wenn du z. B. wie Paulus zugleich predigst und von deiner Hände Arbeit lebst, „das werde ich dir erstatten, wenn ich zurückkomme", — am Tage des Gerichtes.[286]

Die Parabel vom ungerechten Haushalter erklärten sie wie die Dualisten; die Schuld, welche die Engel dem Herrn abzutragen hatten, waren Gebete. Satan überredete sie, Gott habe ihnen eine allzuschwere Last aufgelegt, und minderte ihre Arbeit. „Macht euch also Freunde mit dem Reichtum der Ungerechtigkeit", d. h. teilt den wahren Christen, den Katharern, von den vergänglichen Reichtümern dieser Welt mit, damit sie euch befreundet werden.

In der Parabel vom verlorenen Sohn ist der Geist Adams der jüngere Sohn, der Fürst dieser Welt der ältere; jener begehrte sein Erbteil, d. h. seinen Anteil an der göttlichen Substanz; er diente einem Manne im fremden Lande, d. h. der Eva, mit welcher er sündigte; da trat Hungersnot (des göttlichen Wortes) ein und er be-

[286] Moneta p. 111.

gehrte den Fraß der Schweine, d. h. der Lüste dieser Welt. Satan hatte nämlich einen anderen Engel in den aus der Seite des schlafenden Adam gebildeten weiblichen Körper eingeschlossen. Diese erste Frau wurde durch einen Dämon in der Gestalt der Schlange verführt, aus welcher Verbindung Kain geboren wurde; von ihm heißt es daher, er sei aus dem Bösen gewesen.[287] Die Frau aber, die an die Wollust gewöhnt ist, verführte wieder den Adam, wodurch Abel gezeugt wurde; daher der Hass des von dämonischem Samen entsprungenen Kain gegen seinen Bruder. Diese Beiwohnung war der Genuss der verbotenen Frucht; denn der Satan hatte dieses Verbot gerade darum gegeben, damit es übertreten würde, und deshalb verhüllten auch gleich darauf die ersten Menschen die Werkzeuge ihres Falles.[288]

Wahrscheinlich teilten demnach die Monarchianer das menschliche Geschlecht vor Noah in ähnlicher Weise wie die Dualisten in zwei ganz verschiedene und feindliche Klassen, die Nachkommen Kains, als das Geschlecht des Satans, und die Nachkommen Adams. Wenn sie dabei behaupteten, dass alle menschlichen Seelen vom Geist Adams hervorgegangen seien[289] so verstanden sie dies von der Zeit seit der Sintflut oder seit dem Erlöschen der Nachkommen Kains.

Die Fortpflanzung des menschlichen Geschlechtes ist also die Folge satanischer Verführung und geschieht fort und fort durch dieselbe Sünde, welche die Stammeltern begangen haben.[290] Satan aber erreichte dadurch, dass er den Körpern der Menschen jene auf die Sünde der Unzucht berechnete Einrichtung gab und so bereits den Eintritt ins irdische Dasein vergiftete, seinen Zweck, sie in völliger Abhängigkeit und Knechtschaft zu erhalten. Jede schwangere Frau steht seitdem unter unmittelbarem dämonischem Einfluss; der Dämon in der Mutter ist es, welcher Fleisch vom Fleisch und Seele von Seele hervorbringt, und jedes Kind wird mit einem Dämon geboren.[291] Die Fortpflanzung geschieht aber durch Zeugung des Fleisches vom Fleisch und des Geistes vom Geist, so dass alle menschlichen Seelen von jenem Engel, dem Geist Adams, ausgeflossen und mit ihm wesentlich eins sind.[292] Denn die Seele ist nicht eine einfache, sondern eine zusammengesetzte körperliche Substanz; der geistige Leib, dessen Paulus[293] gedenkt, und die Einheit des menschlichen Geschlechtes setzt auch Einheit der Seele oder Fortpflanzung einer und derselben Seele voraus, gleichwie es immer dieselbe körperliche Substanz ist, welche durch die Zeugung fortgepflanzt wird,[294] und wenn Christus zur Erlösung des menschlichen Geschlechtes gekommen ist, so ist

[287] N.T. 1. Joh. 3,11.
[288] Doc. p. 60. 275.
[289] Moneta p. 129. Doc. p. 60.
[290] Doc. p. 88.
[291] Doc. p. 33. 35 267. 320
[292] Doc. p. 60. 87 Vgl. Apg. 17,26.
[293] N.T. 1. Kor. 15,14.
[294] Moneta p. 111. 136. 335.

er um der Seelen willen, die also eine geschlechtliche Einheit bilden müssen und nicht einzeln geschaffen sein können, gekommen. Auch der Ausspruch des Apostels, dass in Adam alle Menschen gesündigt[295] erfordert eine substantielle Einheit aller mit der Seele Adams, wie denn auch die Vererbung der Sünde ohne eine Mitteilung der seelischen Substanz durch Zeugung nicht gedacht werden kann.

Die Bücher des Alten Testamentes geben nur vom Satan Zeugnis; er ist der Jehova der Patriarchen und des jüdischen Volkes.[296] Alle dort erzählten Erscheinungen Gottes waren Manifestationen des Satans; er war es, der den Henoch über das Firmament erhob, sich ihm dort in angemaßter göttlicher Würde zeigte und ihn 67 (76) Bücher schreiben ließ; diese nahm Henoch mit auf die Erde herab, übergab sie seinen Söhnen und lehrte sie den Opferdienst und die unreinen Mysterien. So blieben sie Satans Knechte, der das Himmelreich vor ihnen verbarg und ihnen stets vorsagte: „Seht, ich bin euer Gott und außer mir ist kein anderer Gott“.[297] Einmal wollte er durch die Flut zur Zeit Noahs das gesamte Menschengeschlecht vertilgen, damit die Menschenseelen nicht mehr zur Buße gelangen und die von ihm und den Seinigen im Himmel verlorenen Stellen einnehmen könnten; aber Gott beschloss und bewirkte die Rettung des Noah und seiner Familie, damit durch sie das Geschlecht fortgepflanzt würde und die Seelen noch Raum erhielten, Buße zu tun und die Rückkehr in den Himmel zu erwerben.[298] Satan war es dann auch, der die Beschneidung einführte, das jüdische Volk durch die Wüste in das Land Kanaan führte und ihm durch seinen Diener Moses das Gesetz gab. Der Charakter des Bösen blickt in seinen Äußerungen und Handlungen immer durch: er stellt den sündig gewordenen Menschen sich gleich, verflucht seine Erde, bereut es, den Menschen geschaffen zu haben, hat sein Wohlgefallen an Tieropfern, versucht den Abraham zur Schlachtung seines Sohnes, täuscht durch Lügen und falsche Verheißungen und belegt Christus und dessen Kreuzigung zum voraus mit dem Fluch.[299] Auch die Propheten sind seine Abge-

---

295 N.T. Röm. 5,12.

296 Doc. p. 66. 89. 275.

297 Evang. apocryph. Joh. bei Philo I, 890. 91. Doc. p. 89.

298 Moneta p. 112 u. 216. Doch ist in beiden Stellen der Sinn durch Druckfehler entstellt; S. 112 muss es statt perderet: perdere und statt servaveritque: servaverit heißen, und S. 216 muss statt diabolus noluit: voluit stehen. — Übrigens findet sich hier wieder ein Beispiel von der sukzessiven Modifikation des Lehrbegriffes. Bonacursius, welcher 50 Jahre vor Moneta schrieb, stellt die Sintflut und die Erhaltung Noahs noch fast ganz so dar, wie die Bogomilen sie hatten: Die Giganten, welche die Dämonen mit den Töchtern Evas erzeugt, hätten durch ihre Väter gewusst, dass der Satan der Bildner des Sichtbaren sei; darum habe dieser gesagt: „Es reut mich, den Menschen gemacht zu haben, und habe die Flut hereinbrechen lassen.“ Noah aber, der dies nicht gewusst, sei durch den Satan in der Flut gerettet worden. Moneta hat die spätere, von der bogomilischen allmählig mehr abgewichene Gestaltung.

299 A.T. 5. Mos. 21,23.

sandten und folglich alle böse; nur gezwungen vom göttlichen Geist und ohne es zu verstehen, haben sie von Christus geweissagt. Meist aber haben sie, indem sie der Bösartigkeit ihres Herzens folgten oder aufgrund der Eingebung des bösen Geistes, von Krieg, Pest und Gefangenschaft geredet.[300]

Einige bekannten sich aber zu der Ansicht, die Propheten seien die in den Evangelien erwähnten Personen, welche bei der Kreuzigung Christi aus den Gräbern auferstanden; um des Guten willen, das sie von Christus gesagt, seien sie wieder Menschen geworden, hätten von den Aposteln die Handauflegung empfangen und seien so zur Seligkeit gelangt.

In der Zeit vor Christus konnte überhaupt niemand selig werden; es gab keine Kirche und kein Mittel des Heiles; wer zum Heil gelangen sollte, musste noch einmal nach der Erscheinung Christi in einen menschlichen Körper einkehren, um durch Buße und Handauflegung sich für den Himmel zu befähigen.[301] Solche Erstandene, die nur, um durch Empfang der Händeauflegung Buße zu tun, wieder auf Erden erschienen, waren außer jenen, welche bei der Kreuzigung Christi aus den Gräbern hervorkamen, die 500 Brüder, deren Paulus gedenkt,[302] und zwar befanden sich unter diesen die Seelen der Propheten, die dieser Gnade teilhaft wurden, weil sie doch einiges Gute von Christus gesagt hatten, sowie Abel, Abraham, Isaak, Jakob und einige andere. Da erschien, vom himmlischen Vater gesandt, der Sohn, der zwar kein Geschöpf, sondern wie auch der Hl. Geist, Gott von Natur, aber doch geringer als der Vater ist,[303] den Menschen die Augen zu öffnen über ihr wahres Verhältnis zu dem aus ihrem Bewusstsein entschwundenen Gott und über ihre Gefangenschaft in den Schlingen des Satans.[304] Vor ihm her sandte der Vater seinen Engel, die Maria, ihn in sich aufzunehmen, und so ging Christus, der einen geistigen, aus höherem Stoffe gebildeten Leib mit herabgebracht, durch das Ohr des in weiblicher Gestalt sichtbaren Engels ein und aus.[305]

So lehrten die Bagnoleser, seitdem einer ihrer Bischöfe in Italien, Desiderius, indem er seine frühere Meinung aufgab, diese Ansicht unter ihnen eingeführt hat; mit ihnen stimmte Nazarius, Bischof der Concorezzaner überein, der diese Lehre von dem Bischof der bulgarischen Kirche der Katharer empfangen zu haben behauptete.[306] Dagegen lehrte die Mehrzahl der Concorezzaner: Maria sei ein wahres, jedoch ohne männlichen Samen von einem anderen Weibe geborenes Weib gewesen, Christus habe wirklich einen menschlichen Leib von ihr ange-

300 Doc. p. 275.
301 Doc. p. 276.
302 N.T. 1. Kor. 15,6. Moneta p. 218.
303 Viele Monarchianer hielten den Erlöser Christus nicht für ein Wesen göttlicher Natur, sondern für einen bloßen Engel. Doc. p. 277.
304 Doc. p. 89.
305 Doc. p. 90.
306 Rainer l. c. p. 1774.

nommen, sei wahrhaft gekreuzigt worden und auferstanden, habe jedoch bei der Himmelfahrt diesen Leib im Lufthimmel abgelegt, werde ihn beim großen Gericht wieder annehmen, dann aber werde derselbe durch Verwesung in die Masse der Materie zurückkehren.[307] Dadurch war immer so viel gewonnen, dass das Fleisch Christi nicht von der Masse des durch Satan gebildeten Fleisches der Söhne Adams war. Zu jener Sekte von Monarchianern, welche Maria für einen Engel hielten, gehörte Petrus Ugolino aus Civitella, der im Jahr 1245 vor dem Glaubensrichter Ruggieri zu Florenz erklärte, die selige Jungfrau habe ihren Leib vom Himmel herabgebracht und wieder mit dahin zurückgenommen, und derselbe sei nicht von der Substanz des menschlichen Leibes gewesen.[308] Wenn es also in der Schrift heißt, dass Christus dem Fleische nach aus dem Samen Davids sei,[309] so musste hier ein anderer überweltlicher David mit einem himmlischen Leibe verstanden werden.

Die Annahme eines himmlischen, von dem in den historischen Büchern des Alten Testament erwähnten verschiedenen David, sollte gerechtfertigt werden durch Berufung auf den Ausspruch: „Er hat den Willen Gottes erfüllt".[310] Dies könne sich nicht auf den historischen David beziehen, welcher Mord und Ehebruch begangen habe, müsse also von einem himmlischen David gelten,[311] von welchem auch, nach der Behauptung der Dualisten, die seinen Namen führenden Psalmen herrührten. Ebenso wenig könnten von dem historischen David die Worte des Engels gelten: „Gott wird ihm den Thron seines Vaters David geben",[312] da Christus jenen irdischen Königsthron nie bestiegen habe. Die valentinianische Idee der Syzygien oder einer geschlechtlichen Verbindung männlicher und weiblicher Engel muss auch bei den Katharern Eingang gefunden haben. Die Worte im

307 Rainer l. c. p. 1774. Moneta l. c. 248.

308 S. die Appendix monum. zu Mamachii Annales Ord. Praedicatorum, p. 156. — Über Jesus und Maria herrschten unter den Concorezzanern sehr verschiedene Ansichten. Vgl. Doc. p. 277. 278. Eine ganz eigentümliche Theorie über Jesus, Maria und Johannes den Evangelisten hatte die monarchianische Sekte der Archiller; Doc. p. 277. Bei einigen herrschte auch der Glaube, Christus sei nicht von Natur Sohn Gottes gewesen, sondern durch Adoption geworden. Um nämlich die Seelen in den menschlichen Körpern, welche ihren himmlischen Ursprung vergessen hatten, wieder an ihre Bestimmung zu erinnern und sie zu Gott zurückzuführen, sollte ein Engel auf die Erde gesandt werden, der viel, unendlich viel leiden müsste. In einem Buche waren alle diese Leiden aufgezeichnet. Derjenige Engel, welcher alles dieses auf sich nehmen und tragen würde, sollte Gottes Sohn werden. Viele Engel wollten diesen Rang erreichen; aber wenn sie das Buch lasen, schwand ihr Mut. Nur Christus entschloss sich endlich, alles zu ertragen, um Gottes Sohn zu werden, und erschien dann in dieser Welt, wo er alles litt und duldete. Dafür thront er jetzt im Himmel als Gottes Sohn zur Rechten des Vaters. Doc. p. 33. 160-162.

309 N.T. Röm. 1,3.

310 N.T. Apg. 13,36.

311 Doc. p. 66.

312 N.T. Luk. 1,32.

Geschlechtsregister bei Matthäus: „David zeugte den Salomon von der Frau des Urias“, meinten sie, bezögen sich auf einen Vorgang in der höhern Welt.[313]
Demnach war Christus menschlichen Gebrechen nur scheinbar unterworfen[314] und zuweilen leuchtete auch die höhere Natur und Abkunft seines geistigen Leibes durch die Hülle der niedern Erscheinung durch, wie, wenn er auf dem Meer wandelte oder durch die Juden, die ihn nicht greifen konnten, hindurchging. Auch wirkte er, obgleich diese niedere Welt ihm eigentlich fremd war, doch während seiner Gegenwart materielle Wunder.
Als der Fürst dieser Welt die Herabkunft Christi zur Befreiung der verlorenen Seelen wahrnahm, sandte er einen seiner Engel, den Elias, als Johannes den Täufer, um durch seine leere Wassertaufe der Geistestaufe Christi entgegenzuwirken.[315] Satan war es auch, welcher die Kreuzigung des Herrn bewirkte,[316] wiewohl diese seinen des Leidens unfähigen Leib nur scheinbar berühren konnte. Dieser Leib ist aber nicht mit Christus in den höchsten Himmel erhoben worden, sondern befindet sich unter jenem Altar, unter welchem der Seher der Apokalypse die Seelen der wegen des Wortes Gottes Erwürgten wahrnahm.[317]
Die Auferstehung gilt nicht dem animalischen, sondern dem geistigen Leib, dessen der Apostel gedenkt, nämlich der Seele; daher die Vergleichung mit dem Samenkorn, dessen Mark, d. h. die Seele, nur belebt wird, wenn die Schale, der Leib, durch Verwesung zergeht. Ist doch auch der Tod selbst nichts anderes als eine Trennung der feinen Substanz, der Seele, von der gröberen, dem äußerlich wahrnehmbaren Körper. Das große allgemeine Gericht wird eintreten, wenn die Zahl der gefallenen, aber durch Buße und Handauflegung gereinigten Gerechten erfüllt ist; eine große Verfolgung derselben durch den auf kurze Zeit mit schrankenloser Gewalt herrschenden Satan wird vorhergehen.[318] Ist das Gericht, d. h. die Ausscheidung der Gerechten und der Verworfenen vollzogen, dann wird den Gestirnen ihr Lichtglanz genommen und werden die beseligten Geister damit überkleidet werden. Auf solche Weise wird jener Raub zurückerstattet werden, welcher an Adam begangen wurde, als er aus dem himmlischen Jerusalem nach Jericho, d. h. in diese niedere Welt, herabstieg. Das ganze Werk Satans aber wird

---

313 Moneta p. 252. 253.

314 Doc. p. 61. 278.

315 Doc. p. 90. Auch hier wich ein Teil der Concorezzaner ab. Sie behaupteten, Johannes sei gut gewesen und, wie Christus, ohne Zutun eines Mannes, aus der Elisabeth durch den Hl. Geist geboren worden. Moneta p. 231.

316 Doc. p. 89.

317 Apok. 6,9. Über die Stelle N.T. Röm. 8,11, wo Paulus sagt, dass der in den Gläubigen wohnende Heilige Geist ihre sterblichen Körper lebendig machen werde, bemerkte Desiderius, der oben erwähnte Lehrer der Monarchianer, der Hl. Geist mache den äußeren Leib dadurch lebendig, dass er ihn der Herrschaft der Vernunft unterwerfe, nicht aber zur Auferstehung. Moneta p. 357.

318 Doc. p. 91.

vernichtet werden; diese niedere Weltordnung, mit allen ihren Gebilden, wird in das ursprüngliche finstere Chaos sich auflösen, welches vor der durch ihn vollbrachten Gestaltung war. Dieses Chaos ist die äußerste Finsternis, von welcher Christus redet, und damit beginnt erst die Hölle, welche jetzt noch nicht vorhanden ist und in welcher dann die verworfenen Menschenseelen und die Dämonen werden gequält werden.[319] Auch die Pforte des Paradieses wird sich erst am Tage des Gerichtes öffnen; denn die Seelen der Apostel und aller Heiligen weilen jetzt noch in der oberen Luftregion und werden dann erst zu Ruhm und Herrlichkeit gelangen.[320] Aber alle Strafen der Bösen wie alle Belohnungen der Guten werden völlig gleich sein, wie schon die Parabel von den Arbeitern im Weinberg zeigt.[321] Es waren demnach viele und wichtige Punkte, in denen die Concorezzaner von den Albanesern sich unterschieden. Außer dem Gegensatz bezüglich des Dualismus wichen sie hinsichtlich der Persönlichkeit Christi und des Hl. Geistes weit voneinander ab. Den Dualisten galten beide nur als Geschöpfe, als Engel, wie sie denn überhaupt, außer den beiden Göttern, nur eine Gattung intelligenter Wesen, nämlich Engel, anerkannte. Wenn sie nun dennoch sich der Formel bedienten: „Lasst uns anbeten den Vater, den Sohn und den Hl. Geist", so taten sie dies wohl, teils weil es ihnen, die bereits dem Glauben an die Einheit und Einzigkeit des göttlichen Wesens entsagt hatten, unbedenklich vorkommen mochte, die zwei erhabensten Geschöpfe in Bezug auf Anbetung der Gottheit, welcher sie ohnehin, gleich den übrigen Geistern, wesenverwandt sein sollten, gleich oder nahe zu stellen, teils auch, weil sie, um die Katholiken leichter zu gewinnen, den Schein, als ob auch sie an eine göttliche Dreieinigkeit glaubten und verehrten, beibehalten wollten. Das Einssein der drei Personen bezogen sie übrigens auf die Einheit des Willens. Die Monarchianer dagegen scheinen anfänglich auch in diesem Punkt die bogomilische Lehre bewahrt zu haben, dass der Vater nur vorübergehend zum Zweck der Erlösung durch Emanation den Sohn, dieser auf gleiche Weise den Geist gezeugt habe, und dass beide nach Vollendung des ganzen Erlösungsprozesses in den Vater wieder zurückkehren, die Dreiheit sich also wieder zur Einheit zusammenziehen werde.[322] Zu Monetas Zeit aber hatte die arianische Theorie bei den Concorezzanern die Oberhand gewonnen, der Sohn sei zwar göttlichen Wesens, doch geringer als der Vater und größer als der Hl. Geist. Auch weiß das apokryphische Evangelium des Johannes von keiner Rückkehr des Sohnes in den Vater, sondern vielmehr von einem ewigen Herrschen des Sohnes, der zur Rechten des Vaters sitzt.[323]

---

319 Doc. p. 210. 213. 216. 218. 247.

320 Doc. p. 179. 183. 187. 197. 322.

321 Rainer p. 1774. Evang. apocr. Joh. bei Thilo p. 894; vgl. Doc. p. 91. Moneta p. 120. 382. 383. Doc. p. 66. 83.

322 Doc. p. 185. 211. Des letzteren Lehrpunktes gedenkt Gregorius, von dessen Schrift gegen die Pateriner Muratori, Antiquit. med. aev. V, 150 ein Fragment mitgeteilt hat.

323 Bei Thilo I, 896.

Nicht minder wichtig war der Widerspruch zwischen beiden Parteien hinsichtlich des Ursprungs und der Natur der Menschenseelen. Eine Grundidee der neugnostischen Lehre ist eigentlich die Leugnung des menschlichen Geschlechtes als einer eigenen Gattung geschaffener Wesen: Die Menschen sind nur verhüllte, in das Gefängnis der fremdartigen Materie gebannte Engel, und der ganze Verlauf der Geschichte ist nur der Prozess der Reinigung und Ablösung von den Banden der Materie und die Zurückführung zu der ursprünglichen, rein englischen Existenz. Auch die Bösen gehören nach der dualistischen Lehre zum Geschlechte der Engel, der Dämonen nämlich. Bei den Concorezzanern ist die Leugnung der eigentlich menschlichen Natur gleichfalls vorherrschend, aber mit dem Unterschiede, dass hier alle Seelen durch sukzessive Zeugung und Wesensmitteilung von einem Engel, dem Geiste Adams, ausgeflossen sein sollten, und dass ein Teil derselben, welcher nicht zur Buße und Tröstung gelangte, der Verdammnis anheimfallen sollte. Während nach der dualistischen Lehre alle Engelseelen unfehlbar wieder der ursprünglichen Seligkeit teilhaft werden. Dabei nahmen sie zwar nicht wie die Dualisten eine allgemeine Wanderung der Engelseelen durch eine Reihe von Körpern, aber doch eine solche in einzelnen Fällen, namentlich bei einigen vor Christus gestorbenen, an. Dies war übrigens der Punkt, wo die sonst mit den Concorezzanern einverstandenen Bagnoleser sich von denselben trennten und den Albanesern anschlossen. Sie lehrten nämlich, dass Gott alle Seelen schon vor der Bildung dieser Welt hervorgebracht und dass sie schon damals (im Pleroma) gesündigt hätten. Darin aber scheinen sie wieder den Concorezzanern beigepflichtet zu haben, dass sie doch einen Teil dieser Seelen, die nämlich ohne Buße und Tröstung sterben, verloren gehen ließen.[324]

Von den Albanesern hatte sich um das Jahr 1230 die Sekte des *Johann de Lugio*, paterinischen Bischofs zu Bergamo, abgesondert. Dieser lehrte, dass die guten, sowohl als die bösen, Geschöpfe gleich ewig mit den beiden Schöpfern seien, und hier nur eine Priorität der Ursache, wie bei der Sonne und den Strahlen stattfinde, daher auch diese niedere Welt, wie sie keinen Anfang gehabt, so kein Ende haben werde. Die Geschöpfe des guten Gottes sind aber nicht allein durch diesen hervorgebracht und daher auch nicht vollkommen gut. Auch der Böse hat seinen Anteil daran, er hat durch seinen Widerstand die Absicht des guten Gottes gehemmt und den Geschöpfen desselben die Möglichkeit des Sündigens eingepflanzt. Diese Labilität hatte auch Christus, sie wurde aber bei ihm nicht zur Tat. Alle übrigen Geschöpfe des guten Gottes aber haben, durch Täuschung verleitet, wirklich in der höhern Welt gesündigt und sind deshalb mit Zurücklassung ihrer entseelten himmlischen Leiber in diese niedere Welt herabgestoßen worden, wo

---

324 Rainer p. 1774. Bestätigt wird dies durch die bei Mamachia. a. a. O. gedruckten Florentiner Inquisitions-Protokolle. Die Pateriner zu Florenz waren Bagnoleser; einer von ihnen, Andreas Ugolini, erklärte p. 156: Christus sei nur gekommen, die vom Himmel herabgestiegenen Brüder zu erretten, aber auch diese würden nur selig, wenn sie Buße täten.

sie von einem Körper in den anderen wandern, zuletzt aber alle von jeglicher Schuld und Strafe frei werden. Aber das Bemerkenswerteste in der Lehre dieser Partei ist dies, dass sie, teils um die Widersprüche, in welche die ganze oder teilweise Verwerfung des Alten Testamentes verwickelte, zu vermeiden, teils auch, um den Gegensatz des satanischen Reiches der Materie und des ihr innewohnenden Bösen gegen die höhere Weltordnung sehr rein zu erhalten, zwar die ganze Heilige Schrift annahm, aber den gesamten historischen Inhalt derselben, Christus zum Teil mitbegriffen, in jene höhere Welt verlegte: dort lebten und sündigten die Patriarchen und Propheten; dort gab der gute Gott das mosaische Gesetz und wurden die Opfer für die Sünden des Volkes dargebracht, dort wirkte Christus seine Wunder, dort litt und erstand er.[325]

XII. Kapitel: Die Lehre der Katharer

3. Gemeinschaftliche Lehre

Ein Hauptpunkt in dem System aller Katharer war die Verwerfung der Ehe.[326] Gleich den Körpern selbst, so ist insbesondere die Unterscheidung der Geschlechtsteile und die Vermischung der Geschlechter ein Werk des bösen Gottes oder des Satan und muss daher verdammt werden. Darum hat Christus schon das Anschauen einer Frau mit Begierde, was doch jeder Ehemann tut, für Sünde erklärt;[327] darum sagt er, dass man um seinetwillen auch die Gattin verlassen solle, um dann hundertfachen Lohn zu empfangen, dass jener, der eine Frau genommen hatte, nicht zum Gastmahl des Herrn habe kommen können, und dass er gekommen sei, die Schwiegertochter wider ihre Schwiegermutter zu trennen, d. h. der Ehe ein Ende zu machen.[328] Denn nur den freiwilligen Eunuchen gehöre nach seinem Ausspruch das Himmelreich, und wenn er hinzugesetzt: „Nicht alle fassen dieses Wort“[329], so habe er eben unter denen, die es nicht fassen, die Pharisäer, die Ungläubigen überhaupt verstanden, während seine Jünger aus seinen Worten den richtigen Schluss gezogen, dass es nicht gut sei zu heiraten.[330] Wie sehr Christus diese absolute Unverträglichkeit der ehelichen Verbindung mit der Berufung zum Himmelreiche einschärfte, das zeigt sich auch in jenem Ausspruche, wo er die Kinder dieser Welt, welche heiraten und verheiratet werden denen entgegensetzt, welche, jener Welt würdig befunden, weder heiraten noch verheiratet werden.[331]

---

325 Rainer p. 1769—1773.

326 Doc. 18. 21. 23. 25. 28. 40. 156. 227. 229. 234. 239. 323. 375.

327 Doc. p. 56.

328 N.T. Matth. 5,28; 19,9; N.T. Luc. 14,20; N.T. Matth. 10,35. Doc. p. 281.

329 N.T. Matth. 19,11.

330 Doc. p. 91.

331 N.T. Luk. 20,34. Moneta p. 326. Doc. p. 91.

Daher wird denn auch fleischliche Zeugung und Geburt, als etwas Gott Fremdes und Widerwärtiges, mit der Geburt aus Gott in Gegensatz gebracht.[332] Die Worte Christi: „Wer seine Frau entlässt, es sei denn um der Unzucht willen, der bricht die Ehe“,[333] erklärten sie: „Es sei denn, um die Unzucht (worunter sie jede eheliche Beiwohnung verstanden) mit ihr zu meiden.“ Nach einer anderen Erklärung sollte Christus sich den Meinungen der Pharisäer, mit denen er über Ehe und Ehescheidung sprach, angepasst haben.

Die Erklärung der Katholiken, dass Christus nur das begehrliche Anschauen einer fremden Frau für Ehebruch erklärt habe, ließen sie durchaus nicht gelten. Der Herr habe ganz allgemein von jeder Frau geredet und demnach allerdings auch das Begehren der eigenen Gattin als einen Akt der Unzucht bezeichnet.[334]

Dieselbe Lehre, so behaupteten die Katharer, trägt Paulus vor: Wenn er sagt, es sei dem Manne gut, eine Frau nicht zu berühren, so ist offenbar die Berührung irgendeiner Frau, auch der Gattin, etwas Böses, und wenn er will, dass alle seien wie er,[335] so schließt er niemanden von der Pflicht aus, sich gleich ihm der Ehe zu enthalten. Darum sollen, seinem Ausspruch zufolge, die Männer ihre Frauen lieben, wie Christus seine Kirche liebt[336] d. h. ohne alle Beimischung von Sinnlichkeit, mit brüderlicher Liebe, und können, wie Johannes in der Apokalypse (N.T. 14,4) erklärt, nur jene, welche die Jungfräulichkeit bewahrt haben, Christus überallhin nachfolgen. Paulus sagt ferner, der Verheiratete sei geteilt und sorge nur für das Weltliche und wie er der Frau gefalle. Ein Glied der wahren Kirche aber darf nicht geteilt sein, und wer für das Weltliche sorgt, der hat die Liebe Gottes nicht. Darum verlangt er auch, dass die, welche Frauen haben, sich so verhalten sollen, als ob sie keine hätten,[337] und überhaupt sind alle seine Ermahnungen zur Keuschheit, seine Drohungen, dass, wer im Fleische säe, vom Fleische ernten werde,[338] eben so viele Verbote der Ehe, in welcher es keine Keuschheit, sondern nur Unzucht und Unreinigkeit gibt, weshalb auch das allgemeine Verbot: Du sollst nicht Unzucht treiben, ebenso gut gegen den Ehestand, als gegen eine außereheliche Verbindung gerichtet ist. Wäre die Ehe etwas Gutes, so müsste auch die Frucht derselben gut sein; nun aber sind, nach dem Ausspruch des Apostels, alle Kinder, weil aus der Sünde geboren, Söhne des Zornes,[339] folglich muss auch die Ehe, als der Baum, der diese bösen Früchte trägt, vom

---

332 N.T. Joh. 1,12.
333 N.T. Matth. 19,9.
334 Doc. p. 56.
335 N.T. 1. Kor. 7,1. 7. Doc. p. 281.
336 N.T. Eph. 5,25. Doc. p. 281.
337 N.T. 1. Kor. 7,33. 29.
338 N.T. Gal. 6,8.
339 N.T. Eph. 2,3.

Bösen sein. Wären die in der Ehe Lebenden Kinder Gottes, so müssten sie vielmehr auch wieder Kinder Gottes zeugen.[340]
In dem apokryphischen Evangelium Johannis werden demnach Christus die Worte beigelegt: „Die Schüler des Johannes freien und lassen sich freien, die meinigen aber sind wie die Engel im Himmel."[341] Die Schwierigkeit, die für sie in den Worten von Paulus lag: „Der Unzucht wegen lebe jeglicher mit seiner Frau",[342] begegneten sie auf verschiedene Weise: Die Dualisten sagten, der Apostel rede da von der geistigen Ehe und verstehe unter der Gattin die Kirche, außerhalb welcher nur geistige Unzucht getrieben werde.[343] Zur Bestätigung dieser Deutung führten sie an, dass der Apostel von einem Bischof verlange, er solle der Mann einer Frau sein; dies, meinten sie, könne nicht von fleischlicher Ehe verstanden werden, da Bischöfe nicht heirateten, also sei unter der einen Gattin des Bischofs seine Kirche gemeint.[344] Ebenso behaupteten sie, in der Stelle, wo Paulus von Irrlehrern redet, welche die Ehe verdammten und Enthaltung von Speisen verlangten,[345] meine er die „Römischen", welche den Menschen die geistige Ehe, nämlich den Eintritt in die wahre Kirche (der Katharer), und den Genuss geistiger Speise, d. h. das Anhören der Lehre der Katharer untersagten. Demnach behaupteten sie auch, die Aufforderung zur Erfüllung der ehelichen Pflicht[346] gelte von der geistigen Verpflichtung der Vorsteher gegen ihre Kirchen und dieser gegen jene. In den Worten von der gläubigen Frau und dem ungläubigen Mann[347] beziehe sich das fidelis und infidelis nicht auf den Glauben, sondern auf die Treue und sei unter dem vir infidelis ein Vorsteher gemeint, der seine Kirche nicht mit der gehörigen Treue und Sorgfalt verwalte. Durch den Ausspruch Christi: „Was Gott verbunden hat, soll der Mensch nicht scheiden",[348] werde die Trennung eines Prälaten von der ihm anvertrauten Kirche untersagt, und von diesem heiße es dann auch, dass er durch Entlassung seiner Frau sie der Unzucht preisgebe,[349] weil eine von ihrem Hirten verlassene Gemeinde durch Annahme falscher Lehre oder durch eingeschlichene Missbräuche leicht in geistige Unzucht verfalle.

---

340 Bonacursius bei Mansi p. 582. 583. Alanus adv. haeret. et Wald. ed. Masson p. 145. Disput, inter Cath. et Pater, p. 1712. Steph. de Borbone bei d'Argentre, Collectio I, p. 552. Moneta p. 325—329. Vor dem Glaubensgericht befragt, erklärten die Katharer immer, dass die Ehe nicht von Gott eingesetzt, dass sie ein Stand der Sünde sei und dass niemand, der in der Ehe lebe, selig werden könne. Liber inquis. Tolosan. bei Limborch, Hist. inquis. p. 37. 92.

341 Doc. p. 91.

342 N.T. 1. Kor. 7,2.

343 Doc. p. 54. 55.

344 N.T. 1. Tim. 3,2. Doc. p. 57.

345 N.T. 1. Tim. 4,3.

346 N.T. 1. Kor. 7,3.

347 N.T. 1. Kor. 7,13.

348 N.T. Matth. 19,6.

349 N.T. Matth. 5,32.

Die Monarchianer dagegen gaben zu, dass Paulus von der fleischlichen Ehe rede, meinten aber, seine Worte würden nur den noch außerhalb der Kirche Befindlichen gelten, den bloß Glaubenden, welche die Handauflegung noch nicht empfangen hätten; diesen sehe er die Ehe nach, weil Unzucht in dieser oder einer anderen Gestalt bei ihnen unvermeidlich sei.[350] Wenn er aber die Gatten zur Leistung der ehelichen Pflicht ermahne,[351] so verstehe er darunter die Fürsorge für Kleider und Nahrung, die der Mann der Frau und diese ihm schuldig sei, und wenn er das Heiraten für etwas Unsündliches erkläre,[352] so meine er damit nur, dass die, welche noch nicht in die Kirche eingetreten, durch ihre Verheiratung insofern nicht sündigten, als ihnen, solange sie der Kirche noch ferne gestanden, auch das Gesetz, das die Ehe als Unzucht verbiete, noch nicht verkündigt gewesen sei.

Dass sämtliche Katharer die künftige *Auferstehung der Leiber* verwarfen, ist schon bemerkt worden.[353] Es war dieses eine notwendige Folge ihres ganzen Systems. Der Leib, der, einer fremden, feindlichen Schöpfung angehörig, nur als vorübergehender Kerker der Seele, als Werkzeug des Satan diente, durfte nicht wieder mit der Seele vereinigt und dadurch belebt werden. Bei den Dualisten kam noch der Glauben hinzu, dass die Seelen schon ihre bestimmten Leiber in der höhern Welt hätten, von denen sie nur durch den Sündenfall getrennt seien und die der Wiedervereinigung mit ihnen harrten. Diese bezogen daher auch alles Gute, was in der Hl. Schrift von dem menschlichen Körper gesagt wird: Dass er nämlich bestimmt sei, ein Tempel des Hl. Geistes zu werden usw., auf jene im Himmel zurückgebliebenen überirdischen Leiber. Zur Bestätigung diente ihnen die Stelle: „Er wird umbilden (reformabit) den Leib unserer Niedrigkeit“.[354] Daraus folge, sagten sie, dass wir Leiber im Himmel hätten, welche einmal schön gewesen, aber nach der Entweichung ihrer Seelen entstellt dort zurückgeblieben seien. Die Dualisten, sowohl als die Monarchianer, hatten aber noch andere Gründe, sich gegen die Auferstehungslehre zu erklären: Da die Seelen wie die Engel im Himmel seien und Fleisch und Blut das Reich Gottes nicht besitzen sollten,[355] so dürfe der irdische Leib auch nicht wieder erstehen. Sie behaupteten, die Elementarteile, aus denen der menschliche Körper bestehe, kehrten nach dem Tod aufgelöst zu ihren Prinzipien, den vier Elementen zurück; nun aber würden am Ende der jetzigen Weltordnung die Elemente durch die Glut des Feuers verzehrt werden,[356] also sei eine Auferstehung der Körper, deren Grundstoff dann nicht mehr vorhanden sei, unmöglich. Die katholische Behauptung, dass der

---

350 Moneta p. 330-340.
351 N.T. 1. Kor. 7,3.
352 N.T. 1. Kor. 7,18.
353 Vgl. Doc. p. 31. 65. 83. 197. 267.
354 N.T. Phil. 3,21.
355 N.T. Matth. 22,30; N.T. 1. Kor. 15,50.
356 N.T. 2. Petri 3,12.

Körper, wie er zu den guten und bösen Taten des Geistes in diesem Leben mitwirke, so auch an dessen Strafe oder Belohnung im künftigen Leben Teil nehmen müsse, verwarfen sie; der Leib sei nur das willenlose Werkzeug der Seele, und wie nur der Künstler, nicht aber sein Werkzeug belohnt werde, so könne auch nur der Seele ein Lohn zuteil werden. Desiderius, einer ihrer vornehmsten Lehrer in Italien, berief sich auf den Römerbrief:[357] daraus, dass der Apostel das Dasein eines dem Gesetze seines Geistes widerstreitenden Sündengesetzes in seinen Gliedern bezeuge, folge, dass der Körper, seiner Natur als Erzeugnis des Satan gemäß, für sich immer nur zum Bösen treibe, zum Guten aber nie willig, sondern stets nur gezwungen mitwirke, also auch einer Teilnahme an der Seligkeit als Belohnung weder fähig noch würdig sei.

Die Dualisten verwiesen noch besonders auf die Stelle, wo der Apostel den Gläubigen, nach Auflösung der jetzigen irdischen Hütte, eine ewige, nicht mit Händen gemachte Wohnung in den Himmeln verheißt,[358] womit er deutlich auf den himmlischen Leib, der mit dem jetzigen irdischen gar nichts gemein habe, hinweise. Die Monarchianer dagegen, welche den Tod für eine bloße Scheidung der Seele, d. h. des inneren, geistigen Leibes von dem äußeren, grob-materiellen hielten, bezogen alle biblischen Stellen, welche von der Auferstehung eines spirituellen Leibes reden, auf diese Befreiung der Seele aus der umhüllenden Rinde des sichtbaren Körpers.[359]

Den *Genuss des Fleisches* und überhaupt der von Tieren herrührenden Nahrungsmittel betrachteten alle Katharer als verwerflich;[360] dagegen gestatteten sie, wobei sie sich von den alten Manichäern unterschieden, das Weintrinken.[361] Darum, sagten sie, habe Christus das Volk bloß mit Brot und Fischen gespeist, darum sage Paulus, es sei gut, kein Fleisch zu essen,[362] und hätten die Apostel den Gläubigen verboten, von Blut und Ersticktem, zu essen. Sie nahmen nämlich das Wort „Blut" im weitesten Sinne für alles durch Blut Belebte. Der Hauptgrund lag aber in ihrem Abscheu gegen die durch den Satan eingeführte Vermischung der Geschlechter und das dadurch Erzeugte und in dem Glauben, dass alles Fleisch deshalb unrein sei und den Genießenden beflecke.[363] Dazu kam, dass ihnen diese Enthaltung als ein wesentliches Stück der von jeder himmlischen Seele hier auf Erden zu leistenden Buße galt, daher sie sich auch auf ein besonders übernommenes Gelübde beriefen.[364]

---

357 N.T. Röm. 7,18. 19. 22. 23.

358 N.T. 2. Kor. 5,1.

359 Moneta p. 346-356.

360 Doc. p. 4. 18. 21. 36. 41. 295. 323.

361 Doc. p. 19. 206. 246.

362 NT Röm. 14,21.

363 Doc. p. 162. 206; vgl. p. 152.

364 Bonacursius l. c. p. 583. Moneta p. 138. Doc. p. 41.

Eine allen Katharern gemeinsame Lehre war auch dieses, dass sie *keine Tiere töten* dürften.[365] Dieses hing zusammen mit ihrer Lehre von der Seelenwanderung. Sie glaubten nämlich, die Seelen der gefallenen Geister müssten solange von einem Körper in den anderen wandern, bis sie endlich in den Leib eines Bonus Christianus (d. h. Katharers) kämen, wo sie durch ihr Sakrament der Handauflegung von aller Schuld frei und beim Tode in das Paradies aufgenommen würden.[366] Wenn die Geister, lehrten sie, aus den entseelten toten Körper entfliehen, werden sie von den Dämonen der Luft so gepeinigt, dass sie sich sehnen, in irgendeinem Körper Schutz zu finden.[367] So fahren denn solche Geister auch in Tiere hinein, und manche wollten sich ganz genau erinnern, dass sie früher in einer Rosshaut gesteckt haben. Sie wussten sogar zu erzählen, dass sie als Pferde an einem gewissen Ort ein Hufeisen verloren hätten; die neugierigen Gläubigen suchten an dem bezeichneten Orte und fanden dort wirklich ein verrostetes Hufeisen. Diese Erzählung kehrt in den Aussagen der Katharer oftmals wieder.[368] Manche glaubten, wenigstens schon durch hundert Körper gewandert zu sein.[369] Von Paulus wussten sie zu erzählen, dass er durch dreizehn, nach anderen durch zweiunddreißig Leiber gewandert sei, bevor er von Gottes Gnade erreicht wurde.[370] Diejenigen aber, welche vor ihrem Tode das Consolamentum empfingen, kamen sogleich in den Himmel, und zwar in den siebenten Himmel, so dass sie nach ihrem Tod sieben Tage brauchten, bis sie an den Ort ihrer Bestimmung gelangten, da sie immer je einen Tag verwenden mussten, um einen niederen Himmel zu durchwandern.[371] Andere glaubten dagegen, nur diejenigen kämen unmittelbar in den Himmel, welche das Consolamentum von ihrem höchsten Vorsteher (Papa) empfingen, während die anderen noch drei Tage lang ein Fegefeuer durchzumachen hätten.[372] Wieder andere glaubten, die Seelen der Geretteten kämen überhaupt nicht unmittelbar in den Himmel, sondern zunächst in ein irdisches Paradies, wo sie bleiben müssten bis zum letzten Gericht; dann erst würden sie in den eigentlichen Himmel aufgenommen werden; dann werde auch erst die Hölle ihren Anfang nehmen, nämlich die in Finsternis gehüllte Erde.[373]

---

365 Non occidebant aliquod animal gradiens super terram nec volans in aere, habens sanguinem, nisi mures, serpentes, bufones, ranas, lacertos et talia animalia, quae ipse vocabat legeza vel immunditias. Doc. p. 181. 248. Pisces poterant occidere, quia in piscibus non incorporantur dicti spiritus, quia non concipiuntur vel generantur in ventre matris, sed generantur ex aqua. Doc. p. 152. Vgl. Doc. p. 5. 146. 217. 236. 323.

366 Doc. p. 4. 40. 152. 156. 175. 188. 207. 235. 267.

367 Doc. p. 207. 216. 247.

368 Doc. p. 153. 175. 207. 217.

369 Doc. p. 32.

370 Doc. p. 32. 207. 215.

371 Doc. p. 157.

372 Doc. p. 194.

373 Doc. p. 179. 181. 183. 187; Vgl. 1. Die Lehre der Dualisten

Den *Eid* erklärten sie für sündhaft in jedem Falle, mit Berufung auf die bekannten Stellen des Neuen Testamentes, wiewohl sie das Verbot des Schwörens nicht erst, wie die Waldenser taten, von Christus ableiteten, sondern das Schwören für etwas an und für sich Sündhaftes, wie Mord und Ehebruch, erklärten.[374] Wie sie schon dadurch gegen die bürgerliche Ordnung in einen feindseligen Gegensatz traten, so geschah dies noch mehr durch ihre Lehre, dass *weltliche Obrigkeit* und Gerichtsbarkeit unter wahren Gläubigen nicht zulässig und eine fremde nicht von dem guten Gotte herrührende Erfindung sei, und dass demnach die Glieder der wahren Kirche zu keinem Gehorsam gegen weltliche Fürsten und Richter verpflichtet seien.[375] Sie beriefen sich dabei darauf, dass der Herr ausdrücklich geboten, es sollten bei den Seinigen, nicht wie bei den Heiden, Fürsten und Könige herrschen,[376] und dass Paulus von seinem und der Gläubigen Kampfe gegen die Fürsten und Mächte rede,[377] die also nicht Diener Gottes sein könnten. Hielt man ihnen den Ausspruch von Paulus entgegen, dass die Obrigkeit eine Dienerin Gottes sei[378] so erwiderten sie, der Apostel rede hier von den geistlichen Machthabern, den Vorstehern der Kirche, und von dem Schwert des Geistes, welches das Wort Gottes sei. In derselben Weise beseitigten sie den Ausspruch von Petrus von der Unterwerfung unter den König,[379] indem sie zugleich anführten, es sei nicht denkbar, dass die Apostel die Christen zur Unterwerfung unter die weltlichen Fürsten und Obrigkeiten jener Zeit, die alle ungläubig und Verfolger der Kirche gewesen seien, hätten ermahnen wollen.[380] Freilich mussten die Katharer schon darum der weltlichen Obrigkeit alle höhere Berechtigung absprechen, weil von allen damals bestehenden Gewalten keine zu ihrer Sekte gehörte; alle Fürsten und Gewalthaber also von Satans Geschlecht waren, solche aber über die Kinder Gottes nie eine rechtmäßige, auf göttlicher Vollmacht ruhende Autorität besitzen konnten.

Daraus ergab sich von selbst die Verwerfung aller richterlichen Strafurteile, aller körperlichen Strafen und namentlich der Todesstrafe.[381] Überhaupt, lehrten sie, sei es nicht erlaubt, Gewalt mit Gewalt abzuwehren, und also auch alles Kriegführen verdammenswert. Hier bedienten sie sich natürlich der Schriftstellen, in welchen Liebe der Feinde, geduldiges Tragen der Unbilden geboten oder empfohlen wird, und zu Monetas Zeit, als die Päpste in den großen Kampf mit Friedrich II. verwickelt waren, machten sie es denselben zum Vorwurf, dass sie nicht, nach Christi Vorschrift, von einer Stadt in die andere fliehen würden, sondern dem Kaiser

374 Moneta p. 470. Doc. p. 3. 83. 167. 323.
375 Doc. p. 69. 75. 323.
376 N.T. Matth. 20,26.
377 N.T. Eph. 6,12.
378 N.T. Röm. 13,4.
379 N.T. 1. Petr. 2,13.
380 Moneta p. 523-539.
381 Moneta p. 513.

Widerstand leisteten und andere zu gewaffneter Hilfe gegen ihn aufgerufen hätten.[382] Sonst machten sie gegen die Anwendung der Todesstrafe auch solche allgemeinen Gründe geltend, wie sie in neuerer Zeit vielfach vorgebracht werden, z. B. dass jede Strafe nur Besserung des Schuldigen bezwecken könne, die doch durch dessen Tötung nicht erreicht werde.

Indem die Katharer der weltlichen Gewalt und Autorität jede höhere Berechtigung absprachen und sich und ihre Anhänger von aller Pflicht des bürgerlichen Gehorsams entbanden, sprachen sie ihren Hass, ihren Abscheu *gegen die katholische Kirche*, die unbedingte Verdammung fast aller ihrer Lehren und Institutionen noch unumwundener aus. Gleich den Paulikianern im Orient nannten sie die Katholiken die Römischen und die Kirche, die als die Kirche der Gottlosen, der Gemeinde der Heiligen, der der Katharer nämlich, feindlich gegenüberstehe, die römische. Was die Manichäer schon zu Augustins Zeiten behauptet hatten, dass die katholische Kirche nicht die wahre sein könne, weil ihre Früchte schlecht seien, ein guter Baum aber keine schlechte Frucht trage, das machten auch sie bei jeder Gelegenheit geltend. Sind doch, sagten sie, wenigstens zehn Teile der römischen Kirche schlecht; sie muss also vielmehr die Kirche Satans, als die Kirche Gottes heißen. Und wie ihre Werke, so muss auch ihr Glaube beschaffen sein; denn wer die Werke Christi nicht tut, der kann nach N.T. Joh. 14,12 auch den Glauben Christi nicht haben.

Die römischen Priester legen jetzt, wie ehedem die Pharisäer, deren Nachfolger sie sind, den Menschen schwere Lasten auf, welche sie selbst mit keinem Finger anrühren, und gleich jenen verschließen sie den Menschen den Eingang in die wahre Kirche (der Katharer) und gehen selbst nicht hinein. Wie die Pharisäer, die Väter der heutigen Priester, die Grabmäler der Propheten bauten und schmückten und zugleich die Apostel töteten und die erste Kirche verfolgten, so machen es nun die Erben ihres Geistes und Standes, die römischen Geistlichen: Sie schmücken die Gräber der Apostel und zugleich machen sie das Maß ihrer Väter voll, indem sie die Kirche der Apostel verfolgen und morden. Was die römische Kirche etwa Gutes tut, das tut sie nur, um von den Menschen gesehen zu werden: sie schmückt die Altäre nicht hinten, wo niemand sie betrachtet, sondern vorn und an den Seiten; sie bedient sich langer Gebete, um das Gut der Witwen und die Zehnten zu erlangen; sie fordert die Erstlinge der Früchte und Tiere; kurz, sie tut gerade das, was Christus an den Pharisäern und Schriftgelehrten rügt.

Die wahre Kirche muss in dieser Welt Verfolgung dulden, nicht verhängen; sie muss von der Welt verachtet und gelästert werden und allenthalben auf Widerspruch stoßen, während die römische Kirche, nicht verfolgt, sondern verfolgend, überall geehrt und gepriesen, durchaus der Gunst der Welt sich erfreut und die heilige, die katholische genannt wird. Die Kirche Christi hungerte und durstete bei bevorstehenden Bedrängnissen; sie wurde mit Schlägen misshandelt; flüchtig

[382] Doc. p. 40. 199. 200. 287.

und unstet lebte sie von ihrer Hände Arbeit, nicht nach fremdem Gute lüstern, vielmehr das Ihrige gern den Armen Christi mitteilend; sie wurde verflucht und segnete. Anders dagegen die römische Kirche: sie schwelgt in Reichtum und Üppigkeit; mit Purpur und feinem Baumwollstoff angetan, schmaust sie täglich reichlich; sicher und fest sitzend in dieser Welt, arbeitet sie nicht mit ihren Händen, sondern müßigem Wohlleben frönend, verzehrt sie die Arbeit anderer, und während sie von dem großen Haufen gesegnet wird, ist sie es, welche durch Kirchenbann andere verflucht, gleichwie sie auch – ein neuer Beweis ihrer Verwerflichkeit – durch die Segnung des Carroccios oder Fahnenwagens zu Krieg und Blutvergießen ermuntert.[383]

Die Kirche Christi lehrte zuerst und taufte nachher, die römische aber beginnt mit der Taufe (bei den neugeborenen Kindern) und lässt die Lehre später folgen. Christus und seine Jünger haben nie den des Glaubens und des Vernunftgebrauches Unfähigen die Taufe erteilt, die römische Kirche dagegen tut dies. So hat sie auch keine Diakonissen mehr, welche doch nach der Vorschrift von Paulus[384] der wahren Kirche nicht fehlen dürfen. Ja, selbst die große Menge ihrer Mitglieder und ihre weite Verbreitung über den Erdkreis ist ein Beweis, dass sie nicht die wahre Kirche ist; denn diese muss nach N.T. Matth. 7,14 klein und unscheinbar sein. Die Kirche Christi hatte keine Erzbischöfe, Primaten, Kardinäle, Archidiakonen, keine Mönche, Kanoniker, Dominikaner und Minoriten, von welchen Orden jeder seinen eigenen Weg gehen will, während es doch nach dem Ausspruch Christi nur einen Weg zur Seligkeit gibt.[385]

Die römische Kirche, so behaupteten die Katharer ferner, ist das Weib der Apokalypse, sitzend auf dem scharlachroten Tiere, voll Namen der Lästerung und trunken von dem Blut der Heiligen, die große Stadt, die das Reich hat über die Könige der Erde;[386] der Antichrist aber ist der Papst. Hier verwickelten sie sich aber in den Widerspruch, dass sie die römische Kirche sowohl in dem Tier als auch in dem darauf sitzenden Weib finden wollten, obwohl beide genau voneinander unterschieden werden.[387]

Von dem päpstlichen Stuhl sagten sie, er sei schon darum verwerflich, weil er höheren Rang und Gewalt über andere Kirchen habe, da doch die Kirche Gottes nach N.T. 1 Petri 2,13 jeder Kreatur unterwürfig sein müsse. Die Päpste, lehrten sie ferner, sind nicht Nachfolger von Petrus, sondern Konstantins, und von diesem

---

383 Moneta erwidert auf diesen Vorwurf: In dem Ritus dieser Segnung sei durchaus nichts enthalten, was als eine Aufforderung zu ungerechtem Kriege und Blutvergießen gedeutet werden könne; vielmehr werde darin um Frieden gebetet, und wenn es am Schluss heiße: „Befreie uns, oh Herr, von den Nachstellungen unserer Feinde,“ so sei das doch nicht zu tadeln.

384 N.T. 1. Tim. 5,9.

385 Moneta p. 390-396.

386 N.T. Apok. 7,3. 18.

387 Moneta p. 397.

oder seinem Zeitgenossen, dem Papste Silvester, hat die römische Kirche den Anfang genommen. Denn das Reich, welches Julius Cäsar durch Raub und hochmütige Anmaßung an sich gerissen und welches Konstantin auf dieselbe gewaltsame Weise überkommen, hat dieser, wie er es besaß, dem Papste Silvester verliehen und ihm zugleich auch die kaiserlichen Insignien, die Krone, den Purpurmantel, den lateranischen Palast und die Herrschaft über die Welt überantwortet. Und so haben alle folgenden Päpste eine ursprünglich auf Gewalt und Ungerechtigkeit gegründete und durch dieselben Mittel fortgepflanzte Herrschaft überkommen. Wie konnte auch Silvester ein Nachfolger Christi sein, da Christus alle irdische Herrschaft von sich wies und da er nicht das Gesetz des Moses, nicht den Orden Augustins oder Benedikts, sondern das Evangelium vom Reich Gottes verkündigte?

Die römische Kirche selbst war ihrer Sukzession von Petrus so wenig gewiss, dass sie erst dreihundert Jahre nach seinem Tode eine Nachforschung nach seinen Gebeinen anstellte, um mittels derselben sich den Schein einer Abstammung von ihm zu geben. Petrus aber kam nie nach Rom, wie sich schon aus dem Schweigen des Neuen Testamentes hierüber ergibt, und die Gebeine, die man für die seinigen ausgegeben, waren wohl die eines Heiden, so dass also die römische Kirche eigentlich von einem toten Heiden ihren Ausgang genommen hat.[388]

An dem *Gottesdienst* den Gebräuchen und Institutionen der römischen Kirche ist alles verwerflich und dem Geist Christi zuwider. Schon das Erbauen von Kirchen und der Name, den sie diesen Gebäuden gibt, ist verkehrt. Die apostolische Kirche hatte keine solchen Gebäude und hätte sich nie einfallen lassen, den Namen, welcher nur der Gemeinde der Heiligen gebührt, auf dergleichen Häuser zu übertragen. Der Gebrauch der Altäre ist schon darum vom Bösen, weil derselbe von dem Gotte des Alten Testamentes angeordnet worden und weil Christus sein Abendmahl auf einem hölzernen Tische einsetzte, die römischen aber ihre Altäre von Steinen errichten. Die Messe, welche die Stelle des Abendmahls Christi vertreten soll, haben die Apostel nie gehalten, und schon der Name ist ein fremder und später willkürlich ersonnener. Die priesterlichen Gewänder sind gleichfalls eine von der Sitte des Herrn abweichende Erfindung. Christus hielt sein Mahl in der Stille und im Verborgenen mit den Jüngern zugekehrtem Antlitz, und er gebot, dass alle davon essen und trinken sollten. Bei der römischen Messe dagegen wird die gottesdienstliche Handlung öffentlich und mit Geräusch begangen, der Priester kehrt dem Volke den Rücken zu und isst und trinkt häufig allein. Nicht minder verwerflich ist die römische Sitte der Gesänge in der Kirche, die Anwendung des Weihrauchs und die des ungesäuerten Brotes, dessen Gbebrauch auch im Neuen Testamente bei Opfern untersagt ist; denn N.T. Marc. 9,49 heißt es, jedes Opfer solle mit Salz gesalzen werden.[389]

---

[388] Moneta p. 409. 410.

[389] Moneta p. 454-460. Doc. p. 136. 168. 176. 281.

Durch ihre Verehrung von *Bildern* sind die Römischen offenbare Götzendiener geworden,[390] und indem sie das *Kreuz* verehren, beten sie die Schmach Christi an; sie bezeichnen auch ihre Stirn mit dieser Schmach, – ebenso gottlos als töricht; denn welcher Mensch würde, wenn sein Vater an einem Galgen aufgehängt worden wäre, den Galgen deshalb ehren und das Zeichen desselben seiner Stirn aufdrücken?[391] Darum ist auch, wie die römische Kirche selbst das Tier der Apokalypse ist, das Kreuzeszeichen das dort (N.T. Apokal. 13,16) geweissagte Malzeichen des Tieres, und wir Katharer werden darum verfolgt, weil wir das Mal des Tieres im Kreuze anzubeten uns weigern. Der Grund dieses Abscheues gegen die dem Kreuze erwiesene Ehre lag ohne Zweifel darin, dass sie dem Tod Christi durchaus keine erlösende Kraft und Bedeutung beilegten, sondern nur eine von dem Gott des Alten Testaments an ihm genommene Rache darin sahen. Ohnehin konnten sie ihrem System gemäß nicht zugeben, dass ein Erzeugnis der satanischen Schöpfung, wie das Holz des Kreuzes, als Werkzeug der Erlösung, d. h. der Befreiung aus den Banden der Materie, gedient habe. Es gab aber auch Katharer, welche den Kreuzestod Christi überhaupt leugneten, da nach ihrer Meinung Christus einen unter seiner Scheingestalt verhüllten Dämon statt seiner kreuzigen ließ. Dieser war es denn auch, der spottend zu dem Schächer sagte: Heute wirst du mit mir im Paradiese sein, d. h. in dieser Welt, dem Paradiese der Toren, und von ihm, nicht von Christus, gilt das Wort des Apostels, dass er für uns zum Fluch geworden sei.[392]

Die Katharer verwarfen alle *Sakramente* der katholischen Kirche um so entschiedener, als selbst der Begriff eines Sakramentes, in welchem die Gnade an ein dem Gebiet der Materie entlehntes Zeichen gebunden ist, ihrer gesamten Anschauungsweise widerstrebte. Doch hatten sie einige den katholischen Sakramenten analoge Gebräuche, und Sacchoni zählt vier dergleichen Handlungen auf: die Handauflegung, die Segnung des Brotes, die Buße und die Amtseinsetzung.[393]

Die katholische *Taufe* war ihrer Behauptung nach nichts anderes und nichts besseres als die Taufe des Johannes; diese aber, welche der Täufer im Auftrag des Satans und als dessen Werkzeug verrichtete, hatte nur den Zweck, der seligmachenden Taufe Christi überall hemmend entgegenzutreten.[394] Dass nun dennoch der Erlöser sich selbst dieser Wassertaufe unterzog, das geschah, wie sie sagten, teils um keinen Anstoß zu geben, da dieser Gebrauch doch einmal Gunst und Beifall bei den Menschen gefunden hatte, teils damit er bei dieser Gelegenheit, indem er aus seiner bisherigen Verborgenheit hervortrat, durch das Zeugnis des Johannes und des Hl. Geistes den Menschen offenbar würde; denn der Satan

[390] Doc. p. 26. 56. 176. 323.

[391] Doc. p. 6. 21. 23. 25. 29. 168. 222.

[392] Gal. 3, 13. Moneta p. 461. Disput, inter Cath. et Paterinum p. 1748.

[393] Vgl. Doc. p. 294. Salvus Burce (Doc. p. 82) zählt nur zwei, die Handauflegung und die Segnung des Brotes.

[394] Doc. p. 20. 25. 31.

selber hatte nach N.T. Joh. 1,33 dem Täufer das Herabkommen des Geistes als das Zeichen, an welchem er die Person Christi erkennen werde, vorherverkündigt.[395]

Die Katharer verwarfen also die Taufe mit Wasser überhaupt als eine leere und nutzlose Zeremonie.[396] Nur meinten die Monarchianer, da die Tatsache, dass die Apostel die Wassertaufe gespendet, doch allzu klar im Neuen Testamente vorlag, die Kirche Gottes habe zwar eine Zeit lang sich dieser Taufweise bedient, jedoch nur um Ärgernis zu vermeiden, da die Menschen einmal an den Ritus gewöhnt waren und sich deshalb ihn nicht nehmen lassen wollten, oder, wie andere behaupteten, nur darum spendeten und empfingen die Apostel und die ersten Gläubigen die Wassertaufe, damit die Menschen durch dieses Zeichen zur wahren Taufe des Hl. Geistes eingeladen würden.

Als einen Hauptgrund gegen die katholische Taufe machten die Katharer geltend: Nachlassung der Sünden und Mitteilung des Hl. Geistes seien identisch oder das erstere geschehe nur durch das andere und zugleich mit demselben. Nun aber hätten die Samariter nach N.T. Apg. 8,14-17 den Hl. Geist noch nicht gehabt, wiewohl sie bereits mit Wasser getauft gewesen; also habe diese Taufe auch nicht Vergebung der Sünden gewirkt, und darum habe auch Christus N.T. Apg. 1,5 die Wassertaufe des Johannes und die Geistestaufe der Apostel einander entgegengesetzt. Wenn Christus, sagten sie weiter, von einer Wiedergeburt aus dem Wasser und dem Feuer rede, so sei unter dem Wasser die geistige Flüssigkeit der Lehre zu verstehen, und wenn Paulus von dem einen Glauben und der einen Taufe rede, so meine er damit eben ihre Taufe, die *Handauflegung*.[397]

Alle Katharer lehrten, dass ihre Feuertaufe oder Handauflegung das einzige Mittel sei, der vollkommenen Nachlassung aller Sünden und der Seligkeit teilhaftig zu werden.[398] Wer demnach, ohne diese Taufe des Hl. Geistes empfangen zu haben, starb, war entweder kein Auserwählter und daher an sich schon unerlösbar, oder, wenn er zu den höheren Naturen gehörte, so musste er unter einer anderen Hülle neuerdings in diese Welt eintreten und den Kreis eines Menschenlebens abermals durchlaufen, um, durch die „Tröstung“ (Consolamentum) vollständig gereinigt, zur Rückkehr in die himmlische Heimat befähigt zu werden.[399] – Eine Begierdetaufe, oder die Lehre, dass auch das bloße Verlangen nach der Handauflegung die Wirkung dieser Handlung, falls dieselbe jemanden nicht zuteil werden könne, hervorbringe, diese Lehre war den Katharern fremd. Doch scheint ihnen das Verlangen nach der „Tröstung“, das jemand aussprach, als ein Beweis gegol-

---

[395] Moneta p. 278. 279. Doc. p. 90.

[396] Doc. p. 5. 29. 68. 155. 197. 297.

[397] Alanus adv. haeret. et Wald. ed. J. Masson p. 109. Moneta p. 290. Besonderes Gewicht legten sie auch auf die Stelle N.T. 1. Petr. 3,21, da hier die Wassertaufe für eine bloße Abwaschung des körperlichen Schmutzes erklärt werde, die also nicht selig machen könne.

[398] Doc. p. 29. 31. 33. 183. 242.

[399] Doc. p. 175. 179. 182. 188. 205. 235. 267.

ten zu haben, dass ein solcher, wenn der Tod ihn an dem Empfang des Heilsmittels hinderte, doch zur Zahl der Berufenen gehöre und daher, mittels der Seelenwanderung in einem anderen Körper, doch noch zu der so unentbehrlichen Handauflegung gelangen werde.[400]

Die Handauflegung und mit ihr die Tilgung der Sünden begann nach der Lehre der Katharer erst nach dem Tod Christi. Bis dahin konnte also niemand selig werden[401] und die gefallenen Seelen mussten daher solange durch verschiedene Leiber hindurchwandern, bis der Zeitpunkt der Erlösung für sie kam. Eben deshalb behaupteten sie auch, alle Apostel seien während der ganzen Zeit des Umgangs Christi mit ihnen böse und Sünder gewesen. – Den Kindern wurde die Tröstung, auch wenn sie sich in Todesgefahr befanden, nicht erteilt, weil sie kein Verlangen danach äußern konnten und des Glaubens ermangelten. Man sollte nun erwarten, dass die Katharer, namentlich die Dualisten sich auch hier durch ihre Seelenwanderungslehre geholfen und eine Wiederkehr solcher Kinderseelen in anderen Leibern in Aussicht gestellt hätten; dies taten sie aber nicht, sondern vielmehr erklärten sie geradezu alle Kinder, welche vor den Unterscheidungsjahren sterben würden, für ewig verloren.[402] So lehrten sie noch um die Mitte des 13. Jahrhunderts. Später scheinen die Dualisten erkannt zu haben, dass diese Lehre und die Verweigerung der Tröstung allzu viel Abstoßendes für die Eltern solcher Kinder habe,[403] und wir finden demgemäß, dass zu Beginn des 14. Jahrhunderts kranken Kindern das Consolamentum gewährt wurde.[404] Freilich kostete diese Änderung vielen Kindern das Leben; denn da nicht zu erwarten war, dass sie in reiferen Jahren alle die drückenden Übungen und Enthaltungen, zu welchen der Getröstete strenge verpflichtet war, auf sich nehmen und unverbrüchlich beobachten würden, so versetzte man sie in die „Endura“, d. h. man ließ sie durch Entziehung der Nahrung verschmachten.[405]

Gemäß der Lehre, dass unter der Hülle dieses grob-materiellen und der Schöpfung des Bösen angehörigen Leibes ein feinerer, geistiger Leib verborgen sei, behaupteten die Katharer, dass nicht die sichtbaren Hände, sondern die darunter verdeckten unsichtbaren es seien, durch deren Auflegung der Hl. Geist mitgeteilt und die Sündenvergebung bewirkt werde.[406]

Die Mitteilung des Hl. Geistes oder die Nachlassung der Sünden hängt, nach dem System der Katharer, von dem Verdienst oder der Reinheit des Ausspenders ab.

---

400 Doc. p. 183.

401 Moneta p. 88. Gr. Bergom. bei Muratori, Antiq. Ital. V, 151. Doc. p. 322.

402 Moneta p. 394.

403 Doc. p. 217. 246 heißt es, diese Kinder seien der Gnade Gottes anheim zu geben.

404 Doc. p. 217. 240.

405 Liber inquis. Tolos. p. 24. Doc. p. 135; vgl. p. 240, wo eine Mutter endlich mit ihrem der Endura geweihten Kinde Erbarmen hat und ihr die Mutterbrust reicht zum grossen Ärger des Vaters.

406 Moneta p. 126.

Nur der, welcher von aller Sünde frei ist, kann durch die Auflegung seiner Hände die Sünde hinwegnehmen; ist aber diese getilgt und der Hl. Geist im Menschen eingekehrt, dann kann er auch schlechterdings nicht mehr sündigen. Wenn demnach ein Getrösteter später doch wieder in die Sünde fällt, so ist dies ein Beweis, dass seine Taufe wirkungslos und ungültig gewesen, und er muss neuerdings durch die Handauflegung geheiligt werden. Hat aber ein solcher anderen die Tröstung gewährt, so ist die Gültigkeit mindestens ungewiss, oder es ist vielmehr eine an Gewissheit grenzende Wahrscheinlichkeit vorhanden, dass alle diese des Hl. Geistes nicht teilhaftig geworden sind, da eben ihr Tröster selbst, wenn er diesen Geist gehabt, nicht gesündigt haben würde. Also mussten alle, welchen ein nachmals in die Sünde Gefallener das Consolamentum erteilt hatte, sich diesem Ritus von neuem unterziehen. Diejenigen aber, welche bereits gestorben waren, wurden, selbst wenn sie für ihren Glauben den Tod erlitten hatten, als ewig verloren angesehen. Und da die Reinheit und Sündenlosigkeit der Tröster doch immer ungewiss war, so ließen sich nach Sacchonis Angabe fast alle Gemeinden der Katharer, um der größeren Sicherheit willen, die Tröstung zum zweiten, einige selbst zum dritten Male erteilen.[407]

Doch gab es für einige der schwersten Sünden namentlich für den Abfall vom Glauben und die Bekämpfung der erkannten Wahrheit, nach der Lehre und Übung der Sekte keine Buße und keine Vergebung,[408] wohl darum, weil ein Abtrünniger eben dadurch den Beweis lieferte, dass er nicht zu den aus dem Himmel stammenden Naturen, sondern zu den an sich schon Unerlösbaren gehörte. – Reue und Schmerz über die begangenen Sünden wurde nicht gefordert, von den Dualisten schon darum nicht, weil sie alle Willensfreiheit leugneten und daher auch bestimmt erklärten, dass dem Menschen Reue nach der Sünde nicht möglich sei, überhaupt aber nicht, weil der Begriff der Katharer von dem Bösen und der Sünde ein anderer als in der christlichen Kirche war und mit Ausnahme jener ersten, im Himmel geschehenen Ursünde das Böse nur als die notwendige Folge dieser irdisch-körperlichen Existenz, als unfreiwilliges Leiden unter dem Joch einer

---

407 Raineri Summa p. 1767. Moneta p. 275. Doc. p. 61. 245. 295. 326. Sie beriefen sich auf N.T. 1. Joh. 3,9: „Wer aus Gott geboren ist, thut keine Sünde." — Alanus 1. c. p. 111 gedenkt einer häretischen Sekte, welche jede nach der Taufe begangene Sünde für die Sünde wider den Hl. Geist erklärte, die weder in diesem noch in jenem Leben nachgelassen werden könne, und daher jeden, welcher nach dem Empfange der Taufe noch einmal sündigte, ohne Nachsicht aus ihrer Gemeinschaft ausstieß. Er sagt aber nicht, ob diese Partei zur Familie der Katharer gehört habe oder nicht. Wäre das erstere der Fall, so hätten wir hier wohl ein neues Beispiel von einer später eingetretenen Milderung der Lehre und Disziplin; denn zu Monetas und Sacchonis Zeiten, d. h. fünfzig Jahre nach Alanus, war es allgemeine Sitte der Katharer, den Vollkommenen, welche noch (nach den Vorstellungen der Sekte) in eine Sünde fielen, das Consolamentum und damit die Sündenvergebung und den Hl. Geist von neuem zu gewähren.

408 Doc. p. 188. 195. 226. Auch die Verzweiflung und der Verrat eines Glaubensgenossen galten als Sünden, die nie verziehen wurden. Doc. p. 182. 200. 242. 267.

fremden, feindlichen Macht erschien, weshalb auch diejenigen, welche sich die Tröstung erteilen ließen, nie zur Reue und Zerknirschung über das Geschehene, sondern nur zu künftiger Beobachtung der Gebote der Sekte aufgefordert wurden. Die *Handauflegung* nahm alles, Schuld und Strafe, hinweg; eine eigentliche Sinnesänderung, eine innere Bekehrung wurde weder begehrt noch erwartet. Die strengen Enthaltungen und Einhaltung der Vorschriften, denen die Vollkommenen sich unterzogen, waren und blieben etwas Äußerliches, so dass nach Sacchonis Bemerkung viele von diesen sich sogar unzufrieden darüber bezeigten, dass sie in der früheren Zeit ihrer Freiheit, vor dem Empfang der Tröstung, nicht öfter ihre Gelüste befriedigt und die Freuden der Sinne nicht reichlicher genossen hätten. Eben darum wurden auch äußere Zeichen der Reue oder der Trauer über begangene Sünden nie bei ihnen wahrgenommen, und die Glaubenden, welche die Convenenza (Pakt des Gläubigen mit dem Vollkommenen) eingegangen waren, konnten ohnehin in ungebundener Willkür sich alles gestatten; von ihnen wurde weder Reue für die Vergangenheit, noch Vermeidung von Vergehen für die Zukunft begehrt.[409]
Der ganze Zusammenhang des Systems führt darauf, dass die Katharer von einer Genugtuung für begangene Sünden, von einer Übernahme eigentlicher Bußwerke nichts wussten,[410] wie sie denn auch alle Leiden und Missgeschicke dieses Lebens bloß als Fügungen des Satan,[411] keineswegs aber als Läuterungsmittel oder zeitliche, von dem guten Gotte verhängte Strafen betrachteten. Insbesondere behaupteten die Dualisten, dass Gott sein Volk für die in diesem Leben begangenen Sünden überhaupt nicht strafe, sondern nur für jenen im himmlischen Leben geschehenen Abfall. Dennoch berichtet Moneta, sowohl die Dualisten als die Monarchianer hätten Werke der Genugtuung auferlegt und geübt,[412] und hier scheint ihm Sacchoni zu widersprechen, welcher die genugtuende Bedeutung der Fasten und ähnlicher bei den Sektierern üblicher Enthaltungen entschieden in Abrede stellt und bemerkt, dass diese Werke vielmehr als etwas ohnehin Pflichtmäßiges, ohne Rücksicht auf begangene Sünden, geleistet würden und dass daher ein Knabe von zehn Jahren nach seiner Tröstung denselben Übungen unterworfen werde wie ein Greis, der sein ganzes Leben fortgesündigt habe. Doch wollte wohl auch der in seinen Angaben immer so genaue und so gut unterrichtete Moneta nicht sagen, dass jene Werke bei den Katharern die Bestimmung hätten, zur Satisfaktion zu dienen, sondern nur, dass dieselben Übungen und Enthaltungen welche in der katholischen Kirche zur Buße und Genugtuung auferlegt würden, auch in jener Sekte gebräuchlich seien.

---

[409] Moneta p. 302 ff. Raineri Summa p. 1763- 65. Doc. p. 294.
[410] Doc. p. 246.
[411] Doc. p. 295.
[412] Moneta p. 306. 371.

Die *Eucharistie* der Kirche und die Lehre von einer realen Gegenwart des Leibes Christi mittels der Brotverwandlung verwarfen die Dualisten schon darum, weil Brot und Wein als Erzeugnisse des Satans böse und, als dem guten Gott fremd, auch dessen Herrschaft entzogen seien. Für die Einsetzungsworte hatten sie bereits die bekannten, nachmals von Karlstadt und Zwingli wieder vorgebrachten Erklärungen, nämlich dass Christus bei den Worten: Dieses ist mein Leib, auf seinen eigenen Körper gezeigt und also keineswegs das Brot gemeint habe, oder, wie andere versicherten, dass er nur habe sagen wollen: Dieses bedeutet meinen Leib, wofür sie auch bereits die angebliche Parallelstelle N.T. 1. Kor. 10,4 (Der Fels war Christus) anführten.[413] Wenn die Katholiken den Katharern entgegneten, dass Christus Brot und Wein als Geschöpfe des bösen Gottes nicht zu Bildern seines Leibes hätte einsetzen können, so erwiderten die Monarchianer, das Brot könne allerdings als ein Geschöpf des guten Gottes gelten und daher auch als Zeichen des Leibes Christi dienen, weil, wenn auch die Form vom Satan sei, doch die vier Elemente, aus denen es in letzter Analyse bestehe, von Gott hervorgebracht seien.[414]
Ein sehr gewöhnliches, für die Fassungskraft des unwissenden Volkes berechnetes Argument war, dass, wenn der Leib Christi so groß wie ein Berg (am Rhein sagten sie: wie der Ehrenbreitstein) wäre, er dennoch schon längst aufgezehrt sein müsste.[415] Auch wurde eingewendet, dass, wenn das Brot in den Leib Christi verwandelt würde, eine tägliche Vermehrung dieses Leibes stattfinden müsste. Im Übrigen erklärten sie die Stellen bei Johannes und Paulus, welche von dem Essen des Fleisches und dem Trinken des Blutes Christi reden, auf verschiedene Weise. Manche sagten, durch das Anhören des göttlichen Wortes äßen sie das Fleisch des Sohnes Gottes und tränken sie sein Blut,[416] oder: Die Worte der Heilslehre seien die wahre Eucharistie; wer diese unwürdig höre, der esse und trinke sich selbst das Gericht.[417] Andere meinten, mit Berufung auf N.T. Kol. 1,18: Es gebe hienieden keinen anderen Leib Christi als die Kirche der wahren Gläubigen, und mit den Worten: Dieses ist mein Leib, habe Christus in der Tat den Leib der Kirche bezeichnet.[418] Auch führten sie aus dem apokryphischen Evangelium der Nazaräer an, Christus habe bei dem letzten Mahl zu seinen Jüngern gesagt: „Nicht diesen Leib, welchen ihr seht, werdet ihr essen und nicht das Blut trinket ihr, welches die

413 Moneta p. 295. Alanus p. 142. Ermengardus, Opusc. contra haeret. bei Gretser, Opp. XII, T. II, p. 116. Steph. de Borbone bei Echard p. 550. Vgl. Doc. p. 23. 156. 198. 322.

414 Moneta p. 297. Andreas Ugolini von der Sekte derBagnoleser erklärte im Jahr 1245 vor dem Glaubensrichter zu Prato: quod panis et vinum, quod sacrificatur a sacerdote in altari, non est corpus aut sanguis Christi, sed dixit, ipsum esse elementatum ex quatuor elementis et corruptibile. Appendix monumentorum ad Mamachii Annales O. P. p. 155.

415 Moneta p. 300. Disput, inter Cath. et Pater, p. 1729. Doc. p. 5.

416 Ermengardus p. 116. Doc. p. 28.

417 Ebrardus Liber antihaer. bei Gretser, Opp. XII, 2, p. 103.

418 Steph. de Borbone p. 550. Moneta p. 298.

Juden zu vergießen im Begriffe stehen."[419] Ein Hauptgrund für die figürliche Deutung der Einsetzungsworte war immer, dass Christus N.T. Joh. 6,64 von den Worten, die er über den Genuss seines Fleisches gesprochen, gesagt habe, sie seien Geist und Leben, und dass er das Fleisch für unnütz erklärt habe, – woraus sich ergibt, dass ein Teil der Katharer ungleich späteren Gegnern der katholischen Lehre von der Eucharistie, der Ansicht war, dass im sechsten Kapitel des Johannes und in den Berichten der Synoptiker über das letzte Mahl von Jesus von demselben Gegenstande die Rede sei; – ein Teil der Katharer, sage ich; denn andere behaupteten, jenen widersprechend, dass Christus N.T. Joh. 6,57 unter seinem Fleisch das göttliche Wort oder auch das Tun des göttlichen Willens, und unter dem Blut den Hl. Geist verstanden habe.

Eine Opferhandlung konnten die Katharer natürlich in der Eucharistie nicht annehmen, da der Leib des Herrn hier nicht zugegen sein sollte, Brot und Wein aber weder an sich noch als Zeichen des Leibes und Blutes für eine des guten Gottes würdige Opfergabe gelten konnten. Sie führten gegen das Opfer der Kirche auch die Worte des Hoseas (A.T. 6,6) an: „Barmherzigkeit habe ich gewollt und nicht Opfer."[420]

Die Dualisten behaupteten übrigens, dass Christus den Gebrauch des Brotbrechens seiner Kirche hinterlassen habe und dass sie, als die Nachfolger der Apostel, diesen Ritus überkommen hätten und denselben regelmäßig verrichteten. Wahrscheinlich nahmen sie dabei an, dass das Brot durch das darüber verrichtete Gebet gereinigt und der Herrschaft des bösen Gottes entzogen werde, wiewohl sie nach Sacchonis Bemerkung doch immer eine eigentliche Segnung oder Weihung des Brotes, als einer von dem Bösen hervorgebrachten Substanz, für unzulässig hielten und sich eben dadurch von den übrigen Katharern unterschieden.[421] Dabei ist es aber auffallend, dass sie ihre Eucharistie ohne Wein begingen, während sie doch sonst, wie gesagt, den Genuss desselben für erlaubt hielten.

XIII. Kapitel: Gesellschaftliche Einrichtungen und religiöse Handlungen der Katharer

Dass die Katharer ein Oberhaupt hatten, welchem sie, zu Zeiten wenigstens, auch den Titel *Papst* gaben, steht aufgrund mehrfacher Zeugnisse außer Zweifel. Schon oben (s. IX. Kap.) wurde der Papst Niketas erwähnt, der um das Jahr 1167 aus dem Orient nach Italien und von da nach Südfrankreich kam, wo er die große Versammlung zu St. Felix de Caraman hielt.[422] Von den Paterinern in Bosnien

419 Bonacurs. bei Mansi II, 588.
420 Moneta p. 300. Disput, inter Cath. et Pater, p. 1730.
421 Raineri Summa bei d'Argentre I, 49.
422 Recueil des hist. XIV, 448.

wird bemerkt, dass sie einen unter sich hätten, welchen sie als den Stellvertreter Christi betrachteten und ehrten.[423] Wenn jedoch beigesetzt wird: „d. h. als den Nachfolger des Hl. Petrus“, so ist dies wohl nur eigene Deutung des katholischen Berichterstatters; denn dass die Katharer in der Tat einen bleibenden Primat des Petrus und seiner Nachfolger anerkannt und also auch auf eine ununterbrochene Sukzession solcher Päpste innerhalb ihrer Sekte Anspruch gemacht haben sollten, ist nicht glaublich.[424]

Bei der feindseligen Trennung, welche zwischen den Dualisten und den Monarchianern bestand, ist es nicht möglich, dass beide Parteien unter einem Oberhaupte gestanden seien. Überhaupt findet sich keine Spur, dass die Monarchianer einen solchen Mittelpunkt der Einheit gehabt hätten. Es war dies also eine den ohnehin viel zahlreicheren und weiter verbreiteten Dualisten eigentümliche Institution. Dass dieser Papst seinen Sitz wenigstens längere Zeit in Bosnien gehabt, von dort aus aber auch auf die paterinischen Gemeinden des Westens eingewirkt habe, ergibt sich aus einem Schreiben des Erzbischofs von Rouen an seine Suffraganbischöfe (stimmberechtigte Bischöfe) aus dem Jahr 1223,[425] worin er ihnen meldet: die Albigenser hätten in dem Lande zwischen Bulgarien, Kroatien und Dalmatien, angrenzend an Ungarn, d. h. in Bosnien, einen Papst, zu welchem sie von verschiedenen Seiten her kämen, seine Lehre zu vernehmen[426] und ihre Fragen zur Beantwortung und Fälle zur Entscheidung vorzulegen. Dieser Papst habe einen Legaten oder Stellvertreter, Bartholomäus Cartes aus Carcassone, nach der Diözese Agen gesandt, welcher Bischöfe weihe, Gemeinden ordne und sich in seinem Schreiben „Knecht der in der Herberge des heiligen Glaubens (der Kirche) wohnenden Knechte“[427] nenne. Ihm habe der dortige Bischof der Albigenser, Vigoros de la Bocona,[428] der bisher seinen Sitz in

---

423 Errores Patar. de Bosnia bei Morelli, Codd. Nanniani p. 12: Dicunt se esse ecclesiam Christi et successores apostolorum, habentes de ipsis unum, quem dicunt esse vicarium Christi, id est successorem S. Petri.

424 Ein im Anfange des 14. Jahrh. von der Inquisition in Languedoc verhörter Katharer sagt freilich auch: Er habe von einem andern gehört: quod Christus illam potestatem, quam habebat, dimisit Petro apostolo et S. Petrus dimisit successoribus suis apostolicis; quam potestatem, ut dixit, quando ipsi haeretici habebant papas, dicti papae habuerunt successive (Doc. p. 194). Ein anderer (Doc. p. 266) sagt: quod Papa Romanus non est verus papa, ... sed est verus papa major inter eos.

425 Bei Hugo, Sacrae antiquitatis monumenta I, 115.

426 Doc. p. 268 sagt ein italienischer Katharer: quod fuit missus in Sclavoniam pro doctrina praedicta integraliter addiscenda et perfecte a magistris ibidem commorantibus, in locum qui dicitur Loxena, qui locus subest cuidam domino, qui vocatur Albanus de Loxena, et subest dictus dominus regi Russienae.

427 Servus servorum hospitalis sanctae fidei.

428 Nicht Vigorosus von Barcelona, wie es bei Hugo heißt, was den Herausgeber in der Note p. 116 zu der irrigen Meinung verleitet hat, dieser Vigorosus sei katholischer Bischof von Barcelona gewesen und habe dem Bartholomaeus Cartes diese seine Kirche förmlich abge-

dem Flecken Poreus gehabt, diesen abgetreten und sich in das Gebiet von Toulouse begeben.

Die Katharer hatten *Bischöfe*, welche an der Spitze der Gemeinden standen. Dem Bischof waren drei kirchliche Personen, der so genannte ältere Sohn, der jüngere Sohn und der Diakon untergeordnet.[429] Der Bischof verrichtete gewöhnlich die bedeutenderen kirchlichen Funktionen, die Händeauflegungen, das Brotbrechen, die Gebete. In seiner Abwesenheit vertrat der ältere Sohn seine Stelle; für beide trat, falls sie entfernt waren, der jüngere Sohn ein. Zu den Pflichten der beiden Söhne gehörten auch die Überprüfung der Gemeinden, sowie die Besuche bei einzelnen Mitgliedern der Sekte, um sie in der Lehre zu befestigen und zu stärken. War weder der Bischof noch einer der beiden Söhne zugegen, so übernahm der Diakon und im Notfalle selbst der Subdiakon – denn auch einen solchen hatte man in einigen Gemeinden – ihre Funktionen. Konnte der Bischof wegen Schwäche oder Kränklichkeit seiner Gemeinde nicht vorstehen und sie nicht besuchen, so übergab er sie dem älteren Sohne.

Die Amtseinsetzungen wurden entweder von dem Bischof oder mit dessen Erlaubnis von den beiden Söhnen vorgenommen. Der Ritus bestand in Auflegung der Hände und des Neuen Testamentes auf das Haupt des zu Weihenden. Das Vorrücken in eine höhere Stufe geschah, nach Rainer Sacchoni, früher in der Weise, dass nach dem Tode des Bischofs der jüngere Sohn den älteren zum Bischof, dieser aber jenen zum älteren Sohne weihte, worauf die ganze Gemeinde sich zur Wahl eines jüngern Sohnes versammelte, der sofort von dem neuen Bischof geweiht wurde. Allein später nahmen die Katharer des Abendlandes an dieser Weise der Weihe, nach welcher der Sohn seinen geistigen Vater weihte, Anstoß, und es wurde nun Sitte dass der Bischof vor seinem Tod dem älteren Sohne die bischöfliche Weihe erteilte, und wenn einer der beiden Bischöfe starb, der jüngere Sohn zum älteren und sogleich auch zum Bischof geweiht wurde, so dass fast jede Gemeinde zwei Bischöfe hatte. Daher pflegte sich nach Rainer Sacchonis Mitteilung, Johannes de Lugio in seinen Briefen zu unterzeichnen: „Von Gottes Gnaden älterer Sohn und geweihter Bischof".[430] Hatte eine Gemeinde etwa der Verfolgung wegen nur einen Kirchendiener, so ernannte dieser seinen Nachfolger, wenn er ihn nicht selbst weihen konnte; der Ernannte ließ sich dann anderswo weihen. So wird in den Akten des Glaubensgerichts von Carcassone erwähnt, dass man einem gefangenen Diakon heimlich eine Wachstafel zusandte, auf die er den Namen dessen schrieb, den er zu seinem Nachfolger im Diakonat bestimmte.[431] Übrigens sollte ein Bischof nie ohne einen Diakon sein.[432]

---

treten. Der häretische Bischof von Toulouse, Guilabert, hatte ihn auf dem Schloss Montsegur zum Filius major der Diözese Agen ordiniert. Doc. p. 292.

429 Doc. p. 278. 295. 324.

430 Raineri Summa p. 1762. Moneta p. 278. 341.

431 Coll. Doat. Acta inquis. Carcasson. Tom. IV, f. 13 (Doc. p. 227 wird als einziger Vorsteher ein Diakon genannt, den die Gemeinde ihren Major nannte).

Die Katharer hatten auch *Diakonissen*, welche wahrscheinlich auch durch Handauflegung geweiht wurden. Da sie der katholischen Kirche einen Vorwurf daraus machten, dass sie nicht, nach der Vorschrift des Apostels, solche Kirchendienerinnen habe, so hatte wohl jede Gemeinde bei ihnen wenigstens eine. Wenn nach Sacchonis Angabe im Notfall, wo kein männlicher Gemeindebeamter zu haben war, das Consolamentum auch von weiblichen Mitgliedern der Sekte erteilt werden konnte, so bezieht sich dies nach dem Zeugnisse Monetas auf die Diakonissen.[433] Diese mögen auch gemeinschaftlich mit den Diakonen die Aufsicht über jene Hospizien geführt haben, welche in allen Gemeinden errichtet und für die Aufnahme und Verpflegung auswärtiger Glaubensgenossen bestimmt waren.[434]

Mitunter fanden auch *Konzile* statt. Das von St. Felix de Caraman ist wiederholt erwähnt worden (s. IX. Kap.). In den Inquisitionsakten von Carcassone ist von einer magna congregatio (große Versammlung) die Rede, welche pro quadam quaestione determinanda (um eine Problöem zu klären) zu Mirepoix gehalten wurde und an welcher ca. 600 Häretiker teilnahmen.[435]

Die wichtigste, für das ewige Heil entscheidende Handlung war das *Consolamentum*, die Taufe des Heiligen Geistes oder die geistige Taufe, von den Katholiken Haereticatio genannt. Sie wurde als völlig unentbehrlich zur Seligkeit betrachtet und konnte durch nichts ersetzt werden. Wer, ohne sie empfangen zu haben, starb, war entweder ewig verloren oder musste in der Hülle eines anderen Leibes in das irdische Leben zurückkehren, um noch in dieser erneuten Seinsweise der Tröstung teilhaftig zu werden.[436] Wie schon erwähnt wurde begann man erst in späterer Zeit, gegen Ende des 13. Jahrhunderts, auch kleinen Kindern, wenn sie krank waren, diese Feuertaufe, wie sie auch genannt wurde, zu erteilen.[437] Wer mit dem Willen, die einem Getrösteten obliegenden Verpflichtungen

---

432 Oliba, episcopus haereticorum Tolosae, et quidam juvenis socius ejus, factus de novo diaconus, quia episcopus non debet esse sine diacono, et Petrus Maurelli, qui fugit de carcere inquisitorio et posuit se de novo ad abstinentiam haereticorum, morantur apud Januam. Ibid. V, 307.

433 Moneta p. 293. Nach Doc. p. 324 konnten ex jussione et concessione die Gemeindebeamten, nach p. 279 im Notfalle auch Gemeindemitglieder das Consolamentum erteilen, nach p. 165 auch Frauen.

434 Moneta p. 278. 394. Doc. p. 279. In den Akten der Inquisition kommen auch Vorsteherinnen der weiblichen Mitglieder der Sekte vor, z. B. Coll. rer. Occit. ms. Acta inquis. Carcass. Tom. II, f. 249: Rixendis de Tella anteposita aliis haereticabus. Wahrscheinlich war dies eine Diakonisse.

435 Doc. p. 35; p. 53: Albanenses et Concorricii pluries convenerunt in unum et consilia plurima fecerunt tractando, quomodo possent in unam fidem convenire.

436 Doc. p. 179. 188. 191. 246. 267.

437 Fecit venire quendam haereticum ad haereticandam quandam puellulam, filiam filii sui parvulam, in fine suo, et ipsa praesente et vidente haereticus haereticavit dictam puellam, quae obiit. Liber sent. inq. Tolos. p. 24. Vgl. Doc. p. 217. 238. 239. Früher wurden nur solche, die das 18. Lebensjahr erreicht hatten, getröstet. Doc. p. 236.

und Enthaltungen zu beobachten, das Consolamentum empfangen hatte, der hatte die in diesem Leben mögliche Stufe der Vollkommenheit erreicht und kehrte nach seinem Tode unmittelbar in die himmlische Heimat, zu der Stelle und Würde, die sein Geist dort vor der Verführung durch Luzifer eingenommen, zurück. Daher wurden die Getrösteten „Vollkommene" oder auch „Eingekleidete" genannt.[438] Da bei weitem die meisten sich die Tröstung erst in schwerer Krankheit, bei wirklicher oder scheinbarer Todesgefahr erteilen ließen, so nannte man sie auch „das gute Ende", und die große Mehrzahl der Glaubenden begnügte sich mit der Aussicht, „ein gutes Ende zu machen".[439] Auch als die wahre Buße oder als der Eintritt in dieselbe wurde die Tröstung bezeichnet. Durch sie wurden nicht nur alle Sünden, welcher Art sie auch waren, vollständig erlassen und getilgt, sondern der Getröstete empfing auch den Hl. Geist, der nun in ihm wohnte und ihn vor jeder ferneren Sünde bewahrte,[440] da die Gnade des Hl. Geistes nach der Lehre der Katharer unverlierbar war, weshalb auch die Getrösteten oder Vollkommenen sich stets rühmten, dass sie und nur sie allein völlig sündenlos seien. Da ferner diese Sekte die Auferstehung der Leiber verwarf, so hieß es mitunter, die Tröstung, durch welche die Seele aus dem Zustande der Sündhaftigkeit austrete, sei die einzige wahre Auferstehung.[441]

Der zu Weihende musste versprechen, dass er keine Hoffnung des Heiles auf den Glauben der römischen Kirche und ihre Sakramente setzen wolle.[442] Als strenge Verpflichtung wurde ihm auferlegt, fortan mit keiner Frau mehr Umgang zu haben, keine auch nur zu berühren und sich aller animalischen Nahrung, also des Fleisches, der Eier, des Käse u. dgl., strenge zu enthalten. Zugleich versprach er, für seinen Glauben alles, auch den Tod erdulden zu wollen.[443]

War der Aufzunehmende gesund, so fand die Tröstung in folgender Ordnung statt: Der Vorsteher der Sekte fragte zuerst: „Bruder, willst du dich unserem Glauben ergeben?" Dieser, noch in der Entfernung stehend, bejahte, kniete nieder mit auf den Boden gestützten Händen und sagte: „Segnet mich!" Der Vorsteher erwiderte: „Der Herr segne dich!" Dann trat der Glaubende näher und wiederholte die Kniebeugung mit der Bitte um den Segen zum zweiten und dritten Male; zuletzt fügte er bei: „Bittet Gott für diesen Sünder, dass er mich zu einem guten Ende führe und mich zu einem guten Christen mache." Der Vorsteher antwortete in gleichem Sinne. Kniend versprach der Glaubende hierauf, keine animalische

438 Liber sent. inq. Tolos. p. 24: haeretici perfecti et vestiti. Ebenso Doc. p. 179; vergl. p. 178. 191. 195. Auch das Konzil zu Beziers im Jahr 1299 (bei Martene IV, 225) sagt: Haeretici perfecti vulgariter vestiti dicti.

439 Doc. p. 30.

440 Doc. p. 154. 21. 61.

441 Doc. p. 131. 187. 197. Doc. p. 246 wird das Consolamentum mit dem Ausdrucke dare la entendensa del be bezeichnet.

442 Moneta p. 94. Doc. p. 279. 21.

443 Doc. p. 41. 271.

Speise, überhaupt keine andere Nahrung mehr zugemessen, als die vom Wasser und vom Holze d. h. Fische, Öl und pflanzliche Nahrungsmittel, weder zu lügen noch zu schwören, kein Tier zu töten, sich keiner fleischlichen Lust zu überlassen, nicht allein zu gehen, wenn er einen Gefährten seines Glaubens haben könne, nicht allein zu essen, nicht ohne Hemd und Beinkleider zu schlafen und nicht aus Furcht vor Wasser oder Feuer oder irgendeiner anderen Todesart den Glauben zu verleugnen. Sofort knieten alle Anwesenden mit zur Erde gekehrten Händen nieder. Der Vorsteher legte das Evangelienbuch und seine Hände auf das Haupt des zu Weihenden, las das Evangelium „Im Anfange war das Wort“ und erteilte ihm durch zweimaliges Küssen auf den Mund den Frieden, welchen er auf dieselbe Weise wieder weiter gab. Waren Frauen zugegen, so nahm eine von ihnen den Frieden durch Berührung des Ellbogens oder der Schulter eines Vollkommenen oder durch Küssen des Evangelienbuches[444] und teilte ihn dann den übrigen durch einen Kuss auf den Mund mit. Der Getröstete aber sprach die Gebetsformel der Sekte: „Lasset uns anbeten den Vater, den Sohn und den Hl. Geist“,[445] empfing eine dünne Schnur, sich damit über dem Hemde zu umgürten und hieß von nun an ein Eingekleideter.

So beschreibt ein Anhang zu Sacchoni[446] das Consolamentum, und was sich darüber in den Akten der Glaubensgerichte zu Carcassone und Toulouse findet, stimmt in der Hauptsache damit überein, wiewohl hier meist die Tröstung von Kranken vorkommt.[447] Bei der Weihung eines Gesunden heißt es aber auch: Er

---

[444] Si sint illic mulieres aliquae, aliqua illarum recipit pacem de cubito alicuius haeretici. Martene V, 1776. Mulier accepit pacem a libro et humero haereticorum. Doc. p. 34. 41. Vgl. das katharische Ritual bei Cunitz S. 28.

[445] Unter dem Hl. Geiste verstanden sie in dieser Formel den, welchen sie den Spiritus principalis nannten, den Fürsten der Geister, der über alle Paraklete erhaben und von unaussprechlicher Schönheit, aber doch nur ein geschaffenes Wesen sei. Moneta p. 5. Vgl. S. 155.

[446] Bei Martene V, 1776. In der Ausgabe des Sacchoni bei d'Argentre fehlt dieser von einer andern Hand herrührende Anhang. Von dem Anfang des Evangeliums Johannis, der hierbei gelesen wurde, heißt es Doc. p. 5: Dicit evangelium „In principio“ usque ad „caro factum est et habitavit in nobis“, dagegen p. 39 (und in dem katharischen Ritual bei Cunitz S. 11): usque ad „gratia et veritas per Jesum Christum facta est“ (N.T. Joh. 1,17).

[447] In den für das Consolamentum vorgeschriebenen Formeln in dem von E. Cunitz herausgegebenen „katharischen Ritual“ (Beiträge zu den theolog. Wissenschaften, 4. Bändchen, Jena 1852, S. 3) kommen, wie in dem ganzen Rituale, nur so wenige und schwache Spuren der eigentümlichen Anschauungen der Katharer vor, dass ohne Zweifel, wie der Herausgeber S. 70 selbst vermutet, dieses Ritual „einer Partei angehörte, welche, vielleicht durch Einwirkung waldensischer Elemente, die in Südfrankreich in so nahe Berührung mit den Katharern kamen, zu einer gemilderten Lehre sich erhoben hatte“. (Ein ähnliches Gelöbniss, wie in dem Ritual, wird Doc. p. 96 als von dem Consolandus bei der Professio oder Receptio bei den Pauperes de Lugduno abzulegen erwähnt.) Jedenfalls ist das Aktenstück, so weit es mit dem, was wir aus anderen Quellen wissen, nicht übereinstimmt, für die Darstellung der Lehre und der Gebräuche der eigentlichen Katharer nicht zu verwenden.

habe versprochen, fortan nicht mehr ohne einen Gefährten zu bleiben und nicht ohne diesen und ohne ein gemeinschaftliches Gebet zu essen; falls er aber gefangen würde und sich im Kerker allein fände, drei Tage lang nichts zu genießen.[448] Die Vollkommenen durften nämlich keine Speise genießen, wenn diese nicht durch ein Gebet gereinigt und der Herrschaft des bösen Gottes, zu dessen Reich sie ursprünglich gehörte, entzogen war. Wahrscheinlich durfte aber nicht der, welcher die Speise genoss, sie auch weihen, sondern dies musste der andere tun, der seinerseits wieder nur das von dem Gefährten Geweihte aß. Befand sich nun einer im Gefängnis, so sollte er, da seine Nahrung nicht geweiht werden konnte, lieber, bis zum wirklichen Verhungern, des Essens sich enthalten, und wenn er versprechen musste, dieses wenigstens drei Tage lang zu tun, so galt es ohne Zweifel als verdienstlich, lieber geradezu des Hungertodes zu sterben, als ungeweihte Speise zu genießen. Die Glaubensgerichte hatten es sich zum Grundsatze gemacht, wenn Vollkommene in ihre Gewalt fielen, sie so lange als möglich zu schonen und zuzuwarten, ob sie sich nicht doch noch bekehren würden. Diese aber vereitelten nicht selten alle Bemühungen und Hoffnungen der Richter gleich in den ersten Tagen ihrer Haft, indem sie – dem Grundsatz nie allein zu essen, getreu – jede Nahrung von sich wiesen und so die Inquisition nötigten, ihre Verurteilung zu beschleunigen. So heißt es in dem Urteilsspruch, durch welche Amelius de Perlis im Jahr 1309 dem weltlichen Gerichte überliefert wurde: man habe ihn zwar wiederholt ermahnt und gebeten, zum katholischen Glauben zurückzukehren, er aber wolle vielmehr zum Selbstmörder werden, indem er seit seiner Verhaftung sich hartnäckig weigere, zu essen oder zu trinken, so dass man ohne Gefahr des Todes nicht länger mehr mit ihm zuwarten könne.[449] Viele hielten es aber für zulässig, dass der Katharer, namentlich wenn er krank war, für sich selbst seine Speise und seinen Trank durch Gebet reinigte, und daher pflegte man den Angehörigen des Kranken vorzuschreiben, dass sie ihm nichts zu genießen geben sollten, wenn er nicht wenigstens noch das Vaterunser hersagen könne. Sacchoni meint, dadurch möchten wohl viele ums Leben gekommen sein, und in den Akten des Glaubensgerichts von Carcassone wird von einer Frau berichtet, die sich nach ihrem Consolamentum in die Endura versetzte und des Hungertodes starb, bloß weil sie die Gebetsformel der Sekte nicht kannte und niemanden hatte,

---

(Anm.: Es gilt heute als gesichert, dass dieses Ritual aus der Glaubenswelt des südfranzösischen Katharertums stammt. S. Anhang der Neuausgabe. Hrsg.)

448 Promisit quod ulterius non esset atque comederet sine socio et sine oratione, et quod captus sine socio non comederet per triduum. Coll. Doat. Acta inq. Carcass. Tom. II, f. 272.

449 Ad cumulum damnationis suae tanquam perditionis filius et gehennae, mortem corporalem sibi accelerans et properans ad aeternam, ab eo tempore, quo captus extitit, noluit comedere et bibere tanquam sui ipsius proprius homicida ... nec potest ultra diutius sine mortis periculo exspectari. Liber sent. inquis. Tolos. p. 37. Doc. p. 286.

der sie diese gelehrt hätte.[450] Auch berichten die Quellen, dass dem Kranken bei der Tröstung eingeschärft wurde, nichts zu essen, wenn er nicht das Vaterunser sagen könne.[451]

Wenn, was bei weitem am häufigsten der Fall war, ein Kranker das Consolamentum empfing, so war die Form etwas verschieden. Der Vorsteher pflegte dann die Hände des Einzuweihenden zwischen den seinigen zu halten und ein Buch, in welchem das Evangelium Johannis mit den Vorschriften der Sekte enthalten war, auf sein Haupt zu legen. War der Anfang des Johannesevangeliums gelesen, so folgte die Handauflegung. Man übergab dem Kranken einen Zettel, der das Vaterunser in der Form, in welcher die Katharer es hatten, enthielt, und wenn er es wegen Schwäche nicht selbst hersagen konnte, so musste einer der Anwesenden es für ihn tun. Darauf sagte er dreimal „Segnet uns!“ mit Neigung des Hauptes und mit gefalteten Händen; der Einweihende aber und die übrigen anwesenden Vollkommenen beteten, indem sie sich mehrfach niederwarfen oder Kniebeugungen verrichteten, das Vaterunser.[452] Da die Vollkommenen einander wechselseitig Huldigung erwiesen, so galten einige dieser Kniebeugungen dem neuen Bruder, dem hiermit zum ersten Mal die ihm, als einem Gefäße des Hl. Geistes, gebührende Ehre erwiesen wurde.

Sollte ein Weib getröstet werden, so wurde ein weißes leinenes Tuch über sie gebreitet,[453] damit keine unmittelbare Berührung, die den Katharern strenge untersagt war, stattfände; denn die Scheu vor jeder weiblichen Berührung und der dadurch nach den Lehren der Sekte verursachten Befleckung ging so weit, dass selbst ein Vater, Petrus Sicardi, seiner Tochter gebot, sie solle ihn, nachdem er die Tröstung empfangen, nicht mehr anrühren, weil von nun an jede weibliche Berührung sündhaft und schädlich für ihn sei.[454]

Da die Getrösteten oder Vollkommenen sich den härtesten Entbehrungen unterziehen, strenge Enthaltung und Ehelosigkeit beobachten und überhaupt ein den Interessen der Sekte gewidmetes Leben führen mussten, wobei sie eine ängstliche Scheu vor Befleckungen und Übertretungen zeigten, so war es immer nur eine verhältnissmäßig kleine Anzahl, die sich in gesunden Tagen zur Übernahme eines

[450] Doc. p. 37. Raineri Summa p. 1765. Die in der Endura Befindlichen pflegten bei dem Wasser, welches sie allein noch zu sich nahmen, das Vaterunser zu sprechen. So heißt es Sent. inq. Tolos. p. 173: Maritus suus ex tunc (nach dem Consolamentum) non comedit, sed bibebat aquam cum zucara, quam ipsa ministrabat sibi, et quando ministrabat ipsa, dicebat Pater noster. Vgl. Doc. p. 24.

[451] Sent. inq. Tolos. p. 111. Doc. p. 295.

[452] Doc. p. 5. 19. 27. 39. Sent. inq. Tolos. p. 186. Auch die Umgürtung mit der dünnen Schnur wird mehrmals erwähnt, z. B. Sent. inq. Toi. p. 249.

[453] Prius posuerat quendam pannum linteum albuni super dic-tam infirmam. Sent. inq. Tolos. p. 186. Tunc dictus homo posuit quoddam manutergium super pectus dictae infirmae. Ebend. p. 190.

[454] Sent. inq. Tolos. p. 111.

so drückenden, lebenslänglichen Joches entschloss, während weitaus die meisten sich begnügten, als Glaubende sich innerlich zu den Lehren der Sekte zu bekennen, wobei ihnen nichts Lästiges, keine Enthaltung, keine Beobachtung beengender Satzungen, überhaupt nichts von dem, was zu den Verpflichtungen der Vollkommenen oder Eingeweihten gehörte, zugemutet wurde. In diesem Stand war völlige sittliche Ungebundenheit, absolute Freiheit, jedes Gelüste zu befriedigen, mit der sicheren Anwartschaft auf Erlangung der ewigen Seligkeit verbunden; denn um in bequemer Sicherheit und mit dem Bewusstsein dahin zu leben, dass er einer jener Auserwählten sei, die nie verloren gehen könnten, bedurfte es für den Glaubenden nichts weiter, als dass er mit einem der Vorsteher den Vertrag einging, sich auf dem Todbette das Consolamentum erteilen zu lassen oder „ein gutes Ende zumachen". Wer diesen Vertrag, den man die *Convenenza* nannte,[455] eingegangen war, der konnte ruhig und unbekümmert der Zukunft entgegen sehen; sein Heil war ihm gewiss. Das Consolamentum am Schluss seines Lebens tilgte mit einem Male alle Sünden, die er begangen haben mochte, und selbst wenn ihm dieses, weil er etwa plötzlich starb oder weil er bei seinem Tode keinen Vollkommenen haben konnte, nicht zuteil wurde, so hatte er doch die Aussicht, mittels der Seelenwanderung unter einer anderen Hülle in dieses Leben zurückzukehren und doch noch jenes zur Seligkeit unentbehrlichen Mittels, der Weihe für die künftige Welt, teilhaft zu werden. Wer aber keine Convenenza gemacht, keine Tröstung empfangen hatte, der musste zur Schöpfung des bösen Gottes gehören und war verloren.

Nach der Behauptung des genau unterrichteten Sacchoni gab es zu seiner Zeit, d. h. um das Jahr 1250, kaum 4.000 Eingeweihte beiderlei Geschlechts in der ganzen Welt; der Glaubenden aber war eine unzählige Menge. Dasselbe Verhältnis ergibt sich aus den Akten der südfranzösischen Glaubensgerichte: Hier kommen auf mehrere Hunderte von Glaubenden, die fast alle die Convenenza gemacht hatten, kaum acht oder neun Personen, welche sich in gesundem Zustand hatten einweihen lassen und als Vorsteher der Gemeinden und als Vollkommene wirkten. Freilich war es für Eingeweihte da, wo die Katharer überwacht, aufgesucht und vor Gericht gezogen wurden, sehr schwer, lange verborgen zu bleiben und dabei doch innerhalb des engen Zauns ihrer Satzungen und Entbehrungen sich zu halten; denn wenn man sich auch in solcher Lage und bei dringender Gefahr, entdeckt zu werden, von der Beobachtung einzelner Gesetze entbinden zu dürfen glaubte,[456] so blieb doch die Verbindlichkeit, jene Hauptsatzungen und Enthaltungen, deren Übertretung das empfangene Consolamentum völlig wirkungslos machte, genau zu erfüllen. So geschah es, dass die Zahl der Vollkommenen in Languedoc, die zur Zeit des ersten Kreuzzuges wohl 7-800 betragen

[455] Sent. inq. Tolos. p. 29: Fecit pactum haereticis, quod ipsi vocant la covenensa, quod peteret haereticos in infirmitate sua, ut reciperent eum et servarent animam ipsius. Doc. p. 18.

[456] Doc. p. 293.

mochte, ein Jahrhundert später auf 14-16 zusammengeschmolzen war, während es noch Tausende von Glaubenden in der Provinz gab.

Die Convenenza enthielt immer auch von Seiten des Vorstehers das Versprechen, dass man dem Glaubenden auf dem Todbett die Tröstung auch dann gewähren wolle, wenn er sprachlos oder bewusstlos geworden sein sollte.[457] Wollten die Katharer jemanden bewegen, sich als Glaubender ihnen anzuschließen, so sagten sie ihm, sie hätten den Glauben, in welchem jeder und ohne welchen keiner zum Heil gelange; niemand aber könne selig werden, wenn er nicht von ihnen vor seinem Tode in die wahre Kirche aufgenommen werde und deshalb mit ihnen die Convenenza eingehe.[458] In dieser wurden aber auch mitunter noch besondere Dienstleistungen festgelegt: Eine Frau z. B. versprach, dass sie den Vollkommenen treu und ergeben, ihnen eine wahre Freundin und verschwiegene Vertraute sein, ihrem Glauben anhangen und in demselben sterben und im Falle einer gefährlichen Krankheit nach ihnen schicken wolle, um von ihnen aufgenommen zu werden.[459]

Wenn ein Verheirateter das Consolamentum empfangen sollte, so musste, da er als Vollkommener keine Frau, auch seine Gattin nicht mehr berühren, einem Hauswesen nicht mehr vorstehen, mit Geld- und Wirtschaftsangelegenheiten sich nicht mehr befassen durfte, die Frau vorher ihren Mann förmlich entlassen oder von seinen ehelichen Verpflichtungen förmlich lossprechen; sie erklärte nämlich, dass sie ihn an Gott, an das Evangelium und an die guten Männer überlasse.[460] Es kam aber auch vor, dass eine Frau die Zumutung, dieses zu tun, mit großem Widerwillen aufnahm und sich mit Geschrei widersetzte.[461] Dagegen wurde, wenn eine Frau sich die Tröstung geben ließ, die Einwilligung des Mannes nicht nachgesucht, wenigstens dann nicht, wenn er nicht zu den Glaubenden gehörte und

---

[457] Paciscens cum eis, ut, si in articulo mortis esses, licet non haberes usum linguae, nihilominus te in suam sectam reciperent. Coll. Doat. Acta inq. Carcass. Tom. I, f. 317; vgl. Doc. p. 4. 236. Wenn es ebenda Tom. IV, f. 209 heißt: Dixerunt haeretici quod non poterant recipere Brunissendam matrem ipsius testis, quia non poterat loqui, so geschah dies, weil sie früher die Convenenza nicht gemacht hatte.

[458] Sent. inq. Tolos. p. 37. — Petrus Auterii traxit dictum Galhardum ad partem et dixit ei, quod nullus poterat salvari, nisi reciperetur per eos in fines uo et qui faciebant convenienciam cum eis, et interrogavit ipsum, si volebat stare in conveniencia ipsorum. Ebend. p. 144. Vgl. Doc. p. 17. 18. 242.

[459] Doc. p. 24.

[460] Aladaicis, uxor infirmi, absolvit maritum suum Deo et bonis hominibus. Coll. Doat. Acta inq. Carcass. Tom. II, f. 115. — Rixendis, uxor infirmi, absolvit ipsa teste audiente dictum infirmum Deo et bonis hominibus. Ibid. f. 331. — Haereticationi interfuit Raymunda Boerea, uxor infirmi, quae absolvit virum suum Deo et ipsis haereticis. Ibid. Tom. V, f. 261. Vgl. Doc. p. 20. 24. 229. 235. 271.

[461] Cum haeretici venissent ante dictum infirmum, quaesiverunt a Tolosana uxore infirmi, utrum vellet absolvere maritum suum infirmum Deo et evangelio et bonis hominibus. Quae respondit, quod non, et incepit clamare, Coll. Doat, Tom. II, f. 299.

seine Weigerung demnach vorauszusehen war. Häufig werden daher in den Akten der Glaubensgerichte Frauen erwähnt, welche von ihren Männern entwichen und den Vollkommenen nachgezogen waren.[462]
Da die Katharer alles, was durch die katholische Kirche geschah, verabscheuten und zu vernichten suchten, so sollten die Vollkommenen auch nicht länger die Namen führen, die sie bei der Taufe empfangen hatten weshalb ihnen bei der Tröstung neue Namen, gewöhnlich die der Apostel, gegeben wurden.[463]
Im Notfall, in Zeiten der Verfolgung, war es häufig ein einziger Katharer, der die Einweihung vornahm; sonst aber wurden zwei dazu erfordert. Dann war es der ältere, d. h. der früher getröstete, welcher die Handlung verrichtete, indem er die Hände des Kranken zwischen den seinigen hielt und das heilige Buch ihm auflegte und die üblichen Formeln sprach; der jüngere aber half dem Weihenden und antwortete ihm.[464]
Die Eingeweihten trauten in der Regel den Glaubenden, welchen sie das Consolamentum erteilten, nicht den festen Willen, die moralische Kraft und Beharrlichkeit zu, welche erfordert wurde, wenn sie im Fall ihrer Genesung sich allen durch ihr Gesetz gebotenen Enthaltungen lebenslänglich unterziehen sollten. Es war ihnen daher daran gelegen, dass diejenigen, von denen sich eine solche Standhaftigkeit und nachhaltige Begeisterung nicht erwarten ließ, so spät als möglich und nur in schwerer Krankheit, wenn Zeichen eines nahen Todes eintraten, die Tröstung empfingen. Es geschah demnach häufig, dass sie, zu einem Sterbenden gerufen, den sie nicht schwach oder gefährlich genug fanden, wieder weggingen und die Tröstung verschoben.[465] Auch suchten sie sich erst die Überzeugung zu verschaffen, dass die Gefahr wirklich groß und das Ende des Lebens nahe sei. So wird in den Akten der Inquisition erzählt, der Häretiker habe, da er den Kranken noch nicht so hoffnungslos gefunden habe, bis zur nächsten Nacht gewartet und ihm erst dann die Weihung erteilt, als er durch Zeichen zu verstehen gegeben habe, dass er das Wasser, welches man ihm gereicht habe, nicht mehr hinabschlingen könne.[466]

---

[462] Forneria, mater ipsius testis, fuit haeretica et recessit a viro suo. Ibid. Tom. IV, f. 204.

[463] Interrogatus de nominibus dictorum haereticorum de novo receptorum, dixit quod in dicta receptione fuerunt eis nomina mutata et uni fuit impositum nomen Petrus et alii Paulus. Acta inq. Carcass. Cod. 4269, f. 4.

[464] Doc. p. 39. Solche Vollkommene werden in den Akten zuweilen auch haeretici haereticantes genannt, z. B. Cod. reg. 521 : Comes Montisfortius propter haereticos haereticantes in dicto castro bis ipsum castrum cepit.

[465] Infirma non fuit tunc recepta per dictum haereticum, quia non erat nimis debilis. Sent. inq. Tolos. p. 61. — Ipse adduxit Petrum Sancii haereticum ad uxorem suam infirmam, sed tunc non fuit haereticata, quia non fuit visum haeretico, quia dicta infirma adhuc erat fortis. Ibid. p. 148.

[466] Doc. p. 20.

Allein in vielen Fällen täuschten sich die Katharer, wie es bei ihrer Unkenntnis der Arzneikunde nicht anders sein konnte, und die Kranken, die sie in der Hoffnung eines baldigen Todes geweiht hatten, genasen; oder sie mussten auch dem dringenden Verlangen des Kranken oder seiner Verwandten und Hausgenossen nachgeben und ihn der Sicherheit wegen, da es sich um sein ewiges Heil handelte, auch ohne den Eintritt wirklicher Todesgefahr weihen; denn der bloße Wille, das Consolamentum zu empfangen, konnte in diesem System, in welchem es überhaupt auf den Willen und die Gesinnung nicht ankam, den Mangel der Handlung selbst nicht ersetzen. Die unvermeidliche Folge hiervon war, dass häufige Austritte stattfanden; denn ein schrofferer Übergang, ein herberer Gegensatz ließ sich nicht denken, als der Übergang von der zügellos freien Lebensweise eines Glaubenden zu den harten Entbehrungen eines Vollkommenen, der Gegensatz zwischen der sorglosen Ungebundenheit des einen und den ängstlichen, das ganze Leben wie mit einem Netze umspannenden Vorschriften des anderen. Dieser Übergang wurde häufig nur durch eine Krankheit von wenigen Tagen vermittelt, nach deren Ablauf Männer und Frauen, denen bisher jede Selbstüberwindung fremd gewesen, plötzlich ehelos leben, keine Person des anderen Geschlechts berühren, alles Fleisches und aller nahrhaften Speisen sich für immer enthalten sollten. Dazu kam, dass nach den Grundsätzen der Sekte eine einzige Übertretung, der Genuss eines Eies z. B. oder die Tötung eines Tieres, das ganze Consolamentum zunichte machte und den Geweihten, wenn er nicht der Verdammnis entgegen gehen wollte, in die Notwendigkeit versetzte, sich von neuem trösten zu lassen.[467]

Häufig ereignete es sich daher, dass Genesene sich eine Zeit lang Mühe gaben, allen Forderungen ihres Glaubens nachzukommen und alles pünktlich zu erfüllen, dann aber, weil sie unter der Last gleichsam zusammenbrachen oder durch einzelne fast unvermeidliche Übertretungen mutlos gemacht wurden, abfielen und, da der einmal Getröstete nie zu dem Stand eines bloßen Glaubenden zurückkehren konnte, wieder katholisch wurden. So erklärte z. B. eine Zeugin vor den

---

467 Doc. p. 226. 239. Steph. de Borbone bei Echard p. 553. Es ist wohl nur ein Versehen, wenn er unter die Dinge, deren Genuss das Consolamentum zu nichte machte, neben Fleisch, Eier, Käse und Milch auch modicum vini setzt; denn es ist gewiss, dass die Katharer den Wein für erlaubt hielten (vlg. oben 3. Gemeinschaftliche Lehre). Wenn er beifügt: vel communicando cum mundanis, so meint er natürlich nicht jeden Umgang, sondern nur die physische Berührung, das Essen von den Speisen der Nichtgeweihten u. dgl., was allerdings für die Vollkommenen eine Befleckung zur Folge hatte. — Wie unentbehrlich die nochmalige Tröstung im Fall eines solchen Versehens war, sieht man daraus, dass ein Katharer deshalb selbst die Reise aus Languedoc nach der Lombardei machen musste. Sent. inq. Tolos. p. 68: Et tunc fuit ordinatum, quod Amelius haereticus cum Martino Francisci iret in Lombardiam ad Bernardum Audoyni haereticum Ancianum, ut reconciliaret dictum Amelium, qui peccaverat in secta. Ein einfacher Vollkommener konnte also diese Rekonziliation nicht vornehmen; denn der Beschluss, dass Amelius deshalb nach Italien reisen sollte, wurde von ihm in einer Beratung mit zwei anderen Vollkommenen gefasst.

Glaubensrichtern zu Carcassone: viereinhalb Jahre habe sie nach ihrem Consolamentum „die Sekte gehalten", mit den Vollkommenen gebetet und gefastet, sie täglich verehrt, das Gewand der Geweihten getragen und überhaupt alles getan, was jene ihr vorgeschrieben hätten; dann aber habe sie Neigung bekommen und Gelegenheit gefunden, zu heiraten, und sei daher ausgetreten.[468] Ein Mann sagte aus: Nach einer Krankheit habe er in bewusstlosem Zustande die Geistestaufe empfangen, dann „die Sekte gehalten" und sich fünf oder sechs Tage lang des Fleisches enthalten; dann aber sei er, da ihm die Sache allzu lästig geworden, abgefallen.[469]

Diese Austritte aus der Sekte waren aber, auch abgesehen von dem Missfallen, mit welchem jede Religionspartei solche Verluste und die häufig damit verknüpften Nachteile aufnimmt, den Vorstehern der Katharer ganz besonders peinlich; denn je öfter sie sich ereigneten, desto schwieriger wurde es, ihre Lehre in einigen sehr wichtigen Punkten aufrecht zu halten, und desto mehr mussten diejenigen ihrer Sekte, die etwas nachdachten, an dieser Lehre irre und mit Zweifeln und Misstrauen gegen sie erfüllt werden. Damit dieses deutlich werde, ist es nötig, auf die Lehre der Katharer von dem Hl. Geiste und von der Taufe oder Tröstung zurückzukommen.

Die Dualisten oder Albaneser lehrten, dass der Gläubige durch das Consolamentum den Hl. Geist empfange d. h. dass seine Seele mit dem zur Integrität ihres Wesens gehörigen, im Himmel gebliebenen Geiste, von welchem sie durch Luzifers Verführung und ihren Fall getrennt worden sei, wieder vereinigt werde. Dieser Geist heißt nach ihnen der Heilige, weil er, während die Seele sich täuschen und verführen ließ, fest im Guten und unbeweglich blieb, und es gibt demnach so viele Heilige Geister, als es auserwählte oder gefallene, in diese fremde Welt herabgezogene Seelen gibt.[470] Zugleich aber empfängt der Mensch durch die Geistestaufe auch noch den Geist Paraklet, den Tröster, d. h. einen von Gott geschaffenen Geist, der ihm zum Trost und zur Beschirmung seiner Seele gegeben wird und von welchem das Consolamentum seinen Namen hat.[471] Sobald nun die Seele durch diese Handlung der Weihe mit jenen beiden Geistern, dem Heiligen und dem Tröster, verbunden, der Leitung des einen untergeben, der schützenden Bewachung des anderen anvertraut ist, kann sie nicht mehr sündigen, und ihr weiteres Leben, wenngleich es noch durch die Umhüllung des irdischen

468 Coll. Doat. Acta inq. Carcass. Tom. IV, f. 44. — Bernarda Massarona fuit haereticata in infirmitate et post convalescentiam dimisit ritum haereticorum. Ibid. Tom. V, f. 111. — Eine solche Abtrünnige klagte: Heu, quam parum steti in ista poenitentia (so wurde der Zustand des Getrösteten überhaupt genannt); nam fueram facta bona Christiana ab illo benedicto Armanno. Bei Muratori, Antiq. Ital. V, 126.

469 Doc. p. 38. Vgl. Coll. Doat. 1. c. Tom. II, f. 116: Et tunc dictus infirmus dimisit haereticis mille solidos Tolosanos, et postmodum convaluit de infirmitate et dimisit sectam.

470 Doc. p. 58; s. o. S. 113.

471 Moneta p. 4; s. o. S. 113 f.

Leibes beschränkt und getrübt ist, muss notwendig ein von aller Befleckung des Bösen reines sein; denn die Sünde setzt schon eine Trennung der Seele vom Geist voraus. Nur infolge dieser Trennung kann sie eintreten und mit Aufhebung der Trennung, d. h. mit der Mitteilung des Geistes durch die Tröstung, schwindet auch die Sünde, oder sie wird nachgelassen. Diese Nachlassung kann nur einmal im Leben des Menschen geschehen, weil der Geist, wenn er einmal wieder mit der Seele vereinigt ist, sich nie mehr von ihr absondert, also unverlierbar ist.[472] Darauf beruhten denn auch die Ansprüche, welche die Geweihten auf moralische Vollkommenheit, Reinheit und Sündenlosigkeit machten. Darum rühmten sie sich, dass sie, als die allein von aller Sünde freien, im Gegensatze zu den mit Sünden behafteten römischen Priestern auch allein die Gewalt hätten, Sünden nachzulassen.[473]

Wenn nun dennoch jemand nach dem Consolamentum noch sündigte, so musste angenommen werden, dass er den Hl. Geist sowohl als den Paraklet in der Tat nicht empfangen habe, dass also seine Tröstung etwas Trügerisches und Wirkungsloses gewesen sei. Hiervon konnte aber der Grund nicht in dem Empfänger gesucht werden; denn auf seine Gesinnung, seine persönliche Würdigkeit oder Unwürdigkeit kam es nach dem System der Katharer hierbei nicht an; von seiner Seite wurde nichts als der Wille, sich weihen zu lassen, gefordert. Also musste der Ausspender es sein, welchem die Kraftlosigkeit des erteilten Consolamentum zur Last fiel; er musste durch eine Sünde sich unfähig gemacht haben, den Hl. Geist mitzuteilen. War dies aber der Fall, so waren natürlich alle von ihm erteilten Tröstungen nichtig. Alle, welche von ihm getröstet worden, mussten sich neuerdings durch die Hände eines anderen weihen lassen, und die bereits Gestorbenen waren entweder ewig verloren oder konnten nur gerettet werden, wenn ihre Seelen unter der Hülle anderer Leiber in dieses Leben zurückkehrten und die Tröstung aus reinerer Hand empfingen. Dass man diese Konsequenzen förmlich aussprach und in vorkommenden Fällen danach handelte, bezeugen Moneta und Sacchoni. Wenn sich zeigte, dass der, welcher einer Gemeinde die Tröstung mitgeteilt hatte, in eine Todsünde verstrickt war, so ließ sich die ganze Gemeinde von neuem die Hände auflegen; ja aus Vorsicht unterzogen sich die meisten Gemeinden zwei- und dreimal dem Consolamentum.[474]

Sollte nun die Verwirrung nicht allzu groß werden, sollte nicht, neben der in dieser Sekte so anlockenden Sicherheit des Heiles, eine sehr bedenkliche und abschreckende Ungewissheit, eine peinigende Bekümmernis der Lebenden um das Schicksal ihrer verstorbenen Verwandten entstehen, so lag alles daran, dass der feste Glaube an die Heiligkeit und Sündenlosigkeit der Vollkommenen und an die davon abhängige Kraft ihrer Händeauflegung in jeder Weise aufrecht erhalten

---

[472] Moneta p. 4. 273-275.

[473] Doc. p. 17.

[474] Doc. p. 61-62. 295. 325, .s.o. S. 128

und jener Abfall vom Glauben möglichst selten gemacht würde. Deshalb führten die Katharer die Einrichtung der *Endura* ein. Dieses bestand darin, dass man diejenigen, welche in einer Krankheit das Consolamentum empfangen hatten, nicht wieder aufkommen ließ, sondern sie bewog, sich durch Entziehung der Nahrung langsam zu töten. Es finden sich aber auch Beispiele, dass man Gesunden, welche der Tröstung teilhaft zu werden begehrten, die Endura auferlegte oder dass sie dieselben freiwillig übernahmen. – Nichts beweist deutlicher, welche furchtbare Herrschaft, welche magische Gewalt die Lehren der gnostischen Sekten damals über die Gemüter ausübten, wie die Tatsache, dass eine so große Menge von Menschen sich bereitwillig der Qual eines langsamen Dahinschmachtens unterzog, nur um das in der Tröstung erworbene Heil nicht mehr aufs Spiel zu setzen und im sicheren Besitze des Hl. Geistes und der damit verknüpften Sündenlosigkeit aus dieser Welt zu scheiden.

Die Vorsteher der Sekte und die Vollkommenen pflegten die Endura aufs nachdrücklichste zu empfehlen. Bei der Tröstung zählten sie alle die Entbehrungen auf, welche der Glaubende von nun an auf sich nehmen, alle die Satzungen, die er unverbrüchlich beobachten müsse, und dann erklärten sie ihm, dass es, wenn er nicht alles dieses aufs genaueste einzuhalten die Kraft sich zutraue, besser für ihn sei, sich in die Endura zu versetzen und durch den Ruhm eines freiwilligen Märtyrertums seinem Leben ein Ende zu machen.[475] Oft wurde auch die Übernahme der Endura zur Bedingung gemacht, ohne welche die Tröstung nicht gewährt werden könne, so dass manchen nur die Wahl zwischen Selbstmord und ewiger Verdammnis gelassen wurde. Zugleich wurden die nächsten Verwandten des Kranken angewiesen, ihm keine Nahrung mehr anzubieten und ihm selbst, wenn er, von menschlicher Schwäche überwältigt, die Endura zu brechen und zu essen begehren sollte, jede Speise zu verweigern. Solche Weisungen wurden von der Umgebung der Kranken nur allzu oft buchstäblich befolgt.[476] Man glaubt sich zurückversetzt in die Zeit der Phönizier und Karthager, wo Eltern ihre Kinder freudig dem Gott Moloch opferten, wenn man sieht, wie auch das mächtigste Gefühl in der menschlichen Brust, das mütterliche, durch diese Irrlehre so erstickt oder fehlgeleitet werden konnte, dass Mütter ihre Säuglinge nach dem Empfange des Consolamentum verschmachten ließen, gleichwie es auch vorkam, dass Töchter ihre Väter oder Mütter verhungern ließen.

Nach Sacchonis Bericht pflegten zu seiner Zeit die Vorsteher die Kranken zu fragen, ob sie Märtyrer oder Bekenner werden wollten; wenn jenes, so erdrosselte man sie mit einem Tuche; wenn dieses, so ließ man sie verhungern.[477] Das erstere

---

[475] Tunc imponunt ei, quod non debeat amplius comedere carnes nec ova nee easeum, non tangere mulierem ..., et quod si non potest se abstinere a praedictis, melius est, quod moriatur en la endura, quam si aliquid praedictarum transgrederetur. Coll. Doat. Vol. XXXII. Acta inq. Careass. f. 170 (aus einem Gutachten über ein Zeugenverhör).

[476] Doc. p. 147. 249. 250.

[477] Vgl. Doc. p. 271. 373.

mag in Italien geschehen sein. In den Akten der südfranzösischen Glaubensgerichte kommt die Endura fast immer als Aushungerung vor, zuweilen auch als Beschleunigung des Todes durch Öffnung der Adern, warme Bäder und darauf folgende absichtliche Erkältung. Gewöhnlich ließ man den in der Endura Befindlichen mit Entziehung aller Speise doch Wasser trinken, damit er nicht die qualvollere Pein des Verdurstens erdulde. Dieses hatte aber die Folge, dass, da die Geweihten die Zeit ihrer Endura meist im Bette liegend und in völliger Untätigkeit zubrachten, dieselbe oft mehrere Wochen dauerte.[478] Wir wollen einige Beispiele zusammenstellen:

Wilhelmine, die Tochter des Raymund Garsendi von Ax, bekannte, dass, als ihr Vater getröstet worden war, die Vollkommenen ihr und den übrigen Pflegern des Kranken befohlen hätten, ihm von nun an nichts mehr zu essen und nur beim Eintritte des heftigsten Durstes Wasser zu trinken zu geben; der Befehl wurde pünktlich befolgt und der Mann verschmachtete.[479]

Condors, die Frau eines Schmiedes zu Vaquiers, überredete ihre kranke Mutter Dominica, sich durch den Katharer Petrus Auterii das Consolamentum erteilen zu lassen. Dieser schärfte hierauf der Tochter ein, der Mutter keine Nahrung mehr zukommen zu lassen, außer Wasser zum Trinken; da aber Dominica, vom Hunger überwältigt, doch etwas aß und so das Verbot des Meisters übertrat, musste sie auf Zureden der Condors sich noch einmal trösten lassen.[480]

Montolina, die Gattin des Martin Franziski von Limoges, hielt, ohne im Geringsten krank zu sein, die Endura sechs Wochen aus, nach deren Verlauf sie starb, ohne während dieser Zeit etwas anderes als Wasser genossen zu haben.

Petrus de Lantario erklärte, nachdem er geweiht worden, seiner Frau Gelharda, sie dürfe ihm von nun an nichts mehr anbieten, da er nichts mehr essen oder trinken werde.

Wilhelmine, die Frau des Gilabert de Ferrus, ließ auf Anraten ihrer Schwägerin Bianca ihrem kranken Töchterchen das Consolamentum erteilen und entzog dann dem Kinde auf Zureden derselben Bianca die Mutterbrust, so dass es starb.

Bonassyas, die Gattin des Wilhelm de Verduneto, sagte aus, der Katharer Petrus Raymundi habe ihre kranke Tochter weihen wollen, aber nur unter der Bedingung, dass das Mädchen in die Endura versetzt werde, wozu sie, die Mutter, sich doch nicht habe entschließen können.[481]

Zuweilen wurde die Endura auch gebrochen. So erzählt Hugo Rubes, er habe in einer Krankheit die Tröstung von der Hand des Petrus Auterii empfangen und die Endura einige Tage nach dessen Gebot gehalten, dann aber habe er auf Bitten seiner Mutter gegessen und sei gesund geworden. Später forderte ihn ein anderer

---

[478] Doc. p. 26. 154. 205.

[479] Doc. p. 24.

[480] Sent. inq. Tolos. p. 59.

[481] Sent. inq. Tolos. p. 142. 104. 154, 204; vgl. p. 148.

Katharer, Petrus Sancii, auf, er solle sich in die Endura versetzen und ein gutes Ende machen; er wollte dieses aber erst am Ende seines Lebens tun.[482]
Von demselben Katharer ließ sich auch Baranhona weihen und ihre Tochter Stephana musste dann auf ihr Geheiß sie bewachen, dass sie keine Nahrung zu sich nähme, was die Tochter auch an diesem und dem nächsten Tage tat, „damit sie das empfangene Heil nicht wieder verliere und nicht gegen die Anordnung des guten Mannes handle“, wiewohl die Kranke heftig nach Speise verlangte; endlich aber behielt die Mutter die Oberhand, aß am dritten Tage und genas.[483]
Damit nun solche Fälle nicht zu häufig vorkamen, begannen die Katharer, wo es möglich war, den Kranken nach dem Consolamentum in eigene Verwahrung zu nehmen, indem sie ihn aus seinem Haus und dem Kreis seiner Angehörigen weg in eines der ihrigen bringen ließen. Da heißt es denn immer in den Akten: „Und nach einigen Tagen starb er.“[484]
Einzelne warteten nicht einmal den wirklichen Empfang des Consolamentum ab, sondern versetzten sich schon vorher in die Endura.[485] Mitunter war es auch die Furcht, in die Hände der Glaubensrichter zu fallen, welche zur Übernahme der Endura bestimmte. Doch wird dieses Motiv nur in zwei oder drei Fällen in den Akten der beiden Gerichtshöfe von Carcassone und Toulouse erwähnt. Selbst solche Vollkommene, welche schon längst die Tröstung erhalten und seitdem viele andere aufgenommen hatten, kürzten freiwillig ihr Leben ab, entweder weil ihnen die Lebensweise ihres Standes allzu lästig und peinlich wurde oder weil sie befürchteten, bei längerem Leben durch irgendeine Übertretung die Frucht aller bisherigen Entbehrungen zu verlieren. So erzählt ein Augenzeuge, dass der Vollkommene Petrus Sancii seinen Tod beschleunigt habe durch Blutentleerungen, warme Bäder und Erkältung, indem er sich nach dem Bade auf dem kalten Boden ausstreckte.[486] Überhaupt aber kann demjenigen, der die Akten der beiden genannten Gerichtshöfe aufmerksam durchliest, kein Zweifel darüber bleiben,

---

482 Sent. inq. Tolos. 138. 143.

483 Ähnliche Fälle Doc. p. 238. 239.

484 Acta inq. Carcass. Tom. II, f. 115: Post aliquot dies (nach dem Consolamentum) haeretici extraxerunt dictum infirmum de domo sua et portaverunt ipsum in domum haereticorum, et ibi dictus infirmus obiit. In den Acten der Inquisition zu Carcassone kommt dies sehr häufig vor. Solche und überhaupt die in der Endura Gestorbenen wurden dann meistens insgeheim in Gärten begraben (Doc. p. 19), wiewohl auch, besonders früher, eigene Begräbnisplätze der Katharer erwähnt werden.

485 Item vidit et scivit quandam mulierem quam nominat in domo, in qua ipsa morabatur, quae se ipsam debilitabat et se posuerat in endura, ut citius moreretur, quae volebat haereticari, licet tunc non fuerit factum. Sent. inq. Tolos. p. 94.

486 Sent. inq. Tolos. p. 138. Vgl. Doc. p. 248.

dass durch die Endura weit mehr Menschen, teils freiwillig, teils gezwungen, ihr Leben verloren haben, als durch die Verurteilungen der Inquisition.[487]

Die Katharer pflegten es rühmend hervorzuheben, dass auch der größte Sünder bei ihnen die Vergebung seiner Sünden nicht nur unbedingt und in einem Augenblick, sondern zugleich völlig unentgeltlich erlange.[488] Allein ungeachtet dieser gepriesenen Uneigennützigkeit war es doch allgemeine Sitte, dass die Glaubenden, besonders die Kranken, bei ihrer Tröstung den Vollkommenen, die ihnen diesen Dienst erwiesen, ihr Vermögen oder, wenn sie Noterben hatten, wenigstens einen Teil desselben, ein Grundstück oder eine Geldsumme vermachten oder gleich schenkten. So überließ Montolina von Limoges den beiden Katharern, von welchen sie die Weihe empfing, ihr ganzes Vermögen und händigte es ihnen, noch während sie sich in der Endura befand, aus.[489] Solche Geschenke oder Vermächtnisse wurden „für das Heil der Seele",[490] d. h. wohl aus Dankbarkeit für das empfangene Heil, gegeben. Arme, welche kein Geld hatten, vermachten den Vollkommenen ihre Kleidungsstücke die aber, wahrscheinlich weil diese ein von einem Ungeweihten getragenes Gewand nicht gebrauchen durften, immer verkauft wurden.[491] Aber die Katharer versäumten es nicht, sich sogleich in den Besitz solcher Geschenke und Vermächtnisse zu setzen, und es wird z. B. erwähnt dass sie mit der Magd einer Frau, welcher sie die Tröstung erteilt hatten, lange Zeit um den Mantel derselben sich gestritten hätten.[492]

Die Geweihten bedurften freilich solcher Gaben und Vermächtnisse um so mehr, als sie nicht arbeiten durften, daher dem Gewerbe, welches sie früher getrieben, oder den Sorgen und Beschäftigungen eines Hauswesens entsagen und ihre Tätigkeit ausschließlich auf die Beobachtung der zahlreichen Satzungen und Enthaltungen, auf die Verkündigung der Lehre, die Erteilung des Consolamentum und die Leitung der Gemeinden richten mussten. Manche der Glaubenden ver-

---

487 Noch weit übertroffen freilich wurde die Zahl der hingerichteten sowohl, wie der durch Selbstmord endenden Katharer durch die Menge derjenigen, welche, zu lebenslänglicher Haft in hartem Kerker (murus) verurteilt, langsam aufgerieben wurden.

488 Dicebant quod quicunque homo sit in magnis peccatis, sive sit usurarius vel apercularius (i. e. effractor) vel in quibuscunque peccatis, incontinenti absque quacunque pecunia vel emenda ipsi absolvunt eos. Acta inq. Carcass. Cod. 4269, f. 5.

489 Sent. inq. Tolos. p. 204. Vgl. Coll. Doat. Acta inq. Carcass. Tom. II, f. 114. 116. Ein gut unterrichteter Häretiker sagt Doc. p. 271 aus: „Derjenige, der das Consolamentum empfing, habe sein ganzes Vermögen dem Spender überlassen müssen, der darüber nach Gutdünken verfügen konnte." Doc. p. 241 werden die Vorsteher als sehr habsüchtig und neidisch geschildert.

490 Reddidit eis (haereticis) tunc decem solidos, quos quaedam persona sibi commendaverat diu ante, ut redderet haereticis, quando inveniret eos, pro anima sua. Sent. inq. Tolos. p. 21.

491 Legavit haereticis mantellum suum seu capam, volens quod venderetur et pretium haereticis redderetur. Ibid. p. 164. Legavit dicta infirma haeretico supertunicale suum et tunicam. Ibid. p. 144.

492 Coll. Doat. Acta inq. Carcass. Tom. V, f. 106.

pflichteten sich daher, den Vollkommenen jährlich etwas Bestimmtes, z. B. einen Scheffel Getreide oder dessen Geldeswert, zu entrichten.[493] Wollte sich jemand weihen lassen und die Lebensweise eines Katharer führen, so musste er vorerst, wenn er nicht in eine geordnete, mit regelmäßigen Einkünften versehene Gemeinde eintrat, sich nach Personen umsehen, auf deren Kosten er leben konnte. So sagte Petrus Filii zu Toulouse, er möchte gern ein „guter Christ" werden, wenn er nur zu leben hätte, und ließ sich von einem Glaubenden versprechen, dass er ihn ein Jahr lang ernähren wolle.[494] Aus demselben Grunde versprach ein Sohn bei der Tröstung seiner Mutter, dass er ihr im Falle ihrer Genesung jährlich ein bestimmtes Maß von Getreide und Wein verabreichen wolle.[495]

Die Katharer hatten eigentlich kein anderes *Gebet* als das *Vaterunser*, obwohl sie noch ein paar kurze Formeln daneben gebrauchten.[496] Das Vaterunser war ihnen umso heiliger und bedeutungsvoller, als es die auserwählten Seelen vor ihrem Falle im Himmel zur Verherrlichung des Vaters gebetet haben sollten.[497] In ihrem gefallenen Zustande konnten sie es nicht mehr beten; erst durch das Consolamentum oder durch die Wiedervereinigung der Seele mit ihrem im Himmel zurückgebliebenen Geist wurden sie dazu befähigt. Daher wurde die Formel desselben bei der Tröstung dem neuen Vollkommenen übergeben; den Glaubenden aber, die überhaupt kein Gebet zu verrichten, sondern nur die Geweihten um ihre Fürbitte zu ersuchen hatten, blieb es fremd.[498] – Dieser esoterische Charakter des Vaterunsers hatte bei den Katharern noch einen besonderen Grund in ihrer Deutung jener apokalyptischen Stelle, in welcher von den 144.000 Auserwählten, die dem Lamm überallhin folgen, gesagt wird, dass nur sie, die sich mit Frauen nicht befleckt hätten, sondern jungfräulich seien, den neuen Hymnus hätten singen können.[499] Unter dem neuen Hymnus verstanden sie das Vaterunser, welches demnach kein Verheirateter beten durfte.[500]

Nach Monetas Angabe hatten die Katharer am Anfang, sowohl als am Schluss, des Vaterunser Zusätze gemacht.[501] Von einem Zusatze im Anfange ist nichts bekannt; der Beisatz am Schluss ist die bekannte, in einigen griechischen Handschriften vorkommende Lobpreisungformel.[502] Charakteristisch ist die Form, in

---

[493] Tunc ipse (Guilelmus Adzemarii) concessit quod faceret eis (bonis hominibus) bonum et daret eis quolibet anno unam eminam frumenti vel valorem. Sent. inq. Tolos. p. 101.

[494] Ibid. p. 170.

[495] Doc. p. 41.

[496] Quod non est orandum nec cantandum praeter dominicam orationem, zählt Peregrinus Priscianus bei Muratori, Antiq. Ital. V, 1, unter die Lehren der drei Hauptparteien. Einige der anderen Formeln s. bei Cunitz a. a. O. S. 11; vgl. Doc. p. 177. 225.

[497] So das apokryphische Johannes-Evangelium bei Thilo, Codex apocr. p. 893. Doc. p. 90.

[498] Doc. p. 199. 212. 237. 246.

[499] N.T. Apok. 14,1-4.

[500] Moneta p. 328.

[501] Moneta p. 458.

[502] Quoniam tuum est regnum et virtus et gloria in saecula. Cunitz a. a. O. S. 11.

welcher sie die vierte Bitte sprachen. Ihrer Lehre gemäß konnte der gute Gott nicht um Gewährung des irdischen, materiellen Brotes, welches zum Reiche des Satan gehört, gebeten werden; darum beteten sie nicht um das „tägliche Brot" (panis quotidianus), wie die Katholiken in der lateinischen Vulgata den griechischen Text vom N.T. Luc. 11,3 übersetzen, sondern um das himmlische Brot (panis supersubstantialis) wie diese lateinische Übersetzung die Stelle N.T. Matth. 6,11 wiedergab, und verstanden darunter das Brot höherer Substanz, das himmlische Brot der wahren Lehre und der Erkenntniss.[503] Bei dem Consolamentum wurde das Vaterunser siebenmal wiederholt, vielleicht mit Beziehung auf die sieben Heiligen Geister.[504]

Auch für die Verstorbenen beteten die Katharer,[505] ohne Zweifel nicht für die, welche getröstet aus der Welt gegangen waren, – denn diese gelangten ja sogleich und unfehlbar zu dem ehemals durch ihren Fall unterbrochenen Genusse der ewigen Herrlichkeit, – sondern für die Glaubenden, die ohne den Empfang des Consolamentum gestorben waren und die nun, wie es in der Sekte hieß: „von einem Körper in den anderen wanderen müssten, bis sie in die Hände der guten Männer kämen",[506] oder die, wie Petrus Auterii zu den Verwandten einer sprachlos gewordenen Kranken, von der man nicht wusste, ob sie die Convenienza gemacht habe, tröstend sagte, noch in einem anderen Gewand, d. h. in einem anderen Körper, das Heil erlangen konnten.[507] Man betete also für sie, dass ihre Prüfungs- und Wanderungszeit abgekürzt und ihnen bald die Gnade eines „guten Endes" zuteil werden möge.

Übrigens gehörte es noch zu den Eigentümlichkeiten, an denen die Katharer erkannt wurden, dass sie in Not und Gefahr nicht Christus, sondern den Hl. Geist, d. h. den Paraklet, welchem sie bei ihrer Tröstung zugeteilt zu werden wähnten, anzurufen pflegten.[508]

Die Stelle der Eucharistie vertrat bei ihnen die *Segnung* und Brechung eines *Brotes* und dessen Austeilung am Anfang ihrer Mahlzeit, ohne dass jedoch dieses Brot als in irgendeiner Beziehung zum Leibe Christi oder zu seinem Tod stehend gedacht worden wäre.[509] Da sie nach ihren Grundsätzen sich weder des Kreuzzeichens noch irgendeiner äußeren symbolischen Handlung zum Zweck einer Segnung bedienen konnten, so bestand diese bei ihnen bloß in der Hersagung des Vaterunsers.[510] Die Vollkommenen nannten dieses das Brot des heiligen Gebetes

---

[503] Doc. p. 38.
[504] Moneta p. 270. 278.
[505] Moneta p. 374.
[506] Audivit uxorem Petri Vitalis dicentem, ... quod spiritus Guilelmi Arebaudi defuncti iret tantum de corpore in corpus, donec veniret in manus bonorum hominum. Doc. p. 36.
[507] Sent. inq. Tolos. p. 84.
[508] Doc. p. 37.
[509] Moneta p. 460.
[510] Berichte über den Ritus s. Doc. p. 29. 147. 224. 323.

oder das Brot der Brechung, die Glaubenden aber nannten es das geweihte oder das Brot von Gott und legten ihm hohen Wert und besondere Kraft bei;[511] sie pflegten es daher lange aufzubewahren und von Zeit zu Zeit davon zu essen.[512] Einig wähnten sogar, der Besitz und Genuss dieses Brotes könne bei Annäherung des Todes, wenn keine Möglichkeit sei, Vollkommene zur Weihung aufzufinden, die Stelle des Consolamentum vertreten.[513] Daher wurde es auch mitunter weithin versendet, und zu einer Zeit in welcher das strengere Verfahren in Languedoc die dortigen Vollkommenen zur Auswanderung genötigt hatte ließen sich die Gläubigen dieses Brot aus der Lombardei bringen.[514] Ohne Zweifel sollte sein Wert, besonders in der durch die Segnung ihm verliehenen Reinheit bestehen, weshalb es auch selbst die Vollkommenen nicht mit bloßen Händen, sondern mittels eines um den Hals geschlagenen weißen Tuches fassten und hielten.[515] Wenn aber nach Sacchonis Angabe die Albaneser behaupteten, dass das Brot als ein Geschöpf des bösen Gottes einer Segnung eigentlich nicht fähig sei und in der Tat auch nicht als solches gesegnet werde, dabei aber doch den Ritus ausübten und großes Gewicht darauf legten, so lässt sich hiervon wohl keine andere Erklärung geben als die, dass nach ihrer Lehre das Brot durch die Weihung, indem es seine Natur als ein Erzeugnis des Bösen bewahrte, doch der Träger, das Vehikel der höhern Gnade wurde und diese dem Genießenden mitteilte, ohne dadurch selbst irgendwie beeinträchtigt zu werden. Ungefähr wie auch der der bösen Schöpfung angehörige menschliche Leib der Träger, das Gefäß einer getrösteten und darum ganz reinen und heiligen Seele sein konnte.

Diese Brotbrechung pflegten die Geweihten wohl bei jeder Mahlzeit zu verrichten; aber die feierlichere Austeilung auch an die Glaubenden geschah bei dem so genannten *Apparellamentum*, welches zwölfmal im Jahre gehalten wurde und die einzige regelmäßig wiederkehrende religiöse Feierlichkeit der Katharer war. Dabei wurde eine Bank oder ein Tisch mit einem Tuche bedeckt und das Evange-

---

[511] Talem panem vocant panem sanctae orationis et panem fractionis, et credentes eorum vocant panem benedictum sive panem signatum. Doc. p. 4. Respondit ei, quod dictus panis majorem virtutem centies habebat quam panis, qui benedicitur in ecclesia in die dominica, licet non fiat signum crucis super dictum panem nec spargatur aqua benedicta. Doc. p. 148.

[512] Geralda ... fecit fieri de pane benedicto per dictum haereticum propter devotionem et fidem, quam habebat, quod posset salvari in fide dicti haeretici, et accepit de dicto pane et comedit, et partem reservavit et multis annis conservavit et aliquando de illo pane comedit. Sent. inq. Tolos. p. 160. — Man wandte alle Sorgfalt an, dass kein Teilchen von diesem Brot verloren ging oder am Messer oder Teller hängen blieb. Die Glaubenden mussten dasselbe immer bei sich tragen, öfter davon essen, zuvor aber jedesmal Benedicite sprechen. Doc. p. 238.

[513] Dicta Navarra dixit ipsae Lombardae, quod tantum valebat panis ei, qui vellet habere bonos homines in obitu et non posset habere eos, eo quod erat panis bonorum hominum. Coll. Doat. Acta inq. Carcass. Tom. V, f. 188.

[514] Doc. p. 35.

[515] Doc. p. 4. 29. 147.

lienbuch darauf gelegt, die Vollkommenen ließen sich verehren, und man gab und empfing wechselseitig den Friedenskuss.[516]
Es ist schon erwähnt worden, dass, dem ganzen System der Katharer gemäß, ihre Vorstellung von dem Wesen und der Bedeutung der *Buße* völlig verschieden von der katholischen sein musste. Eine eigentliche Reue, ein Schmerz und eine Zerknirschung des Herzens konnte bei ihnen nicht für notwendig gehalten werden, da alle Sünden nur die unvermeidliche Folge jener ersten, im Himmel begangenen Sünde waren, da das, was der Mensch vor dem Empfang des Consolamentum tat, für gleichgültig angesehen und da durch diese Weihe alles auf einmal vollständig getilgt wurde. Und weil die Seligkeit, nach dieser Lehre, nicht ein freies Geschenk der göttlichen Gnade, sondern nur eine Wiedereinsetzung in den vorigen Stand, etwas der Natur und höheren Abstammung der Seelen Gebührendes und Unverlierbares war, so konnte, wie oft sie auch immer sündigten, ihre Rückkehr ins Himmlische Vaterland dadurch höchstens nur verzögert werden. Sie wanderten vielleicht länger durch verschiedene Körper, aber der Empfang der Tröstung und damit die unfehlbare Anwartschaft auf die Seligkeit blieben ihnen immer gewiss.[517] Dazu kam noch, dass der Begriff der Sünde bei den Katharern eigentlich ganz in dem der Befleckung und Verunreinigung der Seele durch Berührung und Vermischung mit der bösen Materie oder auch des gewaltsamen Eingriffs in ein fremdes Gebiet und der Störung des einmal festgesetzten Läuterungsprozesses (durch die Tötung von Tieren oder Menschen) aufging. Die Sünde des Hochmuts kannten sie nicht; vielmehr sollte der Gläubige sich seiner höheren Abstammung und dass er alles der Natur, nichts der freien Gnade verdanke, bewusst werden und in diesem Bewusstsein mit völliger Zuversicht des ihm gebührenden ewigen Ruhmes entgegensehen. Nur wenn er eine Sünde beging, für die es nach diesem System keine Vergebung gab, musste er der Hoffnung der Seligkeit entsagen. In diesem Falle aber bewies er eben durch die Tat, dass er nicht einer der Auserwählten, der vom Himmel herabgestiegenen Geister, sondern ein der bösen Schöpfung Angehöriger war, für welchen es keine Hoffnung der Erlösung gab

[516] Moneta p. 455. Servitium haereticorum, quod dicunt *apparellamentum*, quod faciunt de mense in mensem. Coll. Doat. Tom. II, f. 280. - - Post consolamentum ipsa testis tenuit sectam per tres annos et dimidium, orando cum eis, jejunando, portando habitum et vestes eorum, *apparellando* se cum eis de mense in mensem et alia omnia faciendo quae haeretici praecipiunt et faciunt observari, et quotidie ipsa testis adorabat dictos haereticos. Ibid. Tom. IV, f. 205. — Carpentier hat in seinem Glossar I, 242 aus Missverständnis einer Stelle in den Inquisitionsakten Apparellamentum erklärt als receptio in fratrem apud Albigenses haereticos. Er führt nämlich aus Vaissette, Hist. de Languedoc III, Preuves 387 an: Imposuerunt librum et manus super caput ipsius et legerunt evangelium, et consequenter ipsi haeretici fecerunt apparellamentum, et fecerunt pacem ibi osculantes sese invicem ex transverso. Das heisst nicht, dass Apparellamentum und Consolamentum eins gewesen seien, sondern dass nach einem Consolamentum die Katharer gerade auch ihre monatliche Feierlichkeit des Apparellamentum begangen hätten.

[517] Doc. p. 156. 237. 245.

und bei dem daher auch jede Reue, wenn er sie auch zu fühlen fähig gewesen wäre, ganz überflüssig war. Demnach war die Tugend der Demut, aus welcher allein wahre Reue und Buße hervorgehen kann, den Katharern durchaus fremd und auch in ihren Ermahnungen und Lehrvorträgen wurde derselben mit keiner Silbe gedacht.[518]

Sacchoni sagt, in den siebenzehn Jahren, welche er bei den Katharern zugebracht, habe er nie gesehen oder gehört, dass einer für sich allein gebetet, oder Zeichen der Trauer über seine Sünden gegeben, oder an die Brust geklopft und gesagt habe: „Herr, sei mir Sünder gnädig!" Dazu meinten sie in der Tat keine Ursache zu haben, und wenn sie nach der Angabe desselben Berichterstatters nach ihrem Consolamentum niemals ein durch Wucher, Diebstahl oder Raub erworbenes Gut zurückerstatteten, so geschah dieses einerseits, weil die Bürger des Himmels gegen die zu der bösen Schöpfung Gehörigen und in der Kirche Satans Befindlichen, keine Pflichten zu erfüllen hatten, und dann, weil es nach der Lehre der Dualisten überhaupt kein Recht des Besitzes irdischer Dinge gab, da „Gott seinem Volke keine Herrschaft über diese vergänglichen Dinge gegeben hat".[519]

Die Katharer hatten ein allgemeines *Sündenbekenntnis*, welches jeder bei seiner Tröstung ablegte. Beging der Getröstete eine Sünde, durch welche sein erstes Consolamentum ungültig wurde, so musste er dem Vorsteher diese besondere Sünde bekennen und dann die Handauflegung neuerdings empfangen. Und weil die Katharer, auch bei der strengsten Enthaltung und sorgfältigsten Bewachung ihrer selbst, doch nicht vermeiden konnten, in mancherlei befleckende Berührungen mit der Außenwelt zu geraten und so leichtere Sünden zu begehen, so war einmal monatlich auch für die Vollkommenen ein allgemeines Sündenbekenntnis eingeführt worden, welches gewöhnlich vor dem Diakon, der dabei das Buch vor die Brust hielt, von einem im Namen der übrigen abgelegt wurde. Während nämlich diese sich zur Erde niedergebeugt hielten, sprach der Wortführer: „Wir sind gekommen, unsere Sünden zu bekennen vor Gott und vor euch; denn wir haben viel gesündigt durch Worte, Werke, Blicke, Gedanken" usw. Der Diakon sprach dann eine Absolutionsformel und legte ihnen ein dreitägiges Fasten oder hundert Verneigungen des Körpers mit gebogenen Knien auf. Auch Moneta bemerkt, dass in allen Parteien der Katharer Werke der Genugtuung für begangene Sünden auferlegt würden.[520]

---

518 Daher heisst es auch in der Aufzählung der Lehren, welche Peregrinus Priscianus a. a. O. den drei Hauptparteien der Katharer beilegt: quod homo non potest poenitere post peccatum.

519 Raineri Summa p. 1764. Moneta p. 549. Doc. p. 248. 295. 324.

520 Raineri Summa p. 1765. 66. Coll. rer. Occit. Acta inq. Carcass. Vol. V, f. 246: Docuerunt ipsum ... confessionem, quam appellant Servicium. Sacchoni sagt, sie hätten es genannt caregare servitium, d. i. charger le Service, den Dienst, die Verpflichtung (zum Fasten und zu religiösen Übungen) vermehren. Vgl. Doc. p. 37 u. 295, wo die Bekenntnissformel etwas anders lautet. Eine ausführliche Formel bei Cunitz a. a. O. S. 11.

Die Vollkommenen mussten neben der steten Enthaltung von aller fleischlichen Nahrung noch lange und strenge *Fasten* beobachten. Ihre drei jährlichen Fastenzeiten waren: vom 13. November bis zum 24. Dezember, vom 7. Sonntag vor Ostern bis Ostern selbst und von Pfingsten bis zum 29. Juni, dem Fest von Peter und Paul. In der ersten und letzten Woche jeder dieser Zeiten, dann drei Tage in den übrigen Wochen und jeden Montag, Mittwoch und Freitag das ganze Jahr hindurch fasteten sie bei Wasser und Brot.[521] Auch für begangene Sünden wurde schweres Fasten auferlegt.[522] Auf diese Fastenzeiten pflegten sie großes Gewicht zu legen und führten sie als einen besonderen Beweis ihrer Heiligkeit an.[523]
Dass ein geweihter Katharer *kein* zu den höheren Tiergattungen gehörendes *lebendes Wesen töten* durfte, wurde bereits erwähnt. Schon die Häretiker zu Goslar unter Heinrich III. wurden durch die Weigerung, ein Huhn zu töten, erkannt. Nach der Erzählung des Stephan de Borbone bedienten sich die katholischen Krieger in dem Kreuzzug gegen die Albigenser desselben Mittels: sie gaben denen, die ihnen verdächtig vorkamen, ein Huhn oder ein anderes Tier zu töten; weigerten diese sich, so galten sie als Katharer.[524] Auch die Inquisitoren scheinen, wenigstens früher, dies zuweilen getan zu haben.[525]
Da die Vermeidung jeder befleckenden Berührung zu den angelegentlichsten Sorgen der Vollkommenen gehörte, so musste besonders bei der Bereitung und dem Genuss von Speise und Trank, sowie bei den Waschungen jede mögliche Absonderung beobachtet werden. In dieser Beziehung hatte die Sekte ganz jüdische Sitten eingeführt. Die Katharer pflegten sich ihre Speisen selbst zu kochen.[526] Sie hatten ihre eigenen Teller, von denen kein anderer essen durfte[527] und sie trugen sogar ihre Hand- und Tischtücher in eigens dazu eingerichteten Taschen mit sich herum.[528] Zugleich aber versetzte eben diese auf Absonderung und Enthaltung berechnete Lebensweise die Vollkommenen in einen Zustand der Hilflosigkeit und Abhängigkeit, in welchem ihnen die pflegende Fürsorge und stete Bedienung anderer zum unabweisbaren Bedürfnis wurde. Dazu wurden nun natürlich die Glaubenden genommen, die sich auch dazu um so bereitwilliger gebrauchen ließen, als neben den Spenden an Geld und Nahrungsmitteln diese

---

[521] Doc. p. 3. 246. Im Cod. 4269, f. 28 werden Montag, Mittwoch und Freitag als die drei wöchentlichen Fasttage angegeben; f. 32 nennt ein anderer Zeuge den Sonntag, Dienstag und Donnerstag. Beides lässt sich vereinigen, wenn man die letztere Angabe von den drei besonderen Fastenzeiten versteht.

[522] Moneta p. 518. Doo. p. 181. 243.

[523] Doc. p. 22. 27. Übrigens wurden auch Dispensen gewährt. Doc. p. 246.

[524] Steph. de Borbone bei Echard p. 549.

[525] Primus vir Baimundae fuit haereticus captus ab inquisitoribus, quia noluit ad mandatum eorum occidere quendam gallum. Coll. Doat. Acta inq. Carcass. Tom. V, f. 41.

[526] Doc. p. 18. 19.

[527] Doc. p. 21. 272. Vgl. Lami, Antichita Toscane p. 555.

[528] Manutergia ipsi portabant in cassidulis (i. e. in sacculis) suis. Doc. p. 30.

pflegende Bedienung fast das Einzige war, wodurch sie ihren Eifer für den Glauben betätigen und ein Verdienst sich erwerben konnten.[529]

Die Glaubenden hatten aber noch eine Hauptverpflichtung zu erfüllen, und diese bestand darin, dass sie bei jedem Zusammentreffen mit Vollkommenen diesen jene religiöse Huldigung erwiesen, welche die Katharer das *Melioramentum*, die Katholiken aber die Adoration nannten. Der Glaubende beugte nämlich dreimal vor dem Geweihten die Knien mit gefalteten Händen, neigte sich dreimal bis tief zum Boden oder über eine Bank und sprach jedes Mal: „Benedicite (Segnet uns)", und zuletzt: „Ihr guten Christen, ich flehe um den Segen Gottes und den eurigen; bittet Gott für uns, dass er uns bewahre vor einem bösen Tode (d. h. vor dem Tode in der katholischen Kirche und ohne das Consolamentum) und uns zu einem guten Ende oder in die Hände guter Christen führe." Die Geweihten aber erwiderten: „Nehmet hin den Segen von Gott und von uns; Gott erlöse euere Seele von einem bösen Tode und führe euch zu einem guten Ende."[530] Diese Adoration wurde für besonders wichtig und notwendig oder ersprießlich gehalten. Die Katharer pflegten ihre Glaubenden sorgfältig zu unterrichten, in welcher Form sie dieselbe zu leisten hätten, und nur der wurde als ein Glaubender anerkannt und zur Convenenza zugelassen, der sich bei jeder Gelegenheit zu dieser Huldigung verstand.[531] Wohnten Glaubende mit Vollkommenen zusammen, so pflegten jene den letzteren jeden Tag einmal die Adoration zu leisten.[532]

Die Geweihten selbst erwiesen sich wechselseitig Verehrung. Die beiden Katharer Amelius und Petrus Auterii taten dies sogar, und zwar durch Niederwerfung auf die Erde, in Gegenwart der Glaubensrichter, vor denen sie zum Verhör erschienen.[533] Den Getrösteten, welche sich in die Endura versetzt hatten und da-

---

[529] Solche dem Dienste der Vollkommenen beiderlei Geschlechts gewidmete Glaubende werden oft erwähnt. So heißt es in den Untersuchungsakten über Armann Punzilugo (bei Muratori, Antiq. Ital. V, 127): Quae haereticae habebant unam sociam, quae erat credens et serviens earum, und von Punzilugo selbst (p. 120): Serviebat haeretico de rebus suis et bonis, manutenebat eum et tenebat eum in privato.

[530] Doc. p. 4. 18. 19. 25. 30. 39. Vergl. die von Carpentier, Glossarium II, 1221 s. v. Melioramentum angeführten Stellen und Sent. inq. Tolos. p. 23. 30. 50. 192. Neben adorare kommt auch reverentiam facere vor; Doc. p. 4. 27. 182. 195. Die Segensformel hieß zuweilen: Pater et Filius et Spiritus sanctus parcat vobis et dimittat vobis omnia peccata vestra (bei Cunitz S. 11: parcat vobis omnia peccata vestra), auch: Sanctus Spiritus vos benedicat (Acta inq. Carcass. Tom. V, f. 20), — die Bittformel der Glaubenden: Dominum rogate pro isto peccatore, quod faciat me bonum Christianum et perducat me ad bonum finem (Ibid. Tom. II, f. 110), — bei der Adoration geweihter Frauen: Benedicite, bonae mulieres, rogate Deum pro nobis (Ibid. Tom. II, f. 2).

[531] Coll. Doat. Vol. XXXII, f. 170: Alias eum non reputarent talem. Vgl. Doc. p. 27. 145. 182. 183. 187. 236. 249.

[532] Doc. p. 21.

[533] Ambo unus alium mutuo coram nobis proni in terram modo haereticali adoraverunt. Sent. inq. Tolos. p. 37; vgl. p. 68.

durch in den Augen der Glaubenden in einen doppelten Nimbus der Heiligkeit gehüllt waren, wurde dieselbe Huldigung mit besonderer Ehrfurcht dargebracht.[534] Nichts beweist besser, auf welches unbedingte Vertrauen, auf welche rücksichtslose Hingebung die Vollkommenen bei ihren Anhängern rechnen durften, als die Bereitwilligkeit und Freudigkeit, mit welcher Tausende von Personen aus allen Ständen ihnen diese an Vergötterung grenzende Ehre erwiesen, weshalb auch der einzelne, der etwa diesen Gebrauch mitzumachen sich weigerte, sich sofort tätlichen Misshandlungen von Seiten der übrigen aussetzte. So erzählte ein Zeuge, auf seine Weigerung, vor den Häretikern niederzufallen, habe ihm sogleich einer der Anwesenden einen heftigen Schlag versetzt, worauf er sich dann freilich dazu bequemt habe. Doch gab es auch solche, auf welche die Handlung und die Haltung der Vollkommenen dabei einen ganz entgegengesetzten Eindruck machten, die darin lächerlichen Hochmut oder plumpe Täuschung des leichtgläubigen Volkes sahen. So sagte eine Frau vor dem Glaubensgerichte: Aus Neugierde sei sie mit anderen hingegangen, den Katharer Guirald Ademar wie ein Wundertier anzuschauen, der steif und unbeweglich wie ein Klotz auf seinem Stuhle saß und die Adorationen der Glaubenden entgegengenommen habe.[535] Ein anderer, Arnold von Villanova, äußerte sich mit Entrüstung über die plumpen Betrüger, die sich anbeten ließen und ihm doch nicht einmal auf seine Einwürfe zu antworten vermocht hätten.[536] – Die katholischen Theologen nahmen natürlich dies zum Anlass, den Katharern vorzuwerfen, dass sie, indem sie sich zum Gegenstand einer religiösen Verehrung machten, göttliche Ehre für sich beanspruchten. Diese aber erwiderten, jener Akt der Anbetung gelte nicht ihnen, sondern dem Heiligen Geist, dessen Träger und Gefäße sie seit dem Empfang des Consolamentum seien.[537]

Verschieden von dieser religiösen Verehrung war die *Begrüßung*, welche jedoch auch eine religiöse Bedeutung hatte und gleichfalls nur den Geweihten erwiesen wurde. Sie bestand darin, dass der Glaubende seine Hände auf die Arme oder Schultern des Katharers legte, dann seinen Kopf auf dessen rechte und linke Schulter senkte und dazu dreimal Benedicite (Segnet uns) sagte.[538]

---

[534] Guilelma uxor M. de Proando ... in abstinencia, quam ipsi vocant enduram, multis diebus perdurans ... se fecit tanquam haereticam more ipsorum damnabili adorare. Sent. inq. Tolos. p. 33.

[535] Doc. p. 34.

[536] Doc. p. 38.

[537] Doc. p. 4. 376.

[538] In den Akten der Inquisition von Toulouse wird Adoratio und Salutatio mehrmals unterschieden, z. B. p. 50: Item adoravit haereticos modo haereticali petendo benedictionem eorum et dicendo ter Benedicite. Item multotiens salutavit haereticos modo haereticali abstracto capucio, tenendo manus super brachia haeretici, inclinando tribus vicibus nunc ad dextram, nunc ad sinistram, et dicendo qualibet vice Benedicite. Vgl. p. 23. 62. 63. 68.

Nach der Angabe des Peregrinus Priscianus war es Grundsatz der Katharer, dass die Glieder der wahren Kirche nichts für sich, sondern alles nur gemeinschaftlich besitzen sollten. Ob alle Geweihten wirklich jedes Eigentums verzichteten, ist nicht klar; da sie es aber den neuen Orden der Minoriten und Dominikaner als Sünde anrechneten, dass sie nach Verzicht auf jeden Besitz sich Kleidung und Nahrung von erbetenen Almosen verschafften,[539] so scheint es, dass sie selber sich nicht gestatteten, Almosen zu begehren, oder vielmehr, dass sie alles für „die Kirche", nicht für sich in Anspruch nahmen. Dabei ist es wahrscheinlich, dass sie das Geld, in welchem sie ein Erzeugnis der bösen Schöpfung und eine Erfindung der Bösen sahen, als etwas Befleckendes betrachteten und Bedenken hatten es zu benutzen. Von einem dieser Sekte findet sich die Äußerung: Das Geld dieser Welt sei der Rost der Seele.[540] Dabei wurde den Glaubenden eingeschärft, dass Almosen nur der Kirche Gottes, d. h. den Vollkommenen, gegeben werden dürften und dass sie, wenn man sie Fremden gibt, völlig nutzlos seien,[541] und Sacchoni führt es als etwas Charakteristisches an, dass die Glieder dieser Sekte nie gegen Arme mildtätig seien, weil sie nämlich alles, was sie erübrigen konnten oder zu geben geneigt waren, den Geweihten schenkten, in deren Händen ihr Heil lag und welchen zu geben allein für verdienstlich galt. Auch ist schon bemerkt worden, dass die Katharer nicht leicht eine Gelegenheit, sich Geld oder Geldeswert zu verschaffen, vorbeigehen ließen, wohl weniger aus persönlicher Habsucht, als darum, weil sie für gesellschaftliche Zwecke und für den Unterhalt der Ihrigen, von welchen die meisten von solchen freiwilligen Gaben oder von der Gemeindekasse leben mussten, in der Tat bedeutende Summen brauchten. Jede Gemeinde hatte daher einen aus den Gaben der Glaubenden und den oft sehr reichlichen Vermächtnissen des Getrösteten gebildeten Schatz. In den Akten von Carcassonne wird erzählt, dass Pierre Roger bei der Eroberung des Schlosses Montsegur, eines Hauptsitzes der Katharer in Languedoc, zwei derselben verborgen und gerettet habe, weil sie den Ort im Walde kannten, wo der „Schatz der Kirche" vergraben gewesen.[542] Auch unterstützten sich die einzelnen Gemeinden durch wechselseitige Geldsendungen, und es wird erwähnt, dass die Katharer in Languedoc an ihre Glaubensgenossen in der Lombardei Geld und Kleidungsstücke sandten.[543]

---

539 Moneta p. 451.
540 Doc p. 36.
541 Doc. p. 23.
542 Coll. Doat. Tom. II, f. 127.
543 Sent. inq. Tolos. p. 14: de pecunia ecclesiae haereticorum.

XIV. Kapitel: Die Katharer in den slawischen Ländern

Die Lehren der Katharer fanden überhaupt bei den slawischen Völkern des südöstlichen Europa Zuspruch; ganz besonders aber wurde *Bosnien* ein Hauptsitz dieser Sekte und hier erhielt sie sich länger als in irgendeinem anderen Land. Bosnien war zu der Zeit, als die Katharer sich dort ausbreiteten, eine zum ungarischen Reiche gehörende oder doch von den ungarischen Königen abhängige Provinz, welche aber von eigenen Fürsten, Banen, verwaltet wurde. Ohne Zweifel kamen die neuen Gnostiker aus den östlicher gelegenen Ländern, namentlich aus Bulgarien, dahin, wie denn die ganze Bewegung dieser Häresie sich von Osten nach Westen ausbreitete, und zwar waren es die Dualisten, welche hier die herrschende Partei wurden. Das beweist eine alte Urkunde[544] welche in einem Abriss ihrer Lehren das System der Albanesen fast vollständig darstellt:

---

[544] Codices manuscripti latini Bibliothecae Nonianae a Jac. Morellio relati, Venetiis 1776, p. 12. 13; Cod. membr. XIII (aus dem 14. Jahrh.): *Errores, quos communiter Patareni de Bosnia credunt et tenent:* In primis credunt et tenent quod duo sunt Dii, et quod major Deus creavit omnia spiritualia et invisibilia, et minor, scilicet Lucifer, omnia corporalia et visibilia. Item negant Christi humanitatem et dicunt eum habuisse corpus phantasticum et aereum. Item dicunt beatam Mariam angelum, non hominem extitisse. Item dicunt quod Christus non vere passus et mortuus fuerit. Item nec vere resurrexit. Item nec cum vero corpore coelum ascendit. Item condemnant antiquum Testamentum, excepto Psalterio, et omnes Patres Veteris Testamenti, Patriarchas et Prophetas dicunt esse damnatos, et quotquot fuerunt ante Christum. Item S. Johannem Baptistam condemnant et dicunt esse damnatum, Item dicunt legem Moysi a diabolo datam fuisse et diabolum Moysi in igne apparuisse. Item dicunt, Romanam Ecclesiam esse idolorum, et quod idola adorant, qui sunt de illa fide. Item dicunt se esse ecclesiam Christi et successores Apostolorum, habentes de ipsis unum, quem dicunt esse Vicarium Christi, id est successorem S. Petri. Item negant baptismum aquae et dicunt quod non datur in ipso remissio peccatorum. Item dicunt quod pueri ante annos discretionis nullatenus possunt salvari. Item negant resurrectionem corporum, et dicunt quod corporaliter non resurgemus. Item negant sacramentum corporis Christi; item confirmationis; item extremae unctionis. Item negant sacramentum matrimonii, et dicunt quod nullus in matrimonio salvari potest. Item dicunt lignum vitae mulierem, de quo comedit Adam, id est eam cognovit, propter quod expulsus est de paradiso. Item damnant sacramentum poenitentiae et dicunt, quod quicunque peccat, oportet, quod iterum rebaptizetur, et omnia peccata dicunt esse mortalia et nullum veniale. Item dicunt non esse purgatorium. Item dicunt Luciferum ivisse in coelum, et seduxisse angelos Dei, ita quod in terram descenderent, et Lucifer inclusit eos in humana corpora. Item dicunt quod animae hominum sunt daemones, qui ceciderunt de coelo, qui peracta poenitentia in corporibus uno vel pluribus, successive revertuntur in coelum. Item condemnant ecclesias materiales, picturas et imagines, praeeipue s. crucem. Item eleemosynas fieri prohibent, et dicunt quod non est meritorium eleemosynam dare. Item negant iuramentum et dicunt: nec iuste nee iniuste licet iurare. Item damnant iudicium quod fit per ecclesiam, et poenarum tam spiritualium quam corporalium inflictionem; scilicet quod non liceat persequi malos nec aliquem pro iustitia occidere vel excommunicare. Item occisionem animalium dicunt esse peccatum mortale.

Annahme eines bösen Gottes und Weltschöpfers neben dem guten, Verführung der Engel durch Luzifer, sein Fall und Einschließung in irdische Leiber, Seelenwanderung, Verwerfung des Alten Testamentes, Doketismus, Leugnung der Geburt und des Leidens Christi.

Nur in einem Punkt weicht die hier dargestellte Lehre der bosnischen Dualisten von der der westlichen ab, darin nämlich, dass jene von dem ganzen Alten Testamente nur die Psalmen gelten ließen, die Propheten aber, gleich den übrigen Büchern, verwarfen. Es wird dadurch wahrscheinlich, dass die den Albanesen eigentümliche Annahme der prophetischen Bücher eine erst in Italien aufgekommene Modifikation der älteren Lehre war.

Gegen Ausgang des zwölften Jahrhunderts, unter dem Ban Kulin, war die Lehre der Katharer in Bosnien unter allen Ständen schon sehr verbreitet. Kulin selbst bekannte sich mit seiner Gemahlin und seiner Schwester zu derselben und hatte, wie der dalmatische König Wolkan im Jahr 1199 dem Papste Innozenz III. schrieb, über zehntausend seiner Untertanen zur Annahme dieser Lehre bewogen.[545] Wolkan erinnerte den Papst, wie es seine Pflicht sei, den König von Ungarn zur Ausrottung der Irrlehre in seinem Reich anzuhalten. Innozenz III. forderte denn auch den ungarischen König Emerich auf, den Ban Kulin, wenn er nicht die Ketzer vertreibe und ihre Güter einziehen, ihn abzusetzen.[546] Kulin erklärte darauf, er habe die angeblichen Ketzer für gute Katholiken gehalten und sei bereit, einige derselben nach Rom zu schicken, damit der Papst sie prüfe. Der Papst möge auch durch einen Abgesandten die Zustände in Bosnien untersuchen lassen. Innozenz beauftragte mit dieser Untersuchung im November 1202 den Erzbischof Bernard von Spalatro und dessen Kaplan Johannes de Casamaris.

Bosnien hatte damals nur ein, zum griechischen Ritus gehörendes Bistum zu Breda[547] welches sich aber, seitdem das Land dem ungarischen Reich einverleibt war, dem Papst in Rom unterworfen hatte. Aber Kulins Zeitgenosse, der Bischof Daniel, scheint selbst zur paterinischen Sekte gehört zu haben; wenigstens begünstigte er die Anhänger derselben und gewährte den aus Dalmatien vertriebenen freundliche Aufnahme, weshalb ihn der Erzbischof von Spalatro, dem Gebote des Papste Innozenz gemäß, öffentlich für suspendiert erklärte. Johannes de Casamaris bewog im April 1203 die Häupter einer religiösen Bruderschaft in Bosnien, welche entweder Lehrsätze der Katharer angenommen oder doch mit dieser Sekte Verbindungen unterhalten hatte, zur Abschwörung. Er reiste darauf mit zwei Katharern und dem Ban Kulin nach Ungarn, wo in Gegenwart des

---

Item condemnant esum carnium et omnium quae ex carne traducem habent, dicentes omnes esse damnatos qui comedunt carnes vel caseum vel ova et similia hujusmodi.

545 Das Schreiben Wolkans bei Fejer, Codex diplom. Hungariae II, 371, und bei Theiner, Monum. Slav. merid. I, 12.

546 Theiner I, 15.

547 Theiner I, 298.

Königs Emerich die Abschwörung wiederholt wurde.[548] Die Abschwörenden nannten sich in ihrem Bekenntnis „die Vorsteher derjenigen Menschen, welche bisher im bosnischen Gebiete vorzugsweise Christen genannt worden seien", und versprachen, keinen Manichäer mehr zu ihrer Gesellschaft zuzulassen. Ban Kulin verpflichtete sich gegen den König zur Erlegung einer Geldstrafe, falls er wieder die Irrlehrer begünstigen würde: Allein im Ganzen scheint sich ihre Partei in ungeschwächter Kraft erhalten oder noch weiter verbreitet zu haben, so dass nach Daniels Tode das Bistum 38 Jahre unbesetzt blieb und die Katharer sogar die bischöfliche Stadt mit der Kathedrale zerstörten.[549]

Unter Honorins III. wurden die Bemühungen, den Irrglauben in Bosnien, wo damals der Papst der Katharer seinen Sitz hatte, zu unterdrücken, gesteigert. Es kam zu einem förmlichen Religionskriege. Der Erzbischof von Colocza stellte sich an die Spitze katholischer Krieger und der Papst mahnte im Jahr 1227 den Fürsten Johannes zu Sirmium, welcher sich gegen eine Geldsumme zur Befehdung der Katharer mit dem Kreuze bezeichnet hatte, seine Verpflichtung zu erfüllen.[550] Bessere Dienste leisteten die neuen Predigermönche, welche jetzt in Bosnien für die katholische Sache, selbst mit Aufopferung ihres Lebens, wirkten; denn der Hass der Katharer gegen sie ging so weit, dass zweiunddreißig dieser Mönche von ihnen ertränkt wurden. Auch jetzt war der bosnische Bischof wieder ein Anhänger der Sekte. Deshalb beauftragte Gregor IX. im Jahr 1233 den Kardinal Jakob, den Legaten in Ungarn, den Bischof zu vertreiben und sich um die Einsetzung eines katholischen Bischofs zu kümmern. Auch die bosnischen Großen und Häuptlinge scheinen fast alle zur Sekte gehört zu haben, so dass der Papst an den Ban Zibislav, weil er allein unter den Fürsten seines Landes sich zum katholischen Glauben bekenne, ein Glückwunschschreiben zusenden ließ.[551] Doch wurde die katholische Kirche in Bosnien, vorzüglich durch die unermüdlichen Anstrengungen des vom Papste gegen seinen Willen zum Bischof ernannten Dominikaners Johannes Teutonicus, sowie durch die Waffen des slavonischen Herzogs Coloman, wieder aufgerichtet.

Aber im Jahr 1241 erfolgte der furchtbare Einbruch der Tataren, welcher die Macht Ungarns brach und auch Bosnien zusammen mit den angrenzenden Ländern völlig verwüstete. In der hierauf eingetretenen Verwirrung nahm die Partei der Katharer wieder überhand. Viele, welche sich bisher äußerlich zur Kirche gehalten hatten, fielen wieder ab, und Bischof Asmus berichtete dem Papste Innozenz IV., in welch kläglichem Zustande seine Diözese sich befinde. Mit Zustimmung des Papstes führte der Erzbischof von Colocza neuerdings im Jahr

[548] Theiner I, 52.

[549] Farlati, Illyricum sacrum IV, 44 ff. Assemani, Kalendaria eccl. V, 63 ff. Katona, Hist. crit. Hungar. regum IV, 599 ff., 677 ff.

[550] Fejer III, II, 101.

[551] Farlati IV, 48. Katona V, 658.

1245 einen Heerhaufen von Kreuzfahrern zur Bekämpfung der Katharer nach Bosnien und verlangte als Gegenleistung, dass das bosnische Bistum seiner Metropole untergeordnet wurde.[552] Auch den Eifer des ungarischen Königs Bela für die Verbreitung des katholischen Glaubens in Bosnien pries Innozenz im Jahr 1247 und versprach, dort nichts ohne dessen Zustimmung anzuordnen.[553]

Im Laufe des vierzehnten Jahrhunderts behauptete sich die Sekte der Katharer, wo nicht in ganz Bosnien doch in einzelnen Landstrichen, und die Päpste unternahmen von Zeit zu Zeit Schritte zur deren Unterdrückung. So erteilte Bonifazius VIII. im Jahr 1303 dem Erzbischof von Colocza die Vollmacht, die Hilfe des weltlichen Armes gegen sie anzurufen, und Johannes XXII. ermahnte im Jahr 1325 den König Karl von Ungarn, er möge die Katharer, die sich damals durch die Einwanderung vieler Gleichgesinnten aus verschiedenen Ländern bedeutend verstärkt hatten, nicht ungestraft gewähren lassen. Doch nahmen seit dem Ende des dreizehnten Jahrhunderts die Minoriten an den bisherigen Bemühungen der Dominikaner, den katholischen Glauben dort aufrecht zu halten, Teil, und seitdem wurden sie als die vornehmsten Stützen der Kirche in Bosnien betrachtet und die Päpste übertrugen einzelnen Angehörigen ihres Ordens die dortige Inquisition.[554]

Wirksame Maßregeln zur Beschränkung der Sekte ergriff seit dem Jahr 1327 der Ban Stephan IV. Er scheint es wenigstens dahin gebracht zu haben, dass die Katharer aus den Städten entwichen und sich in den Gebirgstälern des Landes niederließen. Dort geschah es im Jahr 1367, dass durch ein mit vulkanischen Ausbrüchen verbundenes Erdbeben einige Berge eingeebnet und für den Feldbau geeignet gemacht wurden, was die dortigen Pateriner für eine besondere Wohltat der ihre Lehre begünstigenden Gottheit erklärten, ohne dabei zu bedenken, dass nach ihrem Systeme jenes Phänomen nur die Tat des bösen, ihnen feindlichen Gottes sein konnte.[555]

Nachteilig für die katholische Sache wirkte in Bosnien der Zwist zwischen der lateinischen und der griechischen Kirche. Denn die Großen und Bane, die der griechischen Kirche angehörten, begünstigten nicht selten aus Hass gegen die Lateiner die Pateriner und lähmten alle Anstrengungen der Bischöfe und Minoriten. Namentlich tat dies der mächtige Stephan Tvartko, der sich im Jahr 1376 zum König von Bosnien krönen ließ. Seine Begünstigung und die Unruhen und Bürgerkriege, welche unter und nach ihm das Land in furchtbare Zerrüttung stürzten, gaben den Katharern Gelegenheit, sich wieder in allen Teilen Bosniens einzunisten. Ohne die Standhaftigkeit und aufopfernde Tätigkeit der Minoriten wäre damals wahrscheinlich die katholische Religion dort zugrunde gegangen. Die

---

552 Farlati IV, 53. Fejer IV, I, 400. Katona VI, 80.

553 Fejer IV, I, 461.

554 Fejer VIII, I, 136; VIII, II, 632.

555 Sunt ibi positae et situatae multae villae, et ibi manent Patareni Bosnensium, qui dicuntur Manazei (Manichaei?), et ipsi dicunt quod Deus cremavit et combussit illos montes ad utilitatem ipsorum, quia Deus diligit fidem ipsorum. Anonymus Cicutheanus bei Farlati IV, 61.

Päpste wussten dies auch, und Gregorius XI. sprach es in einem an diese Brüder gerichteten Schreiben, in welchem er zugleich den Zustand der dortigen Kirche schildert, ausdrücklich aus: in Bosnien, sagt er, seien, mit Ausnahme der von den Minoriten Bekehrten, fast alle Einwohner vom Glauben abgefallen; es seien dort weder Pfarrkirchen noch Seelsorger, und auf den Brüdern laste daher das ganze Geschäft der Lehre und der Ausspendung der Sakramente.[556]

Nach der Angabe eines Neueren[557] kamen im Jahr 1433 vier bosnische Bischöfe, Diel, Goss, Storoz und Strinich, nach Basel zum Konzil. Sie wurden aber hier, weil sie Pateriner waren und dieser Lehre nicht entsagen wollten, zurückgewiesen. Damals wurden die Versuche des vom Papste gesandten berühmten Minoriten Jakob Piceno, die Katharer zu bekehren, durch die entgegengesetzten Maßregeln des der Sekte günstigen Königs Tvartko III. großenteils vereitelt. Wie groß die Macht dieser Katharer in Bosnien war, zeigte sich, als sie nach Tvartkos Tode im Jahr 1443 dem Stephan Thomasch, enem Glaubensbruder, die Königswürde verschafften. Doch trat der neue König schon im folgenden Jahr zur katholischen Kirche über und ließ sich von dem päpstlichen Legaten Thomasini taufen. Zwar verwehrten ihm die Minoriten auch nach seiner Taufe, wegen seines fortgesetzten vertrauten Verkehrs mit den Paterinern, den Zutritt zu den Sakramenten; aber Papst Eugenius IV. beauftragte den Legaten, er solle sich vergewissern, ob nicht der König etwa bloß aus Notwendigkeit mit den Häretikern umgehe und ob die Ehrerbietung, welche er den Häuptern der manichäischen Sekte erweise, die religiöse Verehrung oder bloß eine bürgerliche Ehrenbezeigung sei. In diesem Falle solle er die Minoriten anweisen, dem König die Sakramente zu gewähren. In der Tat muss er sich ernstlich von den Katharern losgesagt haben; denn im Jahr 1446 hielt er einen Reichstag zu Kopniza, auf welchem beschlossen wurde, dass die Manichäer weder neue Tempel bauen noch die alten verfallenen wiederherstellen sollten. Dies zeigt, dass die Katharer entgegen ihre sonstige Sitte (s. Kap. XIII.) in Bosnien eigene gottesdienstliche Gebäude hatten.[558]

Durch die furchtbare Nähe der Türken und die Verbindungen, welche die Katharer mit ihnen unterhielten, wurde diese Sekte dem Lande immer gefährlicher. Der neue König Stephan Thomascheviech führte endlich im Jahr 1459 einen Hauptschlag gegen sie, indem er ihnen nur die Wahl zwischen dem Übertritt zur katholischen Kirche und der Auswanderung ließ. Hierauf bekehrten sich ca. zweitausend Katharer zum Schein, während es an die vierzigtausend vorzogen, Bosnien zu verlassen, und bei dem ihrer Lehre zugeneigten Stephan, Fürsten der Herzegowina, Aufnahme fanden. Drei bosnische Barone, die an der Spitze der Pateriner standen, sandte Thomascheviech gefesselt nach Rom, wo sie den katholischen

[556] Farlati IV, 63. Katona X, 551.

[557] Luccari, Ristretto degli annali di Rausa p. 47.

[558] Assemani V, 81. 84. Farlati IV, 68.

Glauben annahmen; zwei von ihnen blieben ihm auch nach ihrer Heimkehr treu, der dritte aber fiel unterwegs wieder ab.[559]

Nach der Eroberung Bosniens durch die Türken im Jahr 1463 verschwinden die Pateriner dieses Landes aus der Geschichte; aber der zerstörende Einfluss der Irrlehre zeigte sich noch in der Leichtigkeit, mit welcher soviele Bosnier unter türkischem Joche den Islam annahmen.[560]

Über die Verhältnisse und Schicksale der Katharer in *Bulgarien* haben wir nur wenige Nachrichten. Der Car Boril (Burus), der von 1207-1218 regierte, ließ die hervorragendsten Anhänger der Irrlehre einfangen und versammelte 1211 eine Synode in Tarnov, welche die Ketzerei feierlich verdammte, worauf einige der Gefangenen abschworen, die Hartnäckigen aber verbannt wurden.[561] Der folgende Herrscher, Johann Asen II. (1218-1241) gewährte ihnen Duldung, so dass, wie der Papst in einem Schreiben an den König von Ungarn klagt, sein ganzes Reich von ihnen angesteckt wurde.[562]

Im Anfang des 14. Jahrhunderts wirkten unter anderen zwei aus dem Athoskloster ausgestoßene Mönche, Lazarus und Cyrillus, für die Verbreitung der Irrlehre. Zwei in den Jahren 1316 und 1325 zu Tarnov gehaltene Synoden verdammten dieselbe. Lazarus schwor ab, aber Cyrillus und sein Schüler Stephanus blieben hartnäckig und wurden mit glühendem Eisen im Gesicht gebrandmarkt und des Landes verwiesen. Um die Bekämpfung der Ketzerei machte sich damals der Mönch Theodosius von Tarnov verdient.[563]

Im Jahr 1365 eroberte der König Ludwig von Ungarn einen Teil von Bulgarien. Er verlangte in Rom, man solle ihm 2.000 Mönche schicken, um das ganze Gebiet zur katholischen Kirche zu bekehren. Es kamen aber nur acht bosnische Minoriten.[564] Der Provinzial Markus von Viterbo berichtet in einem Schreiben aus dem Jahr 1366, seine Ordensbrüder hätten in fünfzig Tagen mehr als 200.000 Menschen getauft und die Pateriner und Manichäer zeigten sich zum Empfang der Taufe mehr als sonst üblich bereit.[565] Reste der Sekte erhielten sich in einigen Gegenden noch Jahrhunderte lang; die in Nikopolis und den umliegenden Dörfern wohnenden wurden um 1650 von Philipp Stanislavov, Bischof von Groß-Bulgarien, bekehrt.[566]

---

559 Farlati IV, 73.

560 C. J. Jirecek, Gesch. der Bulgaren, Prag 1876, S. 367. Nach S. 396 gab es noch 1870 in Bosnien Christen, welche weder Minoriten noch Popen bei sich duldeten und sich selbst nach alten Traditionen, die ein Ältester dem andern überlieferte, verwalteten.

561 Jirecek a. a. O. S. 245. Jirecek nennt diese, aber auch die späteren Häretiker, Bogomilen.

562 Jirecek S. 258.

563 Jirecek S. 310. 314. Revue des qu. hist. 1870, 8, 516.

564 Jirecek S. 327.

565 Fejer IX, III, 603.

566 Jirecek 8. 464.

In *Serbien* wurde die katharische Ketzerei schon gegen Ende des 12. Jahrhunderts ausgerottet. Der damalige Beherrscher des Landes, Stephan Nemania, ließ eine Synode gegen sie halten, ihre Bücher verbrennen, einem ihrer Häupter die Zunge ausschneiden, ein anderes verbrennen, ihre Anhänger verbannen und ihre Güter unter die Rechtgläubigen verteilen.[567]
In *Dalmatien* fand die Sekte von Bosnien aus Eingang. Zwei Brüder, Matthäus und Aristodus, welche aus Apulien stammten und aufgrund ihres Gewerbes als Maler und Goldschmiede häufig nach Bosnien kamen, hatten sich hier mit der Lehre der Katharer vertraut gemacht, sie dann in Spalatro ausgebreitet. Nach vergeblichen Bekehrungsversuchen belegte sie der Erzbischof Bernard mit dem Kirchenbann und ließ sie durch die weltliche Obrigkeit mit Einziehung ihrer Güter aus der Stadt vertreiben. Darauf bequemten sie sich endlich zu einer öffentlichen Abschwörung ihrer Irrtümer. Diejenigen Katharer, welche dem Beispiel der beiden Brüder nicht folgten, zogen, da man sie in Dalmatien nicht duldete, nach Bosnien, wo sie der Ban Kulin bereitwillig aufnahm.[568]

---

567 Revue des qu. hist. p. 504.
568 Archidiaconus Thomas bei Farlati III, 232.

ANHANG: DIE ORIGINALLITERATUR DER KATHARER

Vorbemerkung

Es gibt nur sehr wenige Selbstzeugnisse der Katharer. Schon im 19. Jh. war ein katharisches Ritual in altprovenzialischer Sprache bekannt, das von Cunitz 1852 veröffentlicht wurde. (E. Cunitz, Ein katharisches Ritrual, Jena 1852). Unter den „Dokumenten“ im 2. Band veröfffentlichte Döllinger die „Interrogatio Johannis oder das Geheime Abendmahl“, einer Schrift, die vermutlich aus dem östlichen Katharertum der Bogomilen stammt. (s. Le Livre Secret des cathares: interrogatio Johannis apocryphe d'origine bogomile, Hrsg. E. Bozoky, Paris 1980). Seit 1939 wurden von A. Dondaine weitere Originalschriften der Katharer entdeckt: Liber de duobus principiis u. a kleine Texte bzw. Fragmente wie ein latinisches Ritual. A. Borst, der diese Schrift untersucht hat, kommt zu dem Ergebnis, dass der Inhalt enttäuschend ist („unklar, abgeschrieben und längst aus anderen Schriften bekannt“).

Das in altprovenzalischer Sprache verfasste Ritual, das vermutlich zwischen 1240-1280 in Carcassonne entstand, ist ein eindrucksvolles Zeugnis von dem südfranzösischen Katharertum. Döllinger[569] betrachtete dieses Ritual sehr skeptisch und meinte, es sage sehr wenig über die Lehre und Gebräuche der Katharer aus. Diese Auffassung wird heute einhellig in der Forschung nicht mehr vertreten (s. Borst S. 32 u. S 185; Lambert S. 81). Die zentrale religiöse Handlung der Katharer, das Consolamentum („die Tröstung“) für Gesunde und Kranke wird in einer einfachen Sprache mit vielen Einzelheiten geschildert.

Ein katharisches Messritual

Dieses Ritual kann in sechs Abschnitte eingeteilt werden:

1. Allgemeine Gebete (in Latein).
2. Das „Servitium“: Das Beichtritual der Katharer.In Altprovenzialisch wie der folgende Text des Rituals.
3. Die Aufnahme eines Neubekehrten in den Kreis der Credentes (Gläubigen). Die Übergabe des Evangelienbuches.
4. Das Consolamentum. Weihe eines Gläubigen zum Perfectus (Vollkommenen).
5. Regeln für das Gebet.
6. Das Consolamentum für Kranke.

[569] Siehe Fußnote 447.

Erklärung einiger häufig vorkommender Wörter

Buch:	Evangelium.
Christen:	Meistens im Sinn von wahre Christen, also die Perfekti: die Vollkommenen, die das Consolamentum schon empfangen haben.
Evangelium:	Evangelium des Johannis und zwar der Prolog 1,1- 17.
Das Gebet:	Vaterunser.
Gläubige:	Credentes. Sowohl einfache Neubekehrte als auch Gläubige im engeren Sinn, die nämlich schon das Gebet empfangen haben.
Gute Leute:	Katharer.
Das „Sechsfache“:	Altprov. Sezena; vermutlich das sechsfache(!) Vaterunser.
Tröstung:	Consolamentum.
Das Vaterunser:	Das einfache (altprov. Sembla) wurde 8-mal oder als das „Zweifache“ (altprov. Dobla) 16-mal gesprochen.
Das „ Zweifache“:	S. Vaterunser.

1.

Segnet uns! Vergebt uns! Amen!
Uns geschehe nach deinem Wort!
Der Vater und der Sohn und der Hl. Geist soll euch eure Sünden vergeben!
Lasst uns den Vater und den Sohn und den Hl. Geist anbeten: (dreimal).
„Vater unser, der du bist im Himmel.
Befreie uns von dem Übel! Dein nämlich ist das Reich, die Kraft und der Ruhm! Amen!“
Lasst uns den Vater und den Sohn und den Hl. Geist anbeten: (dreimal).
„Die Gnade unseres Herrn Jesus Christus sei mit uns allen!“
Segnet uns und vergebt uns gemäß deinem Wort! Der Vater und der Sohn und der Hl. Geist sollen euch eure Sünden vergeben!“
Am Anfang war das Wort. Aus seiner Fülle empfangen wir alle Gnade für Gnade, weil das von Moses gegebene Gesetz Gnade ist und die Wahrheit von Jesus Christus erschaffen wurde.

2.

Wir sind gekommen vor Gott und vor euch und vor die Ordnung der Hl. Kirche, um Dienst und Vergebung und Buße für alle Sünden zu empfangen, die wir mit Worten, Gedanken und Werken von unserer Geburt bis zum Ende begangen haben. Nun erflehen wir Gnade von Gott und von euch, damit ihr für uns den Vater, den Herrn der Gnade bittet, dass er uns vergebe.

Lasset uns Gott anbeten und all unsere Sünden bekennen und unsere vielen schweren Vergehen gegenüber dem Vater und den Sohn und den verehrten Hl. Geist und die verehrten Hl. Evangelien und die verehrten Hl. Aposteln. Durch das Gebet und den Glauben und die Erlösung all der ruhmwürdigen Christen und der seligen, schlafenden Vorväter und Brüder, welche ringsum stehen, und vor euch, Oh Herr, bitten wir: „Vergebt uns alle Sünden!" Segnet uns! Vergebt uns!
Denn zahlreich sind unsere Sünden, durch welche wir heute Nacht, am heutigen Tag, bei Nacht und bei Tag, in Worten und Werken, nach Überlegung mit Willen und ohne Willen. Mehr haben wir gesündigt durch unseren Willen, den uns die bösen Geister in dem Fleisch eingeben, das uns umgibt. Segnet uns! Vergebt uns!
Es geschehe so, wie das Hl. Wort Gottes uns lehrt und die Hl. Aposteln und unsere geistlichen Brüder uns verkünden, dass wir alle Begierden des Fleisches ablegen und alle Befleckungen und den Willen des vollkommenen Gottes vollenden. Aber dazu dienen nicht träge Menschen.Wir erfüllen nicht einmal den Willen Gottes, wie es sich geziemt! Denn öfters erfüllen wir die Gelüste des Fleisches in unseren irdischen Sorgen und schaden so unseren Geistern. Segnet uns! Vergebt uns unsere Sünden!
Mit den weltlichen Menschen gehen wir, mit ihnen sind wir zusammen und reden und essen und in vielen Dingen sündigen wir, so dass wir unseren Brüdern und unseren Geistern schaden.
Durch unsere Zunge fallen wir in eitle Worte, nutzlose Reden, in Lachen, Spöttereien und Bosheiten und fügen unseren Brüdern und Schwestern Betrübnis zu; Gewohnheiten, die wir nicht würdig sind zu richten und vor allem auch nicht die Übertretungen der Brüder und Schwester zu verdammen. Unter den Christen sind wir Sünder. Segnet uns! Vergebt uns unsere Sünden!
Den Dienst, den wir empfingen bewahrten wir nicht so, wie es sich geziemen würde. Was das Fasten und das Gebet anbelangt, übertreten wir die Tage und verfälschen die Stunden. Wenn wir mit dem heiligen Gebet beschäftigt sind, wendet sich unser Sinn auf die fleischlichen Gelüste, den Sorgen dieser Welt. In dieser Stunde wissen wir kaum, was wir dem Vater der Gerechten darbringen. Segnet uns! Vergebt uns unsere Sünden!
Oh du heiliger und guter Herr all dieser Dinge, die uns, unserem Sinn und Denken, zustoßen, offenbaren wir dir Heiliger Herr und die ganze Menge der Sünden legen wir auf deine Barmherzigkeit und auf das heilige Gebet und auf das heilige Evangelium; denn vielfach sind unsere Sünden! Segnet uns! Vergebt uns unsere Sünden!
Oh Herr richte uns, verdamme die Laster des Fleisches habe nicht erbarmen mit dem Fleisch, das aus dem Verderben geboren ist, aber habe Erbarmen mit dem Geist, der im Gefängnis gelegt ist. Gib uns Tage und Stunden und Kniebeugen und Fasten und Gebete und Predigten, sowie es die Gewohnheit guter Christen ist, damit wir nicht gerichtet oder gar verdammt werden am Tag des Gerichtes wie die Verräter.

3.

Wenn ein Gläubiger sich im Fasten befindet und die Christen einhellig der Meinung sind, dass sie ihm das Gebet überliefern sollen, so sollen sie sich die Hände waschen, und die Gläubigen, wenn solche anwesend sind, ebenfalls. Und sodann mache der erste der guten Christen, der neben dem Ältesten steht, vor dem Ältesten drei Verbeugungen, dann stelle er ein Pult hin, mache nochmals drei Verbeugungen vor dem Ältesten, lege ein Tuch auf den Pult, mache wieder drei Verbeugungen vor dem Ältesten, und lege das heilige Buch auf die Decke. Dann spreche er: „Segnet uns! Verzeiht uns unsere Sünden!"

Und sodann mache der Gläubige seinen Gruß und nehme das Buch aus der Hand des Ältesten. Und der Älteste soll ihn ermahnen und predigen mit passenden Zeugnissen. Und wenn der Gläubige einen neuen Namen (meistens ein biblischer Name, Hrsg.) angenommen hat, soll jener so sprechen:

„Im Folgenden sollt ihr vernehmen, dass ihr, wenn ihr vor der Kirche Christi seid, gleichsam vor dem Vater und dem Sohn und dem Hl. Geist seid. Denn die Kirche wird Versammlung genannt und da, wo die wahren Christen sind, da ist auch der Vater und der Sohn und der Hl. Geist.Dies beweisen wir mit den göttlichen Schriften: Denn Christus sagt im Evangelium des Hl. Matthäus: „An welchem Ort zwei oder drei versammelt sind in meinem Namen, da bin ich mitten unter ihnen." (N.T. Matth.18,20).

Und in dem Evangelium des Hl. Johannes sagt er: „Wenn jemand mich lieben wird, so wird er mein Wort halten und mein Vater wird ihn lieben und wir werden zu ihm kommen und bei ihm wohnen." (N.T. Joh.14,23).

Und der Hl. Paulus sagt in dem 2. Brief an die Korinther: „Ihr seid Tempel des lebendigen Gottes, also wie Gott durch Jesaia sagt: „Ja, ich werde bei ihnen sein, und ich werde gehen und und werde ihr Gott sein, und sie werden meine Völker sein. Deshalb geht aus ihrer Mitte heraus und seid geschieden! Dies spricht der Herr. Die unreine Sache sollt ihr nicht anrühren und ich werde euch aufnehmen, und werde für euch ein Vater sein und ihr werdet für mich Söhne und Töchter sein. Dies spricht der Herr, Gott der Allmächtige." (N.T. 2 Kor. 6,16-18).

Und an einer anderen Stelle sagt er: „Oh, suchet die Hoffnung Christi, der in mir spricht." (N.T. 2 Kor. 13,3).

Und im 1. Brief an Timotheus sagt er: „Diese Dinge schreibe ich dir, weil ich hoffe, dass ich schnell zu dir kommen werde. Aber wenn ich mich verspäten sollte, damit du weißt, auf welche Weise es sich geziemt in dem Haus Gottes zu wandeln, welches die Kirche des lebendigen Gottes ist, eine Säule und Grundfeste der Wahrheit." (N.T. 1. Tim. 3,14-15).

Und derselbe sagt zu den Hebräern: „Aber Christus ist wie ein Sohn in seinem Haus, und dieses sind wir."(N.T. Hebr. 3,6).

Nun soll der Geist Gottes mit den Getreuen Jesu Christi sein. So wie es Christus darlegt im Evangelium des Hl. Johannes: „Wenn ihr mich liebt, so haltet ihr meine Gebote. Und ich werde den Vater bitten. Und er wird euch einen anderen Tröster geben, damit er bei euch bleibt in Ewigkeit, nämlich einen Geist der Wahrheit, den die Welt nicht empfangen kann, da sie ihn weder sieht noch kennt. Aber ihr werdet ihn kennen, denn er wird mit euch bleiben und mit euch sein. Nicht werde ich euch als Waise zurücklassen. Ich werde zu euch kommen." (N.T. Joh. 14,15-18).

Und im Evangelium des Hl. Matthäus sagt er: „Seht, ich bin mit euch durch alle Tage hindurch bis zum Ende der Welt." (N.T. Matth. 28,20).

Und der Hl. Paulus sagt im 1. Brief an die Korinther: „Wisst ihr nicht, dass ihr nicht Gottes, des Lebendigen, Tempel seid und der Geist Gottes befindet sich in euch? Aber wenn jemand den Tempel Gottes verderben wird, so wird Gott ihn vernichten. Nun aber ist der Tempel Gottes heilig, der ihr seid." (N.T. 1 Kor. 3,16-17).

So beweist dies Christus in dem Evenagelium des Hl. Matthäus: Ihr seid es nicht, die ihr da redet, sondern der Geist eures Vaters ist es, der in euch redet!" (N.T. Matth. 10,20).

Und der Hl. Johannes sagt in dem 1. Brief: „In diesem erkennen wir, dass wir in ihm sind und er in uns, dass er uns von seinem Geist gab." (1 Joh. 4,13)

Und der Hl. Paulus sagt zu den Galatern: „Da ihr nun Kinder Gottes seid, hat Gott den Geist seines Sohns in euer Herz gesandt, der ruft: „Vater, Vater!"

Wodurch zu verstehen ist, dass euer Erscheinen, das vor den Söhnen Jesu Christi geschah, den Glauben bestätigt und die Predigt der Kirche Gottes, wie dies die Heiligen Schriften offenbaren.

Denn das Volk Gottes trennte sich einst von seinem Herrn, Gott und trennte sich vom Rat und von dem Willen seines Hl. Vaters durch die Täuschung und Unterjochung der bösen Geister. Und durch diese Gründe und durch viele andere kann man erkennen: Nun will der Hl. Vater Gnade üben mit seinem Volk und es in Frieden aufnehmen und Eintracht, da sein Sohn Jesu Christus zu diesem Zweck erschienen ist.

Nun seid ihr hier vor den Jüngern Jesu Christi, wo der Vater und der Sohn und der Hl. Geist unsichtbar wohnen. Dies ist schon bewiesen worden. Ihr sollt den Hl. Geist empfangen, den Jesus Christus seinen Jüngern gab, damit eure Gebete und Bitten erhört werden von unserem Hl. Vater.

Aus diesem Grund sollt ihr wissen, wenn ihr dieses Hl. Gebet empfangen wollt, dass es sich gebührt all eure Sünden zu bereuen, und allen Menschen zu vergeben. Denn unser Herr Jesus Christus sagt: „Wenn ihr den Menschen nicht ihre Sünden vergeben werdet, so wird euch auch nicht euer himmlischer Vater eure Sünden vergeben." (N.T. Matth. 11,26).

Wiederum geziemt es sich, dass ihr euch vornehmt, in eurem Herzen dieses Hl. Gebet zu bewahren, solange ihr lebt. Wenn Gott euch die Gnade gibt, es gemäß der Gewohnheit der Kirche zu empfangen, so müsst ihr es mit Keuschheit und mit

Wahrheit und mit allen anderen Tugenden bewahren, die Gott euch wird geben wollen.
Deshalb wollen wir den guten Herrn bitten, der den Jüngern Jesu Christi die Kraft gab, dieses Hl. Gebet mit Festigkeit zu empfangen,dass er auch euch diese Gnade gebe, es mit Festigkeit zu empfangen und zwar zu seiner Ehre und eurem Heil! Vergebt uns unsere Sünden!"
Sodann sagt der Älteste dem Gläubigen das Gebet, welches er nachspricht.
Danach sagt der Älteste: „Dieses Hl. Gebet überliefern wir euch, damit ihr es empfangt von Gott und von uns und von der Kirche und damit ihr die Macht habt, es zu sprechen zeitlebens am Tag und in der Nacht, allein und in der Gemeinschaft, und damit ihr niemals weder esst oder trinkt, bevor ihr nicht dieses Gebet gesprochen habt. Wenn ihr dies unterlasst, so wird es nötig sein, dass ihr dafür Buße verrichtet."
Und der Gläubige soll sagen: „Ich empfange es von Gott und von euch und von der Kirche." Sodann mache er seinen Gruß und sage Dank.
Sodann sollen die Christen das „Zweifache" sprechen, wobei sie sich verbeugen. Dies macht danach ebenfalls der Gläubige.

4.

Und wenn der Gläubige getröstet zu werden verlangt, so mache er einen Gruß und nehme das Buch aus der Hand des Ältesten.
Und der Älteste soll ihn ermahnen und mit passenden Zeugnissen predigen und mit solchen Worten, wie sie zur Tröstung passen.
Und so soll er sprechen: Nachher wollt ihr die geistliche Taufe empfangen, wordurch der Hl. Geist in der Kirche Gottes mit dem Hl. Gebet gegeben und dem Auflegen der Hände der guten Leute wird. Von dieser Taufe spricht unser Herr Jesu Christus in dem Evangelium des Hl. Matthäus zu den Jüngern: „Geht und lehrt alle Völker und tauft sie im Namen des Vaters, des Sohnes und des Hl. Geistes und lehrt sie alle Dinge einzuhalten, die ich euch befohlen habe. Und siehe ich bin mit euch alle Tage bis zum Ende der Welt!" (N.T. Matth. 28,19-20).
Und in dem Evangelium des Hl. Markus sagt er: „Geht in alle Welt und predigt das Evangelium allen Menschen. Wer glauben und getauft werden wird, der wird selig werden. Aber wer nicht wird glauben, der wird verdammt werden." (N.T. Mark.16,15).
Und im Evangelium des Hl. Johannes sagt er zu Nikodemus: „Wahrlich, wahrlich ich sage dir, das niemand in das Reich Gottes eingehen wird, wenn er nicht wiedergboren sein wird aus Wasser und aus dem Hl. Geist (N.T. Joh. 3,5).
Und Johannes der Täufer sprach von dieser Taufe, wenn er sagt: „Ich taufe euch mit Wasser. Aber derjenige, welcher nach mir kommen soll, ist stärker als ich. Ich bin nicht würdig die Riemen seiner Schuhe zu binden. Er wird euch mit dem Hl. Geist und mit Feuer taufen!" (N.T. Matth. 3,11; Joh.1,26-27).

Und Jesus Christus sagt in der Apostelgeschichte: „Nun wahrlich Johannes taufte mit Wasser, aber ihr werdet mit dem Hl. Geist getauft werden." (N.T. Apg. 1,5).
Diese Hl. Taufe der Auflegung der Hände setzte Christus nach dem Bericht des Lukas ein und sagte, dass seine Freunde sie ausüben würden, wie Markus berichtet: „Auf die Kranken werden sie die Hände legen und sie werden gesund werden. (N.T. Mark. 16,18) Und Ananias vollzog diese Taufe an Paulus, als er bekehrt wurde. (N.T. Apg. 9,17-19) Und danach taten Paulus und Barnabas dasselbe an vielen Orten. Und der Hl. Petrus und der Hl. Johannes vollzogen sie an den Samaritern. Denn dies berichtet Lukas in der Apostelgeschichte: Nun hatten die Apostel, die in Jerusalem waren, gehört, dass Samaria[570] das Wort Gottes annahm. Da sandten sie zu ihnen Petrus und Johannes. Als sie zu ihnen gekommen waren, beteten sie für die Samariter, damit sie den Hl. Geist empfingen. Denn er war noch auf keinen von ihnen herabgekommen. Alsdann legten sie die Hände auf sie und sie empfingen den Hl. Geist. (N.T. Apg. 8,11-17).
Diese Hl. Taufe, durch die der Hl. Geist gegeben wird, hat die Kirche Gottes von den Aposteln bis heute erhalten. Und sie ist von guten Leuten zu guten Leuten gekommen bis heute, und dies wird geschehen bis zum Ende der Welt.
Und ihr sollt lernen, dass der Kirche Gottes die Macht gegeben ist, zu binden und zu lösen und die Sünden zu vergeben und zu behalten. Sowie Christus im Evangelium des Hl. Johannes sagt: „Sowie der Vater mich sandte, so sende ich euch." Als er diese Worte gesagt hatte, blies er sie an und sagte zu ihnen: „Empfangt den Hl. Geist!" Welchen ihr die Sünden verzeihen werdet, denen sind sie verziehen und welche die Sünden behalten sollen, die werden sie behalten!"(N.T. Joh. 20,21).
Und im Evangelium des Hl. Matthäus sagt er zu Simon Petrus: „Ich sage dir, dass du Petrus bist und auf diesem Felsen werde ich meine Kirche bauen und die Pforten der Hölle werden keine Gewalt haben gegen sie. Und ich werde dir die Schlüssel zum Himmelreich geben. Was du binden wirst auf Erden, das wird im Himmel gebunden sein, und was du lösen wirst auf Erden, das wird im Himmel gelöst sein." (N.T. Matth. 16,18).
Und an einer anderen Stelle sagt er zu seinen Jüngern: „Wahrlich ich sage euch, was ihr auf Erden binden werdet, das wird auch im Himmel gebunden sein und was ihr auf Erden lösen werdet, das wird auch im Himmel gelöst sein. Wahrlich ich sage euch wiederum: „Wenn zwei von euch miteinander auf Erden einmütig sein werden über alles, was sie erbitten, das soll ihnen gegeben werden von meinem Vater, der im Himmel ist. Denn wo zwei oder drei in meinem Namen versammelt sind, da bin ich mitten unter ihnen." (N.T. Matth. 18,18-20).

[570] Samaria (hebr. Shomron) war die Hauptstadt des Königreiches Israel seit etwa 876 v. Chr. Sie liegt in Zentralpalästina, nicht weit von der modernen Stadt Nablus, dem antiken Sichem, auf einem etwa 90 m hohen Hügel.

An einer anderen Stelle sagt er: „Heilt die Kranken, weckt die Toten auf, reinigt die Aussätzigen und treibt die Teufel aus!“ (N.T. Matth. 10,8).
Und im Evangelium des Hl. Johannes sagt er: „Wer an mich glaubt, der wird die Werke tun, die ich tue.“ (N.T. Joh. 14,12).
Und im Evangelium des Hl. Markus sagt er: „Aber denjenigen, die glauben, denen folgen die Zeichen. In meinem Namen werden sie Teufel austreiben, werden mit neuen Zungen reden, werden Schlangen vertreiben und wenn sie etwas Tödliches trinken, wird es ihnen nicht schaden. Auf die Kranken werden sie die Hände legen und sie werden gesund werden.“ (N.T. Mark. 16,17-18).
Und im Evangelium des Hl. Lukas sagt er: „Siehe ich gebe euch die Macht, auf Schlangen und Skorpionen zu treten und über alle Gewalt des Feindes, und nichts wird euch schaden.“ (Luk. 10,19).
Und wenn ihr diese Macht und diese Gewalt empfangen wollt, so müsst ihr alle Gebote Christi und des Neuen Testamentes einhalten. So werdet ihr Macht haben. Und ihr sollt wissen, dass er befohlen hat, dass der Mensch nicht ehebrechen, nicht töten, nicht lügen, nicht einen Eid schwören, nicht stehlen, nicht rauben und nicht anderen das antun soll, was er nicht will, das es ihm selbst angetan wird, und dass der Mensch dem verzeihen soll, der ihm Böses tut und dass der Mensch seine Feinde liebe und dass der Mensch bete und segne seine Verfolger und seine Ankläger. Wenn ihm jemand auf eine Wange schlägt, soll er die andere hinhalten und wenn ihm jemand den Rock wegnehmen will, soll er ihm den Mantel lassen. Der Mensch soll nicht richten und verdammen. Und er soll alle anderen Gebote, die von dem Herrn seiner Kirche vorgeschrieben wurden, beachten. Ebenso ist es für euch Pflicht, dass ihr die Welt hasst, ihre Werke und die Dinge, die von ihr sind.
Denn der Hl. Johannes sagt in seinem 1. Brief: „Oh ihr Vielgeliebten, liebt nicht die Welt und die Dinge, die in ihr sind. Wenn jemand die Welt lieb hat, so ist die Liebe des Vaters nicht in ihm. Nun ist alles, was in der Welt ist, Lust des Fleisches und Lust der Augen und Hochmut des Lebens, was nicht vom Vater ist, sondern von der Welt, und die Welt wird vergehen und auch ihre Lust. Aber wer den Willen Gottes tut, der bleibt in Ewigkeit.“ (N.T. 1 Joh. 2,15-17).
Und Christus sagt zu den Menschen: „Die Welt kann euch nicht hassen, aber mich hasst sie, denn ich gebe Zeugnis von ihr, dass ihre Werke böse sind.“(N.T. Joh. 7,7).
Und in dem Buch Salomos steht geschrieben: Ich sah alle die Dinge, die unter der Sonne geschehen, und siehe, alle sind Eitelkeiten und Qualen des Geistes.“ (A.T. Predig. 1,14).
Und Judas Jakobi sagt, um uns zu unterrichten, in seinem Brief: „Hasst diesen befleckten Rock, der fleischlich ist!“ (N.T. Jud. 23).
Und infolge dieser Zeugnisse und noch vieler anderer geziemt es sich, dass ihr die Gebote Gottes einhaltet und diese Welt hasst. Und wenn ihr dieses richtig so bis

zum Ende macht, haben wir die Hoffnung, dass eure Seele ein ewiges Leben haben wird.
Und er soll sprechen: „Ich habe den Willen dazu! Bittet Gott für mich, dass er mir dazu seine Kraft gibt!“
Und sodann macht der erste der guten Leute seine Verbeugung mit dem Ältesten und sagt: Verzeiht uns! Gute Christen wir bitten euch um der Liebe Gottes willen, dass ihr diesem unseren Freund von jenem Gut gebt, das Gott euch gegeben hat.“
Sodann mache der Gläubige seine Verbeugung und sage: „Verzeiht uns! Zur Vergebung aller Sünden, die ich jemals getan, gesprochen, gedacht und ausgeführt habe, komme ich zu Gott und der Kirche und zu euch allen!“
Und die Christen sollen sprechen: „Von Gott, von uns und von der Kirche seien sie euch vergeben und wir bitten Gott, dass er sie euch vergebe.“
Und sodann sollen sie ihn trösten: Der Älteste nehme das Buch und lege es ihm auf das Haupt und die anderen guten Leute ein jeder seine rechte Hand. Sie sollen das „Verzeiht uns!“ und dreimal das „Lasst uns beten“ sprechen Und sodann: „Heiliger Vater, nimm deinen Knecht in deine Gerechtigkeit auf und schenke ihm deine Gnade und sende deinen Hl. Geist über ihn!“
Und sie sollen zu Gott mit dem Vaterunser und derjenige, welcher das Amt innehat, soll das „Sechsfache“ und wenn es gebetet wurde, soll er dreimal „Lasst uns anbeten“ sprechen und das Vaterunser einmal leise und sodann das Evangelium des Johannes, und wenn das Evangelium gesprochen worden ist, soll er noch dreimal „Lasst uns anbeten“ sprechen und „ die Gnade des Herrn“ und „ Vergebt uns“. Sodann sollen sie den Friedenskuss untereinander geben und küssen das Buch. Wenn männliche Gläubige anwesend sind, sollen sie sich den Friedenskuss geben; ebenso sollen sich die anwesenden weiblichen Gläubigen untereinander den Friedenskuss geben und das Buch küssen. Und sodann sollen sie zu Gott mit dem „Zweifachen“ und mit Verbeugungen beten.

5.

Der Auftrag, das „Zweifache“ zu beten und das Vaterunser zu sagen soll nicht von einem weltlichen Menschen überbracht werden.
Wenn Christen an einen Ort der Gefahr gehen, sollen sie zu Gott das Gebet „Gnade Gottes“ sprechen. Und wenn einer reitet, so bete er das „ Zweifache“. Das Vaterunser soll er vor dem Hineingehen in einem Meierhof oder vor dem Übergang über einen Steg oder Brücke, die gefährlich sind, sprechen. Wenn er einen Menschen findet, mit dem es sich für ihn ziemt, nichts zu sprechen, so sollen sie miteinander zu Gott beten. Acht Gebete können als ein Vaterunser (altprov. Sembla, Hrsg.) genommen werden und sechzehn Gebete für ein „zweifaches“ Vaterunser (altprov. Dobla, Hrsg.).
Wenn sie unterwegs Gegenstände finden, so sollen sie diese nicht anrühren, wenn sie nicht wissen, wie sie sie zurückgeben können. Wenn sie sehen, dass Leute

unmittelbar vorübergegangen sind, denen sie die Gegenstände geben könnten, so müssen sie sie nehmen und zurückgeben, wenn sie es können. Wenn sie dies nicht können, so müssen sie die Gegenstände an jenen Ort zurückbringen.
Wenn sie ein gefangenes Tier oder einen gefangenen Vogel gefunden haben, so sollen sie sich nicht entgegenstellen (d. h. nichts unternehmen, Hrsg).
Und wenn ein Christ bei Tag trinken will, so soll er zweimal zu Gott gebeten haben oder mehr nach dem Essen. Und wenn sie in der Nacht nach dem „Zweifachen" trinken wollen, dann müssen sie noch einmal das „Zweifache" beten. Wenn Ungläubige anwesend waren, als sie das Vaterunser zum Trinken sprechen wollten und wenn ein Christ mit Christinnen zu Gott betet, so spreche er gleichfalls das Gebet. Und wenn ein Gläubiger, dem das Vaterunser mitgeteilt wurde, mit Christinnen zusammen war, dann soll er an einen passenden Ort gehen und sein Gebet sprechen.

6.

Wenn Christen, denen der Dienst von der Kirche aufgetragen wurde, von einem kranken Gläubigen gerufen werden, so sollen sie hingehen und ihn im Geheimen fragen, wie er sich gegenüber der Kirche verhalten hat, seitdem er den Glauben empfing, und ober nichts schuldig ist oder angeklagt wurde. Wenn er etwas schuldet und es bezahlen kann, so soll er es tun. Wenn er es nicht tun will, so soll er nicht aufgenommen werden (d. h. das Consolamentum empfangen, Hrsg). Denn wer zu Gott betet, kann für einen hinterlistigen und unredlichen Menschen dieses Gebet nicht verrichten. Doch wenn derselbe nicht zahlen kann, soll er nicht ausgeschlossen werden.
Die Christen sollen ihm das Fasten und die Gebräuche der Kirche zeigen. Sodann sollen sie ihn fragen, ob er aufgenommen war (d. h. das Consolamentum empfangen hatte. Hrsg.) und den Willen habe, das Gelübde einzuhalten. Wenn nicht, so soll er es bekräftigen, dass er es nicht mit Gewissheit fühle. Denn der Hl. Johannes sagt, dass ein Teil der Lügner in einem Sumpf von Feuer und Schwefel sein wird. (N.T. Apok. 21,8).
Und wenn er sagt, dass er es wohl fest fühlt, dass er dies alles erdulden kann, und wenn die Christen einverstanden sind, dass sie ihn aufnehmen, so sollen sie ihm das Fasten so auferlegen, indem sie ihn fragen, ob er den Willen habe, nicht zu lügen, zu schwören und die anderen Verbote Gottes zu beachten, die Gebräuche der Kirche einzuhalten und auch die Gebote Gottes; und sein Herz und sein Gut hinzugeben, wie es Vorschrift ist, und auch in der Zukunft dies machen wird, zu Wohlgefallen Gottes und der Kirche und zum Dienst der Christen und Christinnen, alle Zeit nach seinen Kräften.
Und wenn er sagt: „Ja!", dann sollen sie antworten: „Dieses Fasten übertragen wir euch, damit ihr es von Gott annehmt und von uns und von der Kirche. Ihr sollt es

einhalten, solange ihr leben werdet. Wenn ihr es gut einhaltet mit dem anderen, was ihr zu tun habt, dann hoffen wir, dass eure Seele davon Leben erhalten wird."
Und er soll sagen: „Ich nehme es an von Gott, von euch und von der Kirche."
Sodann sollen sie ihn fragen, ob er das Gebet annehmen will. Und wenn er sagt: „Ja!", dann sollen sie ihn mit einem Hemd und Beinkleidern bekleiden, falls er es zulässt. Dann sollen sie ihn aufrichten und sitzenlassen, damit er sich die Hände waschen kann. Danach legen sie eine Decke oder ein anderes Tuch vor ihm auf das Bett. Auf das Tuch sollen sie das Buch legen und einmal „Segnet uns!" und dreimal „Lasst uns anbeten den Vater und den Sohn und den Hl. Geist." Dann soll er das Buch aus der Hand des Ältesten nehmen.
Wenn derjenige, der den Dienst verrichtet, die Hoffnung, dass der Kranke stark genug ist, so soll er ihn ermahnen und predigen mit passenden Zeugnissen.
Sodann sollen sie ihn fragen nach der Übereinkunft, ob er sie mit ganzen Herzen beachten und halten will, so wie er zugestimmt hat. Und wenn er sagt: „Ja!", so soll er dies bestätigen.
Dann übergeben sie ihm das Gebet und er soll es nachsprechen.
Danach sage der Älteste zu ihm: „Dies ist das Gebet, das Jesus Christus in die Welt brachte und es den guten Leuten lehrte. Ihr sollt weder etwas essen oder trinken, bevor ihr nicht dieses Gebet vorher gesagt habt. Wenn ihr das tut, so habe ich die Hoffnung, dass ihr es nicht notwendig habt Buße zu tun."
Er soll sagen: „Ich nehme es an von Gott und von euch und von der Kirche."
Sodann sollen sie Abschied nehmen, wie es bei einer Frau üblich ist. (Die Abschiedsbegrüßung war bei Männern und Frauen unterschiedlich, Hrsg.). Danach beten sie zu Gott mit dem „Zweifachen" und mit Verbeugungen.
Sodann wenden sie das Buch vor ihm hin und er soll deimal sagen: „Lasst uns anbeten den Vater und den Sohn und den Hl. Geist." Dann nehme er das Buch aus der Hand des Ältesten. Der Älteste soll ihn mit Zeugnissen ermahnen und mit solchen Worten, die zur Tröstung geeignet sind.
Danach soll er ihn fragen, ob er beabsichtigt, diese Übereinkunft einzuhalten, wie es sich gebührt und dass er ihn dies bestätigen lassse.
Dann nimmt der Älteste das Buch und der Kranke soll sich verbeugen und sagen: Vergebt uns! Wegen aller Sünden, welche ich jemals tat, sprach und dachte, komme ich zur Vergebung zu Gott und zur Kirche und zu euch allen.
Und die Christen sollen sagen: „Von Gott und von uns und von der Kirche seien sie euch vergeben. Und wir wollen Gott bitten, dass er sie euch vergebe."
Sodann sollen sie ihn trösten (d. h. das Consolamentum erteilen, Hrsg.): Sie legen die Hände und das Buch auf das Haupt und sagen: „Segnet uns! Vergebt uns! Amen. Es soll euch gemäß seinem Wort geschehen. Der Vater und der Sohn und der Hl. Geist soll euch all eure Sünden vergeben. Lasst uns beten zu dem Vater und dem Sohn und dem Hl. Geist." (dreimal).
Und sodann: „Hl. Vater nimm deinen Knecht in deine Gerechtigkeit auf und sende deine Gnade und Hl. Geist über ihn."

Wenn es eine Frau ist, sollen sie sagen: Hl. Vater nimm deine Magd in deine Gerechtigkeit auf und sende deine Gnade und den Hl. Geist über sie."
Danach sollen sie zu Gott mit dem Gebet beten und sollen das „Sechsfache" beten. Wenn sie das „Sechsfache" gesprochen haben, so sollen sie dreimal sagen: "Lasst uns beten zu dem Vater und dem Sohn und dem Hl. Geist." Dann das Gebet einmal leise und das Evangelium. Wenn es gesprochen ist, so sollen sie dreimal sagen: „Lasst uns beten zu dem Vater und dem Sohn und dem Hl. Geist" und das Gebet einmal leise.
Danach nehmen sie Abschied wie bei einem Mann. Sodann geben sie sich untereinander den Friedenskuss und küssen das Buch. Und wenn männliche und weibliche Gläubige da sind, sollen sie den Friedenskuss geben. Danach sollen die Christen den Gruß begehren und wiedergeben.
Und wenn der Kranke stirbt und ihnen irgendetwas hinterlässt und schenkt, so sollen sie es nicht für sich behalten und nehmen, sondern sie sollen es dem Willen der Kirche überlassen.
Wenn jedoch der Kranke am Leben bleibt, so sollen die Christen ihm der Kirche vorstellen und bitten, dass sie ihn so schnell wie möglich wieder trösten. Sie sollen ihm seinen Willen erfüllen.

INDEX

BIBLIOGRAPHIE

Borst, Arno: Die Katharer 7.Aufl. Freiburg 1991, Mit Nachwort von Alexander Patschovsky.

Duvernoy, J.: Le Catharisme, 2 Bde, Toulouse 1976/79, ND. 1989.

Grundmann, H.: Die religiösen Bewegungen im Mittelalter, Berlin 1935; Die Ketzergeschichte des Mittelalters, Göttingen 1967.

Hännler, M.: Der Katharismus in Südfrankreich, Regensburg 1991.

Lambert, Malcolm: Die Häresien im Mittelalter, Darmstadt 2000; Geschichte der Katharer, Darmstadt 2001.

Roquebert, Michel: L'Epopee Cathare 4 Bde., Toulouse 1970-1989, (mit großer Sammlung von Bildmaterial).

Rottenwöhrer, G.: Der Katharismus I-IV, (Standardwerk der Katharerforschung), Bad Honnef 1982-1993.

Forschungsinstitut für den Katharismus: Centre National d'Etudes Cathares in Villegly (bei Carcassonne in Frankreich)

Mikrofilm Archiv, Spezialbibliothek

Fachzeitschrift: Heresis-Revue d'heresiologie medievale.

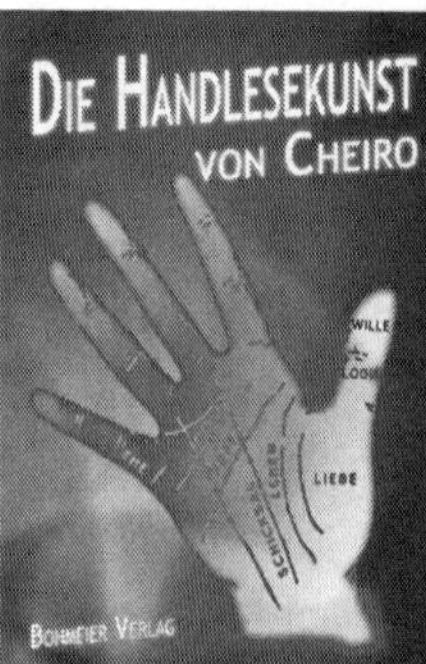
Die Handlesekunst
von Cheiro
Bohmeier Verlag

High werden ohne Drogen
Ein Bewusstseinserweiterndes Handbuch
von Frederick E. Dodson

Krafttiere
Die unsichtbaren Begleiter
Bohmeier Verlag

Das Geheimnis der Dualseelen,
Seelengefährten und Seelengeschwister
Bohmeier Verlag

Des Teufels Apokryphen
Zu jeder Geschichte gibt es zwei Seiten
von John A. De Vito
Bohmeier Verlag

Sternentore
Die rätselhafte sechste Dimension

Die Entsäuerung des Körpers
in 10 Schritten
Der ultimative Jungbrunnen und Schlankmacher!
Das Säure-Basen-Gleichgewicht
Anleitung zur Ausschwemmung krankmachender Säure
Bohmeier Verlag
von Patrizia Pfister

Die geheimen Botschaften,
Manuskripte und Schätze der Templer
in RENNES - LE - CHATEAU
Die Auflösung des kosmischen Geheimnisses
das bisher nur Eingeweihten vorbehalten war
von Monika Hauf

Das Buch der
Werwölfe
von Sabine Baring-Gould
Bohmeier Verlag

Küchenmagie
von Sor. Conata
Bohmeier Verlag